チヌ黒鯛フカセ釣り
なるほど攻略 7つのカギ

CHINU FUKASE-ZURI
Seven keys
for the capture

ルアマガbooks

THE CHINU

ブラックシルバーに秘めたパワーを体感せよ

精悍なヤツはデカいほど面白い

撮影／細田亮介

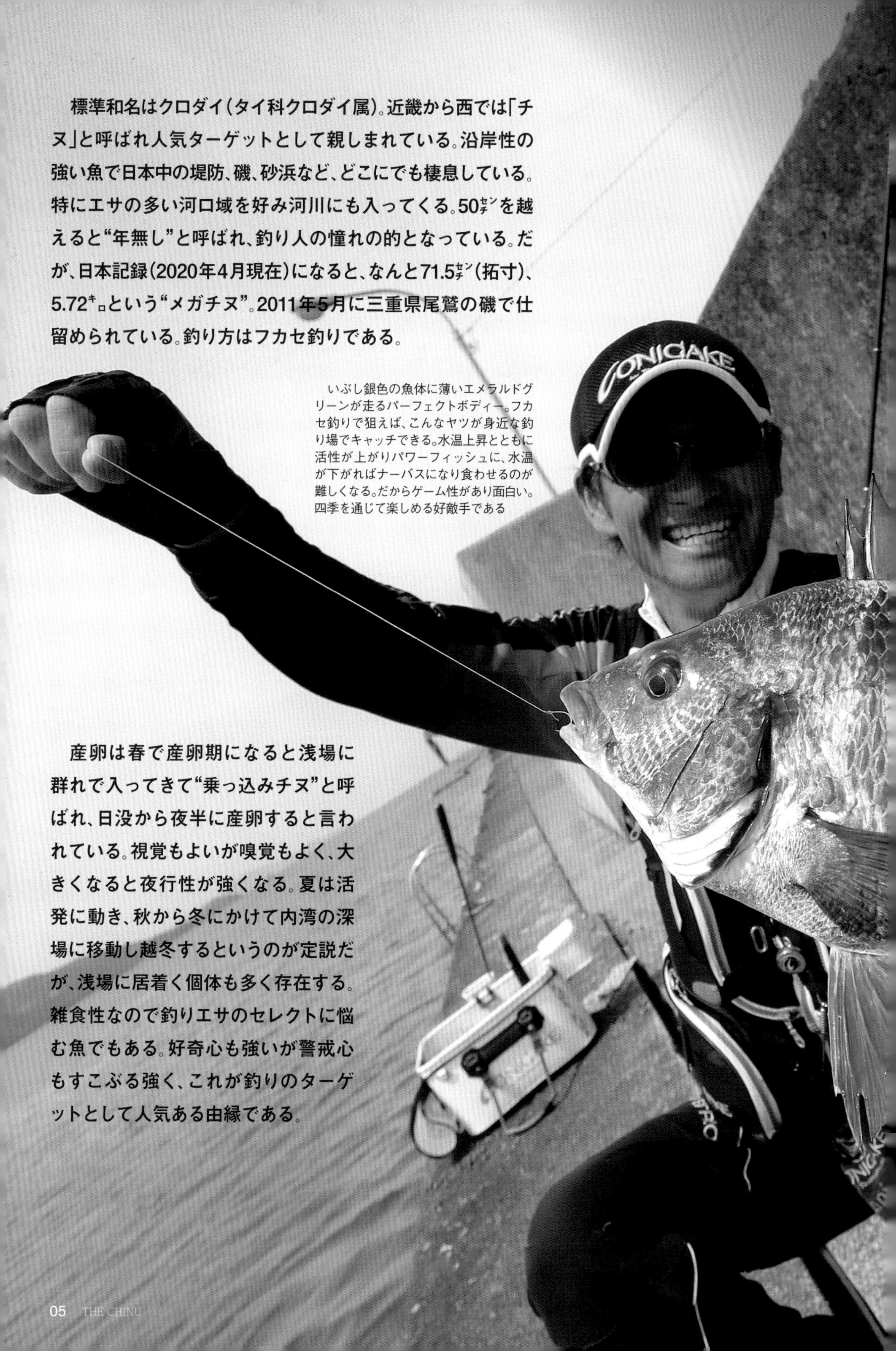

標準和名はクロダイ（タイ科クロダイ属）。近畿から西では「チヌ」と呼ばれ人気ターゲットとして親しまれている。沿岸性の強い魚で日本中の堤防、磯、砂浜など、どこにでも棲息している。特にエサの多い河口域を好み河川にも入ってくる。50㌢を越えると“年無し”と呼ばれ、釣り人の憧れの的となっている。だが、日本記録（2020年4月現在）になると、なんと71.5㌢（拓寸）、5.72㌔という“メガチヌ”。2011年5月に三重県尾鷲の磯で仕留められている。釣り方はフカセ釣りである。

いぶし銀色の魚体に薄いエメラルドグリーンが走るパーフェクトボディー。フカセ釣りで狙えば、こんなヤツが身近な釣り場でキャッチできる。水温上昇とともに活性が上がりパワーフィッシュに、水温が下がればナーバスになり食わせるのが難しくなる。だからゲーム性があり面白い。四季を通じて楽しめる好敵手である

産卵は春で産卵期になると浅場に群れで入ってきて“乗っ込みチヌ”と呼ばれ、日没から夜半に産卵すると言われている。視覚もよいが嗅覚もよく、大きくなると夜行性が強くなる。夏は活発に動き、秋から冬にかけて内湾の深場に移動し越冬するというのが定説だが、浅場に居着く個体も多く存在する。雑食性なので釣りエサのセレクトに悩む魚でもある。好奇心も強いが警戒心もすこぶる強く、これが釣りのターゲットとして人気ある由縁である。

ヤツの抵抗を受け止めた瞬間

朝一にロッドを取り出し、ウキを選び、仕掛けを組んでいく。脳裏には自分なりの判断しかない

フカセ釣りには欠かせないマキエとサシエ。マキエでヤツをおびき寄せ、サシエを巧く海中に流し込み、口に滑り込ませフッキングを決める

スリリングなファイトがはじまる

EXCITING!!

緊張したラインの糸鳴りが響く。釣り師、忘我の瞬間。このロッドの綺麗な曲線美から手元へ伝わるグイグイ感がたまらない。フカセ釣りのクライマックス

フィニッシュはタモ入れで決まる。釣り師、勝利のとき。状況の読みと的確なワザが冴えた

フィールドによって様々な攻め方がある。またその日の潮や風や水温によっても狙い方が変わる。フカセ釣りは奥が深い。だからやり甲斐がある。そして一尾の価値は大きい

身近な釣り場で気負うことなくシンプルにチープにアプローチできるのもうれしい

ウキはフカセ釣り師のアンテナ。この動きであらゆる海中の情報を収集して攻めに入るわけだ

どこに好敵手は潜むのか、おびき寄せるマキエはどこに打てばいいのか。その推理が常に要求される。これがズバリと当たれば至福のときがくる

The rival is anywhere

フィールドは広い
堤防よし磯よし渚よし
好敵手はどこにでもいる

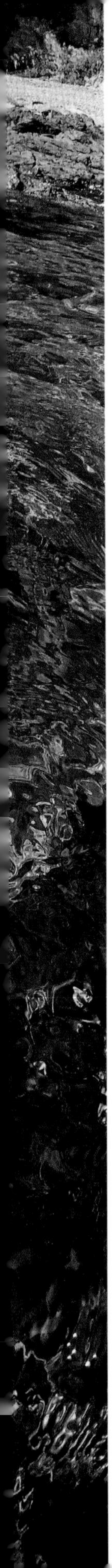

チヌ《黒鯛》フカセ釣り なるほど攻略7つのカギ

CHINU FUKASE-ZURI
Seven keys for the capture

CONTENTS

もっと釣りたい！
基本&スゴ技で
釣果アップは間違いない！

チヌを狙うフカセ釣りには3つのスタイルがある

同じウキを使う釣法でも釣るための考え方はさまざま そこから認識しよう

上から始めるか？
底から探るか？
タナは決めるか？
ウキ止めは外すのか？
ウキは浮かせるか？
それとも沈めてしまうか？
チヌのフカセ釣りとは、いったい何なのか？

style 1 タナを決めて探る

まず1つ目は、タナを決めて探る釣り。

もっともオーソドックスなフカセ釣りのスタイルであり、基本中の基本といえるだろう。

特に中通しウキを使用した釣りは徳島の伝統ある〝阿波釣法《あわちょうほう》〟がベースといえ、グレ釣りも得意とする名手にこのスタイルがよく見られる。

環付き棒ウキを多用する地域も以前は多かったが、中通しウキの隆盛にしばらく押され気味であった。しかし最近、再び環付き棒ウキが見直され、トーナメントで実績を出す釣り師が増えてきている。

オーソドックスなのは、やはりウキ止めを付けてタナを決めるスタイル。深ダナを釣る場合はイメージ力が問われる

style 2 底を中心に探る

2つ目は、底中心の釣り。

重いマキエを底に溜め、ウキ下も底付近を中心に合わせる。軽く拡散しやすいマキエで狙う他の釣りよりも狙いがピンポイントだといえる。

特に有名で理論的にも完成されているのが、千葉県の房総半島《ぼうそうはんとう》をホームに活躍していた遠矢国利さん（現在は鹿児島県在住）のスタイルだが、遠矢さんの言葉を借りれば海底に「チヌ牧場を作る」のがこの釣り最大のコンセプト。

マキエで魚に〝動いてもらう〟よりも、回遊してきた魚をしっかり足止めさせることが狙いなのだ。

底中心に組み立てるスタイルは、海中のイメージ自体はつかみやすいかもしれないが、上層と下層の流れの違いを読む必要に迫られるケースがやはりある

style 3 ウキを沈めて探る

3つ目は、マキエと共にウキごと仕掛けを沈めて探る釣り。

特に大型の中通しウキで遠投する釣りは瀬戸内（広島）の代名詞ともいえるが、そのルーツは名手の大知昭さん。

サシエの沈下をマキエに近付けて自然に演出することが可能だが、タナが深くなればなるほど同調させるイメージがつかみづらい面もある。

この点、釣り師との相性と、慣れに左右されるといえるが、マスターすれば爆発的な威力を発揮する例が少なくはない。

ゼロ系統の浮力の中通しウキを、ウキ止めなしの全遊動で使うこと

ウキを沈める場合、タナが深くなれば竿先やラインでアタリを取るので、こういう構えで備える名手が多い

フカセ釣りでチヌを狙う場合、そのバリエーションはとても多彩である。それは、チヌが神出鬼没な魚であり、活動範囲はまるで池のような湾奥から急潮の海域までにおよぶ上に、釣り場の形態も磯、堤防、渚など変化に富んでいるからだろう。

同じフカセ釣りで人気魚種のグレと比較すれば、それはより鮮明になる。グレの場合、底を意識することはごく少ないが、チヌは底釣りも重要な戦略であることが大きいのかもしれない。

バリエーションは地域や釣り場の特性、釣り人のスタイルや考え方によってさまざまだが、本書では釣り方を3つに大別してから進めていきたい。

そうでないと同じフカセ釣りでありながら、流派（!?）が違えば話が通じないこともあるだろうからだ。

しかし、それぞれの釣り方がまったく別物というわけでもないし、クロスオーバーする部分も少なくない。異なる釣りから刺激を受けることは、決してマイナスにはならないはずだ。

こうした違いを理解した上で、春夏秋冬にマッチした、釣るためのコツをご紹介していこう。

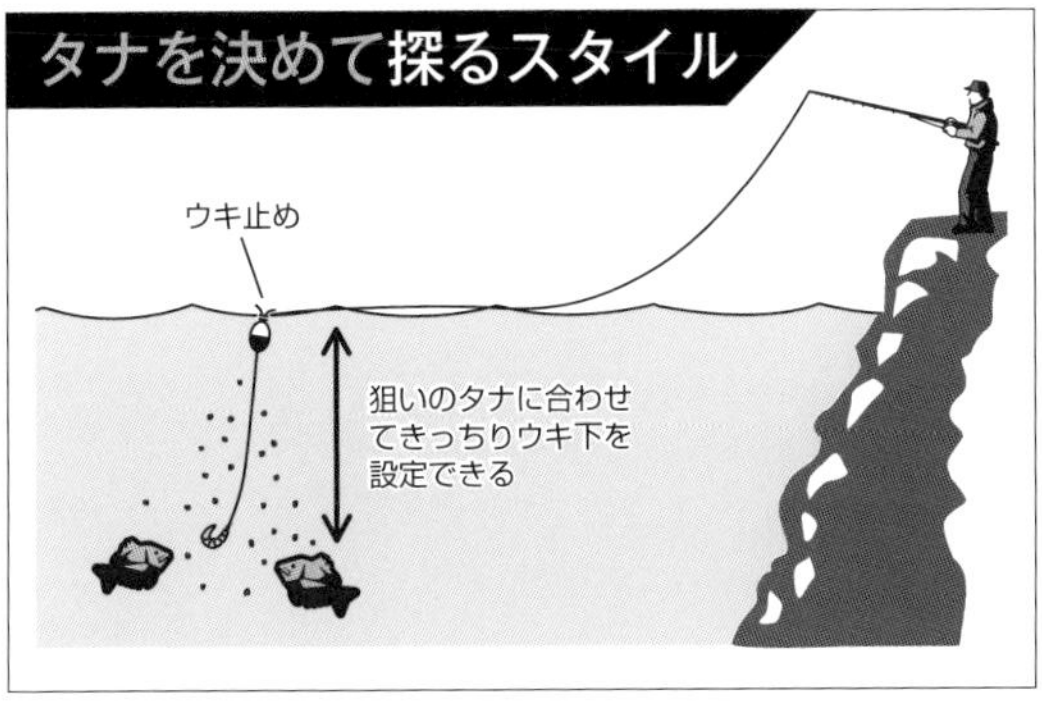
タナを決めて探るスタイル
ウキ止め
狙いのタナに合わせてきっちりウキ下を設定できる

マキエで魚をコントロールして釣るという考えがベースにあるが、チヌの場合は海底変化の周辺を狙い撃ちするケースも少なくない。

確実にタナ（ウキ下）を把握するためには、ウキ止めを付けた方が分かりやすいのは間違いない。そして一度ヒットパターンをつかんでしまえばそれを再現しやすく、連続ヒットに持ち込みやすいのも特徴だ。

深いタナになればなるほど、マキエとサシエの同調は難しくなるが、きっちりタナを把握できていることは、同調させるための大きなヒントになる。

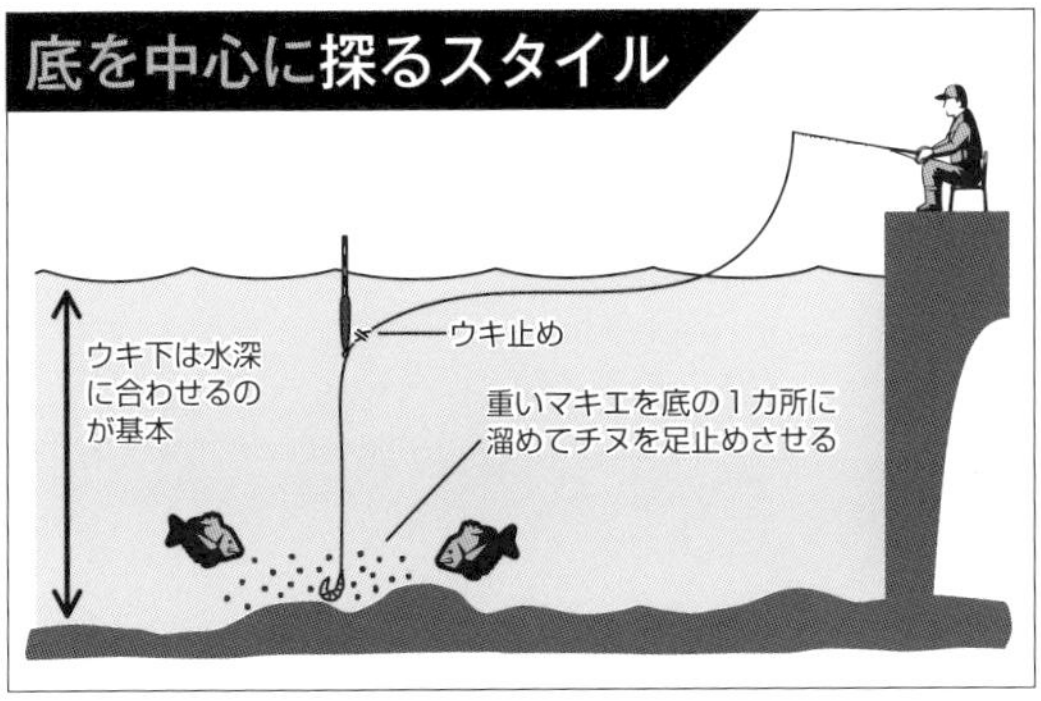
底を中心に探るスタイル
ウキ止め
ウキ下は水深に合わせるのが基本
重いマキエを底の1カ所に溜めてチヌを足止めさせる

また、〝立ちウキ〟と呼ばれる細長い環付き棒ウキが多用されるのはご存じの通り。高感度でこの釣りにマッチしており、理に適っている。

チヌが浮かないことを前提にしているのは、水深が浅い房総半島で生まれた釣りだからなのもしれない（半面、房総半島はスイカで浮かせて釣る伝統釣法があるのは興味深いが、近年は浮きにくいという話も…）。

関東で厚い支持を得ているスタイルだといえるが、もちろん各地で威力を発揮することは実証されている。

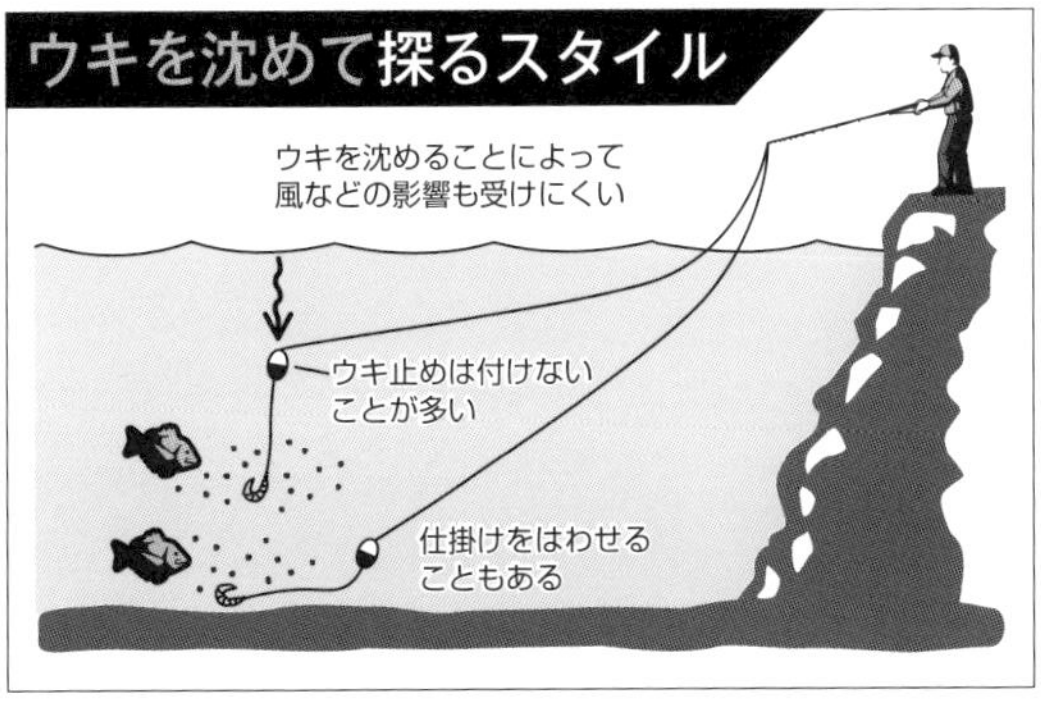
ウキを沈めて探るスタイル
ウキを沈めることによって風などの影響も受けにくい
ウキ止めは付けないことが多い
仕掛けをはわせることもある

が多い。大知さんによればウキに浮力があるため、沈む過程でラインがウキのパイプを抜けてなじんでいく。そのため、厳密には沈め探り釣りというよりも全層釣法に近いという。ただし、このあたりの認識は釣り師によって若干違いがある。

また、最終的には底に仕掛けを着けて「ハワセ」状態にすることもあり、こうなると完全にウキは見えないのでラインの動きや竿先でアタリを取ることになるが、全遊動仕掛けであることは、チヌがサシエをくわえたときに違和感を少なくする効果も期待できる。

もっと基本を知るには70ページからの「なるほど攻略6 フカセ釣りのベーシック」をご覧ください

このパワーがたまらない

CHINU FUKASE-ZURI × “TEIBOU”

なるほど攻略のカギ 1

CHINU FUKASE-ZURI
The first key
for the capture

"堤防フカセ"が面白い

身近な釣り場で熱くなろう

エントリーしやすいフィールドでありながら多種多様のバリエーションがあり、ビギナーからベテランまでフカセ釣りを楽しめるのが堤防だ。一見単調で変化の少ないただの人工物に見えることもあるが、釣れる人と釣れない人を分けるのは、どこにチヌが好む変化を見つけられるか、マキエで集めやすいか、それを見極めた上でどう攻めるか。ここでは、一見単純でありながら奥深い堤防フカセを掘り下げてみたい。

チヌを堤防で釣るということ…

身近にいた憧れは今も心を熱くする

堤防でチヌを釣る魅力はどこにあるのだろうか。ここでは大阪湾をホームグラウンドにするTEAM黒夢関西の谷脇英二郎さんに、特に都市部に住むアングラーにとっての意味を掘り下げてもらった。

私が大阪湾の堤防でチヌのフカセ釣りを本格的に始めて、かれこれ20年ほどの月日が経ちます。そして今でも飽きることなく一年中、ほぼ毎週末は大阪湾のどこかの堤防でチヌを追い続けてます。

それはやはり、それだけの魅力が存在するからこそ続くもので、今回はその魅力をお話ししたいと思います。

もともと私の自宅が海から近かったこともあり、小学生の頃からサビキ釣りやタチウオ、シーバスなどを狙って友達と、ときにはひとりで釣りを楽しんでいました。

やがて月日が経ち、中学生になると何か釣りに対して〝物足りなさ〟を感じるようになりました。そんなとき釣り雑誌やテレビなどで出合った魚、それがチヌでした。身近な場所に生息しながらも釣り上げるのが難しい、まさに大阪湾の堤防で釣れる魚種の中では一番の好敵手だったのです。

そしてもうひとつ。チヌの美しくもかっこよくもある魚体にますます魅力を感じ、釣ってみたいと思うようになりました。

とはいえ、テレビで見る釣り場は磯やイカダなどが多く、まだ学生の自分は行けるはずもなく指をくわえて見てるだけでした。

過去の経験から…

そんなときに出合ったのが堤防からのフカセ釣りだったのです。私の経験をふまえてその魅力を順に挙げていくと…。

❶エントリーのしやすさ
❷コスパのよさ
❸アクセスのよさ
❹ゲーム性の高さ

以上になると思います。

まず❶のエントリーのしやすさですが、今までサビキやタチウオなどを狙っていたのと同じ場所で、釣り方を変えるだけでテレビや雑誌で見た憧れの好敵手が狙えるのです。チヌを狙う手段はいろいろあり、落とし込みやエビ撒き釣りも経験してきましたが、私はフカセ釣りのゲーム性の高さ、ウキが消える瞬間が好きでここにたどり着きました。

そんな経緯で中学～高校と堤防からのフカセ釣りでチヌを狙う日々が始まりました。

そしてここで魅力を感じたのが❷のコストパフォーマンスのよさでした。学生時代は経済的にも余裕がなく、お手軽にエントリーできる地続きの堤防をメインに通いました。自転車をメインに、ときには電車に乗って竿を出し、チヌを狙いました。

近年の大阪湾は正式に釣り解放区が設けられ、救命具や落水防止柵の設置がされているので安心して釣りを楽しむこともできます。

そして❸のアクセスのよさ。成人した私は車を持ち、家族もできました。子供にも恵まれた半面、時間の制約もありなかなか一日中は釣りができない日々…。

それでも大阪湾の堤防なら磯やイカダへ行くのに比べ、大阪市内からはもちろん、近郊からでも高速道路を使えば釣り場まで近いので体力的にも楽チンです。そして帰りも同じで早いときはお昼前後、遅くとも夕食までには自宅に帰れる場合が多いので、夜は家族と一緒に食卓を囲むこともできます。奥さんに

堤防のフカセ釣りには４つの魅力があり だからこそ飽きずに長く続けられる

大阪北港で竿を曲げる谷脇さん

❶仲間たちと並んで話しながら竿が出せるのも堤防フカセの楽しみ。探り歩く釣りならこうはいかない。❷大阪湾の魚影は以前より増えている。❸渡船利用は敷居が高く感じられるが、それは誤解かも

も少しは理解が得られるのではないでしょうか。

答えを求める過程

そして日々の釣行が身についてある程度釣果を出せるようになると、文頭で記した〝物足りなさ〟を満足に変えてくれたのが❹のゲーム性の高さでした。

今回のマキエはどのブレンドにしようか？　サシエは何を用意しようか？　と、そこからゲームはスタートしています。

フカセ釣りの基本はマキエを撒いて魚を寄せ、ハリに刺したサシエをうまく食わせられるか。しかし、そうなるまでには潮の流れや道糸、ハリス、ハリが受ける抵抗など、チヌが食うまでの障害をごまかしながら狙う必要があります。

答えの分からない海中をイメージしながらチヌが釣れた瞬間、このときこそがまさに至福の時間に値します。

特に大阪湾の堤防は河川が流れ込んでおり、淡水と海水が混じる汽水域の釣り場も多く、さらには堤防の水深が10メートル前後と深いため、上層～中層～下層の潮がそれぞれ別の流れをする二枚潮、三枚潮がよく起こります。

さらに春夏秋冬でも工夫が必要になるので飽きることがなく、一年中フカセで堤防でチヌを追いかけることになります。

さらなる高みへ

私の場合、地続きの堤防である程度の釣果が出るようになれば、さらなる高みを目指して今度は渡船で沖堤防に渡って釣りをしたくなりました。

渡船に乗るのは何だか敷居が高いように思われがちですが、メリットとしてはやはり魚影が濃く、条件さえ揃えば二ケタ釣果も珍しくありません。50センチを超える魚もよく釣れるので、それを味わってしまえば沖堤防の虜になります。渡船店には親切な船長をはじめ常連さんやクラブの方もたくさん通っており参考になる情報をもらえることも多々あります。

また、ロケーションもよく釣り場によっては明石海峡大橋《あかしきょうかいおおはし》や淡路島《あわじしま》、神戸空港や関西国際空港の飛行機の離発着まで見ることもできます。船にはトイレも付いてますので女性の方も決まった時間に見回りにくる定期便があるので安心です。女性や学生は渡船代金が半額の店も多く、最近では女性の釣り師が男性顔負けの釣果を出すこともしばしば。たくさん釣れたときは新聞や渡船店のＨＰなどに釣果が掲載されたりもするのでうれしいですね。

近年の大阪湾では数十年前から釣り団体がおこなっているチヌの稚魚放流の成果が実り、数は増え、大型の確率や平均サイズもアップしているのが実感できます。そのため大阪湾の堤防フカセがメーカーやメディアに注目されつつあり、今後さらにはやっていくことは確かであると思います。

もしみなさんが今やっている釣りで〝物足りなさ〟を感じているようであれば一度、堤防フカセにチャレンジしてみては？

きっと新しい世界が待っていると思いますよ！

狙いどころ

ひとくちに堤防といっても似ているようでいろんな形状がある。狙いどころも共通点があれば意外な相違点もある。ここでは6人の名手のイメージ図をもとに、それらを掘り下げていこう。

大阪北港などスリットのケース

lecture by **中野 勝**

形状的にはどこも同じだと思うのですが、足元に基礎が打ち込まれています。その足元以外は大きな変化がないですね。ただ、竿2本分沖くらいになだらかなかけ上がりがあるので、基本はそこを狙います。逆に冬場はよくやりますが、まずは軽めの仕掛けで足元を探ります。この場合、意識するのはスリットに居着いている魚です。先にバチャバチャ荒らしてしまうと、魚が沖へ出てしまうからです。ただ、そこにマキエを溜めても、居着いている魚は食ってくれますが、あまり寄ってきてくれる感じがありません。スリット内部は間に壁がありますからね。なので最終的には前で魚を集めます。私は遠投をよくしますが、数は沖の方が出ると思います。

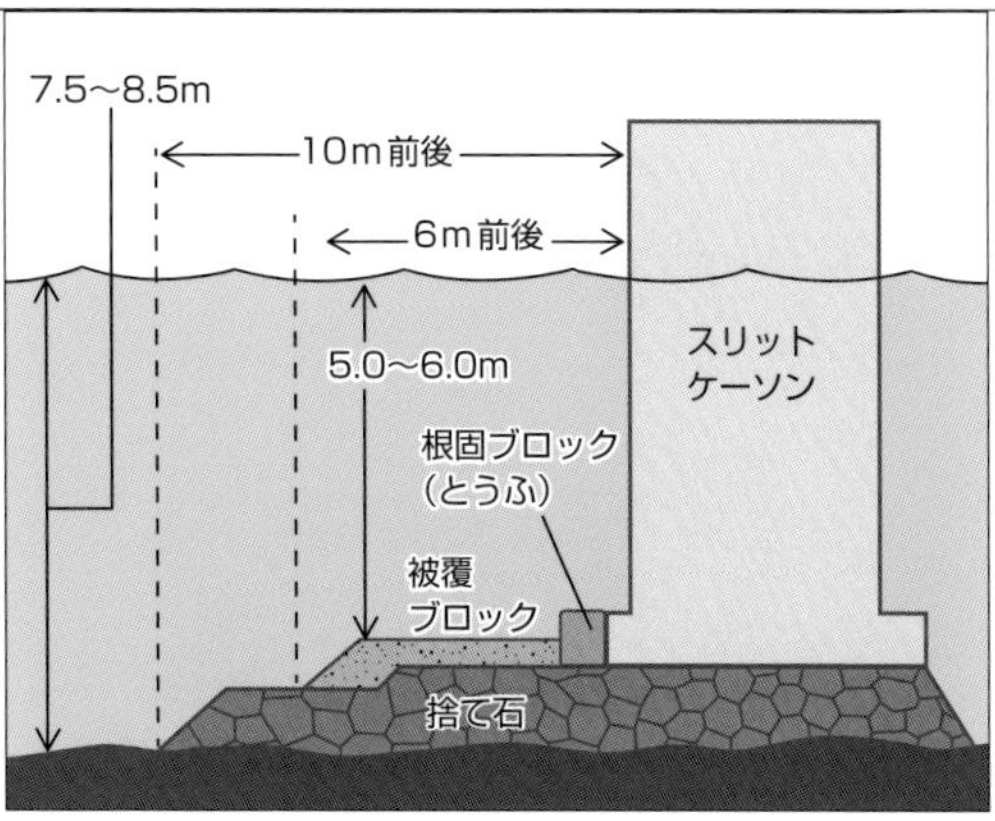

家島を含む姫路周辺のケース

lecture by **北条公哉**

足元は垂直に堤防が落ちていて、竿1本分沖くらいのところから捨て石があって、そこから先が落ちています。2段や3段に落ちていることが多いですね。3段目は段差が少ないことが多いんですけど、ちょっとしたかけ上がりにはなっています。狙いとしては段差になっているところですが、ケーソンに穴が空いているようなところであれば、浅いところの足元でも狙うこともできます。ただ人影が映ったりして警戒されることもあるので、ひとつ前の段差をやはり狙うことが多いですね。それより沖の段差は時期によります。水温が上がってくると沖にも魚はいると思いますが、仕掛けをなじませるのが難しくなります。だから竿2～3本先を狙うことが多いですね。

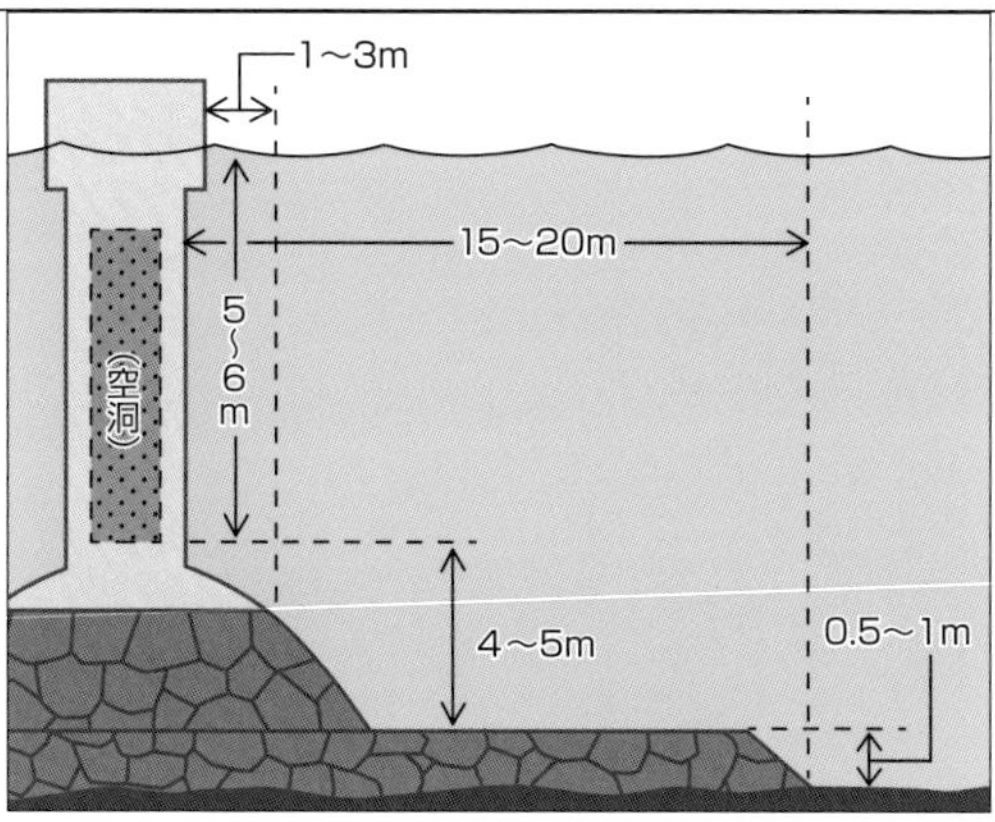

駿河湾東部の漁港や埋め立て地のケース

lecture by **川本雄貴**

私は静岡県御前崎《おまえざき》から焼津《やいづ》までの間の釣り場を、風の向きで決めています。海岸線沿いにあるテトラは、ただ足場がテトラであるというだけで沖は渚とまったく同じです。本来の堤防の釣り場ということでいえば、漁港や外洋に面した埠頭、つまり埋め立て地になります。基本的に足元から垂直に落ち込んでおり、5メートルくらいの水深です。そこから、だらだらと落ちていって沖の水深は7、8メートルの場所が多いです。10メートルに達するところはあまりないですね。海底は砂底が多く、ところどころに沈み根もあります。狙うのは基本的に捨て石の切れ目。沈み根も見つけられればいいですが、私は横流れの潮を意識してかけ上がりを探しています（詳細は後述）。

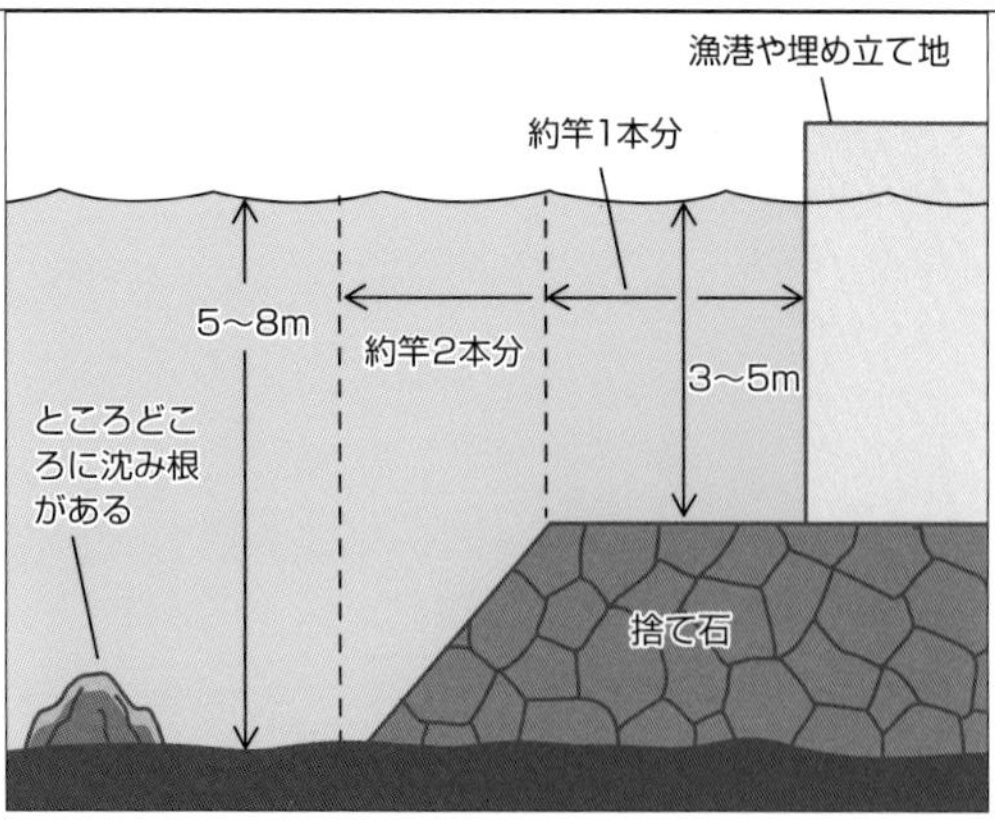

CHINU
FUKASE-ZURI
×
"TEIBOU"

堤防の構造と

大阪南港Jグリーンのケース

lecture by **前西喜弘**

Jグリーンは海底に杭というか柱を打って、その上にコンクリートが乗っている感じの堤防ですね。ここは海底に魚が着くんじゃなくて柱に魚が着いているんですよ。底は砂か泥で捨て石などはたぶん入ってないと思います。そこに着いている魚を誘い出すというか、スリットケーソンの支柱の周りを狙うのと一緒なんですが、柱の間におるやつを外に出していかんとダメです。真ん中の柱に着いているやつを、外側の柱に移動させていくんですよ。回遊してくる魚を足止めするのではなく、完全に居着いている魚を狙うわけですが、やはり群れが沖から入ってくる時期があって、堤防の柱でストップするというか居着いてしまうんでしょうね。

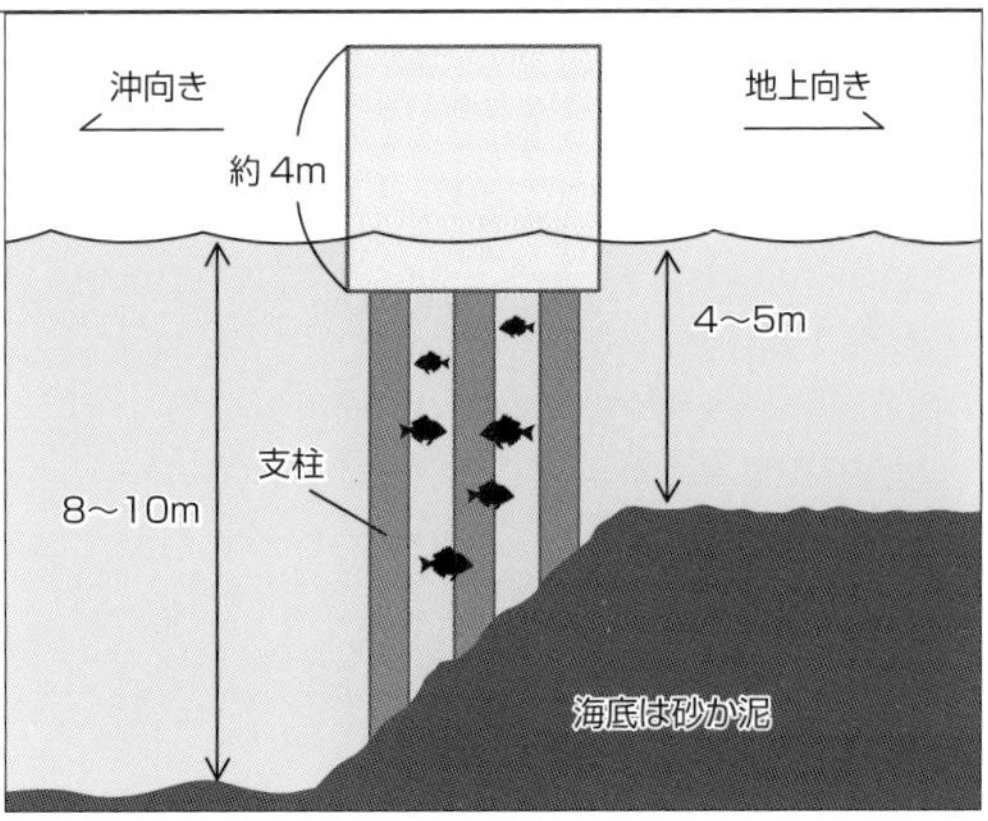

明石~須磨間と淡路島北部のケース

lecture by **小野貴文**

阪神間の地方《じかた》の堤防は立ち入り禁止もあるんだけど、明石《あかし》から須磨《すま》にかけてと、淡路島北部なんかは全然いけますね。須磨や垂水《たるみ》、淡路島東浦《ひがしうら》などの地方の堤防は、砂浜から伸びていることが多いんです。和田防《わだぼう》や須磨の一文字でもそうなんやけど、沖向きはテトラが入っていることが多いね。捨て石やテトラの際を釣ってもいいし、沖でもポイントが作れる。数釣りたいときは捨て石やテトラの上なんかもいいけど、大きいのを狙うなら砂地の方がいい。居着いている魚よりも回遊してくる魚の方が大きいです。ちなみに地方の堤防の場合、みんな沖に行きたがるけど、手前がいい。波気があれば砂浜に近いところの水深1ヒロくらいでも釣れるしね。

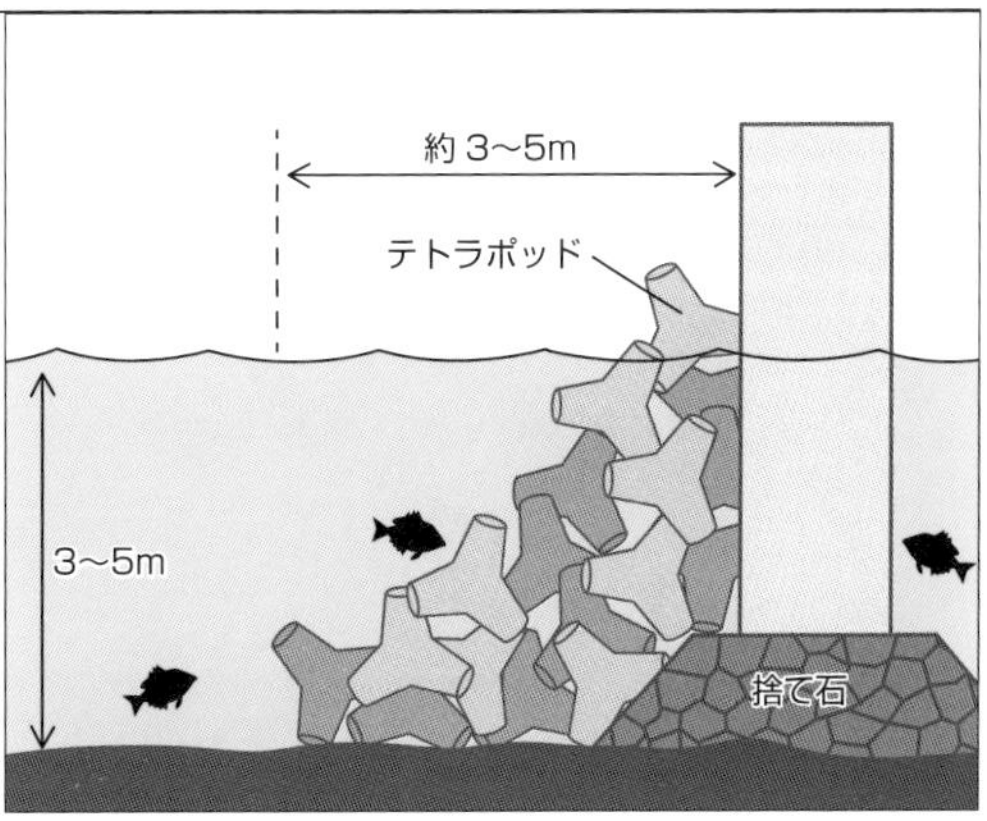

蒲刈島など広島周辺のケース

lecture by **山本雅弘**

よく行くのは蒲苅島《かまがりじま》周辺ですが、広島の堤防は基本同じですね。草津《くさつ》港や宇品《うじな》の白灯台でも同じ感じです。形状はいたって普通のタイプが多く、土台の捨て石が入ってますね。その捨て石が見えないくらいの水深、だいたい5メートルあれば、その捨て石の上から釣っていくようにしています。もしくは本当に堤防の際ですね。基本、手前からていねいに探っていきます。ただ、本当は捨て石の上で釣りたいけど食わんかったらしょうがないから、ちょっとずつ沖へ出してレンジを下げていきます。捨て石の上で釣りたいのはリスクを避けたいからです。下で掛ければ障害物などの影響もあるし、仕掛けを深く入れないといけませんからね。イメージはそれですね。

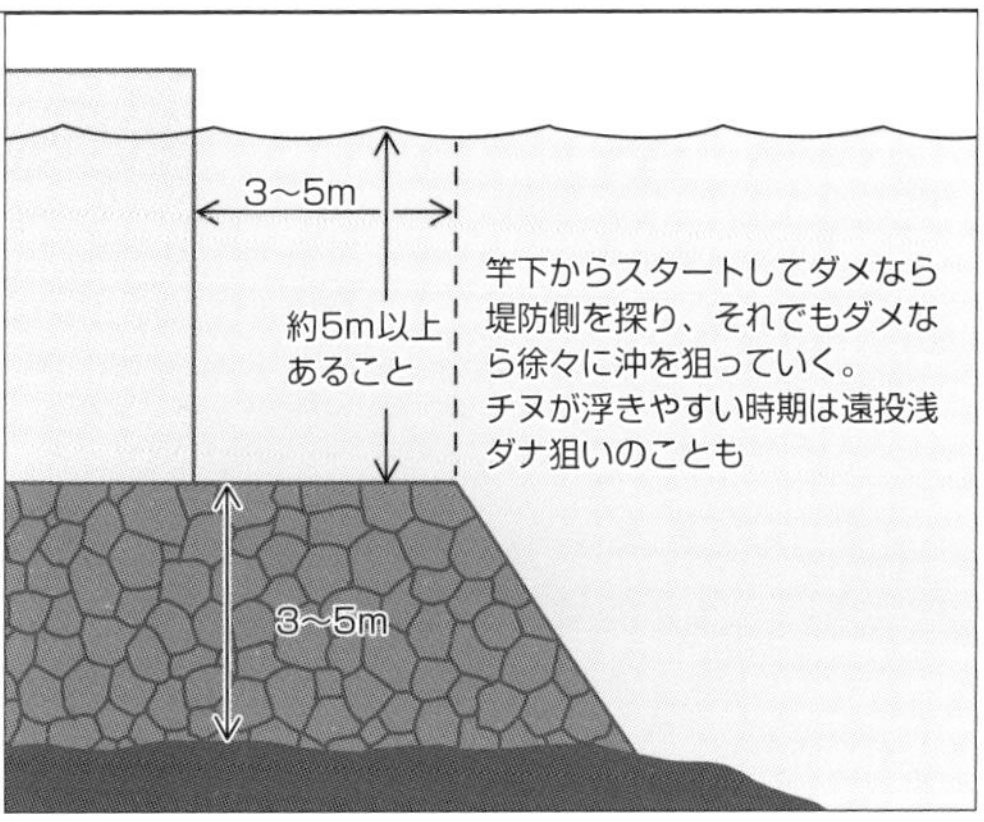

堤防のポジションはここに決める

CHINU
FUKASE-ZURI
×
"TEIBOU"

パッと見、同じパターンの地形が繰り返されるように見える堤防は、どこに狙いを定めて竿を構えるか、慣れないと非常に難しい面がある。何を基準に海底のチヌの動きを予測して、釣りの第一歩を踏み出せばいいのだろうか？

横流れの潮が多い堤防では左右のかけ上がりを意識する

川本雄貴

下手に堤防先端に釣り座を構えちゃうと、潮が複雑でポイントが読めなくなっちゃうんですよ。沖堤防なんかだと地方の埠頭との間に引かれる潮ができて、右へ行ったり左に行ったり滑りまくってポイントが作れないことがあります。周りにいい意味でないにもないというか、潮の変化が少なそうな場所がいいですね。僕は堤防の真ん中付近に構えてじっくりポイントを作るようなイメージでやっています。堤防では左右どちらかに流れることが多いので、沖側が深くなるかけ上がりだけでなく、左右で水深が変わるかけ上がりを意識して釣り座を選んでいます。水深のあるポイントでは沖の地形変化が分かりにくくポイントが絞りにくいので、手前の捨て石の切れ目の落ち込みにマキエを溜めるイメージで狙うことが多いです。

横流れが多い堤防だからこそ、左右のかけ上がりに注目したい

堤防先端は避けてど真ん中へ海面の泡やケーソンの変化をチェック

前西喜弘

僕は堤防先端は絶対に入らないですね。潮が流れるところよりも、潮が落ち着く真ん中の方が好きですね。ど真ん中というか、できるだけ中の方ですね。むしろ潮の動かないようなところがいいですね。潮が動かないということは、それだけマキエとサシエが合いやすい。二枚潮もあまり発生しないですしね。あとは取材なんかでもよく言うのは、よく堤防の際から何メートルか海面が鏡みたいになっているところがありますよね。潮がぶつかって。仮にスリットケーソンだったら、そこからバシャバシャと波が出ます。際から1～1.5㍍くらいに泡が連なっているところがあると思いますが、ちょっとイレギュラーになっているところが狙いですね。ほかにはケーソンが落ちているところ。そういうところは下が地盤沈下で崩れていることがあります。プラス、港湾の整備が入って補強のケーソンを入れてるんですね。だからほかよりも海底の起伏が大きい可能性があります。

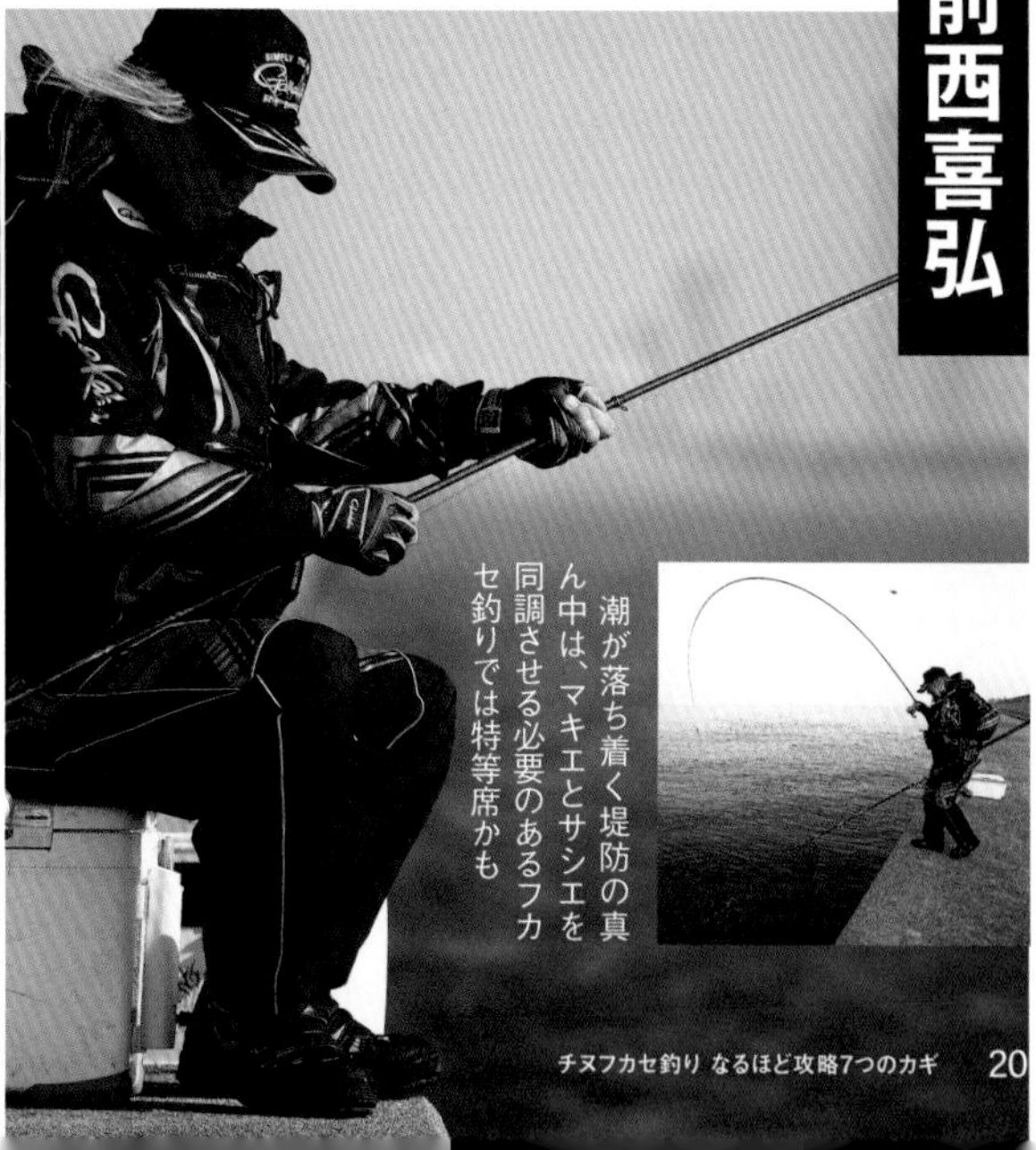

潮が落ち着く堤防の真ん中は、マキエとサシエを同調させる必要のあるフカセ釣りでは特等席かも

東 弘幸

マキエで寄せる釣りだから、釣り座だけがすべてではないということだろうか

基本はほかに人がいないこと 可能なら周囲より深い場所

最近は南伊勢に行くことが多いのですが、足場の形態としては港湾の岸壁みたいなところが多いですね。釣り座の決め方はズバリ、人が入っていないところ（笑）。堤防で釣り人が並んでいたら、あえて間隔の少ないところへ入ります。前日釣れたとか、仲間が釣ったとかの情報があるところもあえて外しています。逆に言えば、どこでも釣れる可能性はありますから、あまりに人が多ければ人がいない場所へ移動します。南伊勢に関してはいっぱいポイントがあるので…。その理由は、大釣りがしたいから。人の入っていないところは、悪い方向に転がることもありますが、思わぬ結果が出ることもしばしばだからです。仮にどこでも竿が出せるとしたら、浅場の中で水深のある場所を選びます。周囲よりも水深のあるところ、と言い換えられるかもしれません。特に太平洋側は潮が引くと海底が足場になってしまうようなところもありますが、そんな場合だと遠投しなければいけません。なので、できる限り水深のあるところを選びますね。

地続き堤防ならかけ上がりの位置に 川の釣り場はワンドをチェック

よく行くのは地続きの堤防が多いんですが、堤防の付け根が浅く、先端へ行くにしたがって深くなっているなら、僕のおすすめはその間のかけ上がりの位置がポイントになります。水深の変化がない堤防だったら、真ん中付近が潮的に釣りやすくなりますね。先端付近は潮がころころ変わるので難しくなります。初めて行く堤防であったり横流れの潮なら、なおさら真ん中ですね。川の釣り場では流心を外した、ワンドのようになっている場所。少しでもくぼみがあるようなところに入ります。上だけ潮が滑っているところが多いのですが、ここならワンクッションマキエが溜まって、それから沖に出て行くので…。チヌはマキエが一度溜まる場所でないと釣れないというか、集まりにくいですよね。さらに、ワンドの中でも当て潮になる位置なら、ライン修正もしやすいですし手前の障害物を釣ることもできます。みなさん当て潮を嫌いますが、沖に流れるほど手前のラインが取られてうまく流せないことがあります。

鶴原 修

どんな釣り場の形状であれ、とにかくマキエの溜まる場所。それを見極めることが重要だ

先端部より10～15メートル内側に入る 泡やゴミの溜まりを探す

海底変化は通い慣れないと分からないが、誰かに聞くことも重要だ

生駒浩史

堤防の場合、まったく何も分からないときは、まず先端には行かないですね。先端から10～15メートル入ったところにしています。先端は潮が動きすぎるんですよ。少し内側に入った方が潮が溜まりやすいんですね。マキエも溜まりやすい。あとは地形ですよね。少し折れ曲がっているとか堤防の変化があるところを狙いますね。あとは潮目などを見ながらですが、分かりにくければ泡やゴミの溜まっている場所とか、そういうところを選んだ方がいいと思います。同じような堤防際でも潮が潜り込んでいる場所もありますからね。釣り場に通って海底にシモリのある場所などが分かればいいですが、沖堤防なら船頭さんに聞いてもいいと思います。

lecture by **石村 仁**
hitoshi ishimura

潮流速くなじませる距離が短いため段打ちオモリで仕掛けを落ち着かせる

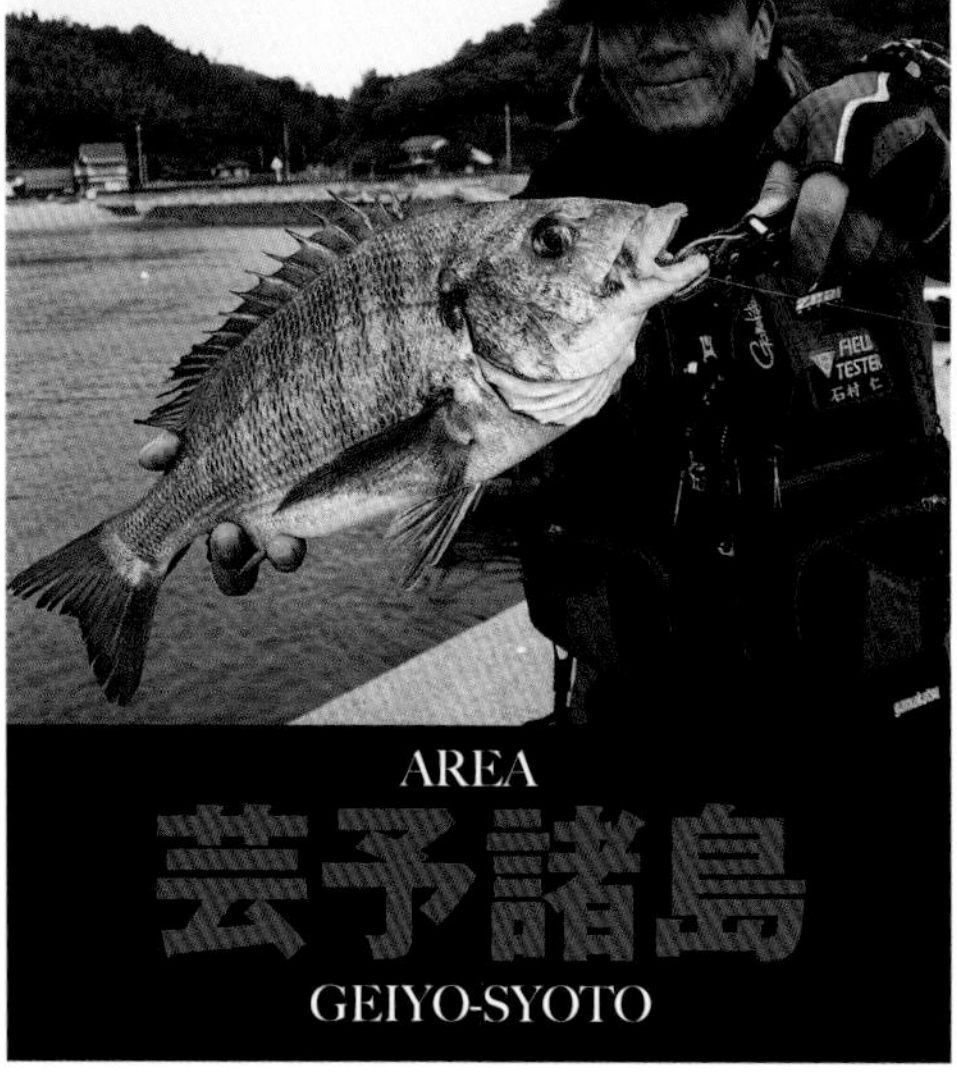

芸《げい》予諸島《よしょとう》周辺は島々が多くあり複雑で激流の場所もたくさんあります。無人島もありますが人の住んでいる島が多く、フェリーや漁船の停泊のため堤防も多く点在しております。このあたりの堤防の特徴は潮流も激しいため上げ潮、下げ潮が真逆に速い速度で流れることも多く、地形によっては港の両サイドからコの字に囲うような堤防が目立ちます。

堤防の先端の水深は15《メートル》ほどある場合もありますが、地方《じかた》を向いて段々と浅くなっていきます。堤防の付け根は磯や砂浜になっている場所も多く、水深も底が見える状態になります。また、堤防の付け根から敷石が入っている場合が多く、その敷石も干潮時には露出してしまいます。このようなことから砂浜に向いた釣りやかけ上がある釣りもできる場所といえます。シーズン的にも年間通して狙えるポイントで、島によって風裏を探すこともでき、低水温期にも強い場所にもなります。

堤防の狙うポイントは基本的に際から10《メートル》以内を狙います。

堤防の釣りといえど、砂浜に向いた釣りやかけ上がある釣りもできるのが芸予諸島の魅力

もちろん、ハイシーズンなど遠投して釣れる場合も多々ありますが、基本的に堤防を選んで釣行する場合、がっつり磯で釣る感じとは違い、地元の釣り人やたくさんの人、船の出入りもあります。自分の釣り座を狭く考えてポイントを絞り、その範囲で仕掛けをなじませていくことが多いと思います。

堤防は地形的にも魚が着きやすいため、水深を見極め、敷石や潮流の速度に合わせてマキエをきかせていく釣りが楽しいと思います。釣り座も足場が高いため、ウキをよく観察でき、タックルやサシエのなじんでいる方向や角度、なじんでいく速度など、堤防でしか分からないことができるのも堤防釣りの魅力です。

ウキのアタリ方や入り方もしっかりと観察できます。ラインメンディングの方向を少し変えるだけで仕掛けのなじみ方も変わるのでよい勉強になります。また、魚の取り込み方もスリット状になっている堤防などでは磯とは違う感覚でのやり取りになります。それも一興です。

半遊動仕掛けで狙う

先述のように際から10《メートル》くらいまでの距離を狙うため、基本的にウキでアタリを取っていくウキ止めをつけた半遊動仕掛けがよいと思います。釣ることができる範囲（自分が使える堤防の長さ）と水深（狙うタナ）に合わせてウキの浮力を決めます。ゴム管のついたタナ取りオモリで水深をしっかりと測り、堤防をなめていく潮の速さでどれくらいのオモリが必要なのか決めていくといいでしょう。マキエがきいていく場所に何《メートル》でなじませないといけないか、どれくらいの遊動幅か、どの程度の落としオモリと食わせオモリでイメージ通りのなじみを演出できるか、狙ったポイントでしっかりとアタリ待ちができる仕掛けを作っていきましょう。

ハリなどの重さや大きさでも理想のなじみ方を演出できます。いろいろと微調整するのが好釣果のポイントです。マキエに関しても同じことがいえます。釣りができる範囲が狭いことを前提に、数メートルで海底まで届けなければなりません。そのため、比重のある配合材が使いやすいと思います。私の場合はオキアミ6キロに対してマルキユーの配合材、チヌパワーVSP、チヌパワームギスペシャル、チヌパワーV10白チヌ、チヌパワー激重を混ぜます。

　サシエはいろいろと持っていきますが、堤防の影や水深を考えると特に有効なのが「くわせオキアミ食い込みイエロー」やネリエの「食い渋りイエロー」はここぞというときに役立ちます。

　まず最初にしっかりと水深を測ります。海底から1メートル以内にサシエがなじむ仕掛けを作っていきます。磯より深めの仕掛けになることが多いです。短い距離でなじませるために落としオモリや食わせオモリを打ちます。軽くてもBからを基本に、2B程度のウキを選びます。まず落としオモリで1～2ヒロの遊動幅をなじませ、ウキがウキ止めまでなじんでからまん棒から下の部分がなじんでいきます。ここでジンタン5号程度の食わせオモリを2～3個段打ちしていき、サシエをもっていきたいポイントに入れ込んでいけるようにします。なじませている途中に竿先で何度か遊動幅の部分を抜きさしして、仕掛けを落とし込むようになじませると短い距離でもしっかりとよい形に仕掛け全体を落ち着かせることができるでしょう。

狭い幅をテンポよく

　マキエワークは足元から横へ平行に流していくイメージで入れていきますが、マキエシャクで固めてダンゴ状で入れるだけでなく、少し切るような感じで入れるようにしています。先述したマキエブレンドならそれでもしっかりと底まで入っていきます。さらに回数もたくさん撒くようにします。常に軽くすくったマキエを振り続けるように入れていきます。

　このとき重要なのは、ウキを追いかけてマキエを被せていかないことです。打ち始めたポイントからせいぜい2～3メートルくらいまではウキ周辺に打ちますが、それ以降はその最終ポイントにマキエをコンスタントに入れ続け、ヒットポイントをウキが通過したらすぐに回収して打ち返す意識をしましょう。そうすることにより、狭い幅での釣りがテンポよくおこなえます。

　堤防の釣りは私自身大好きでよい勉強にもなります。いろいろお試しください。

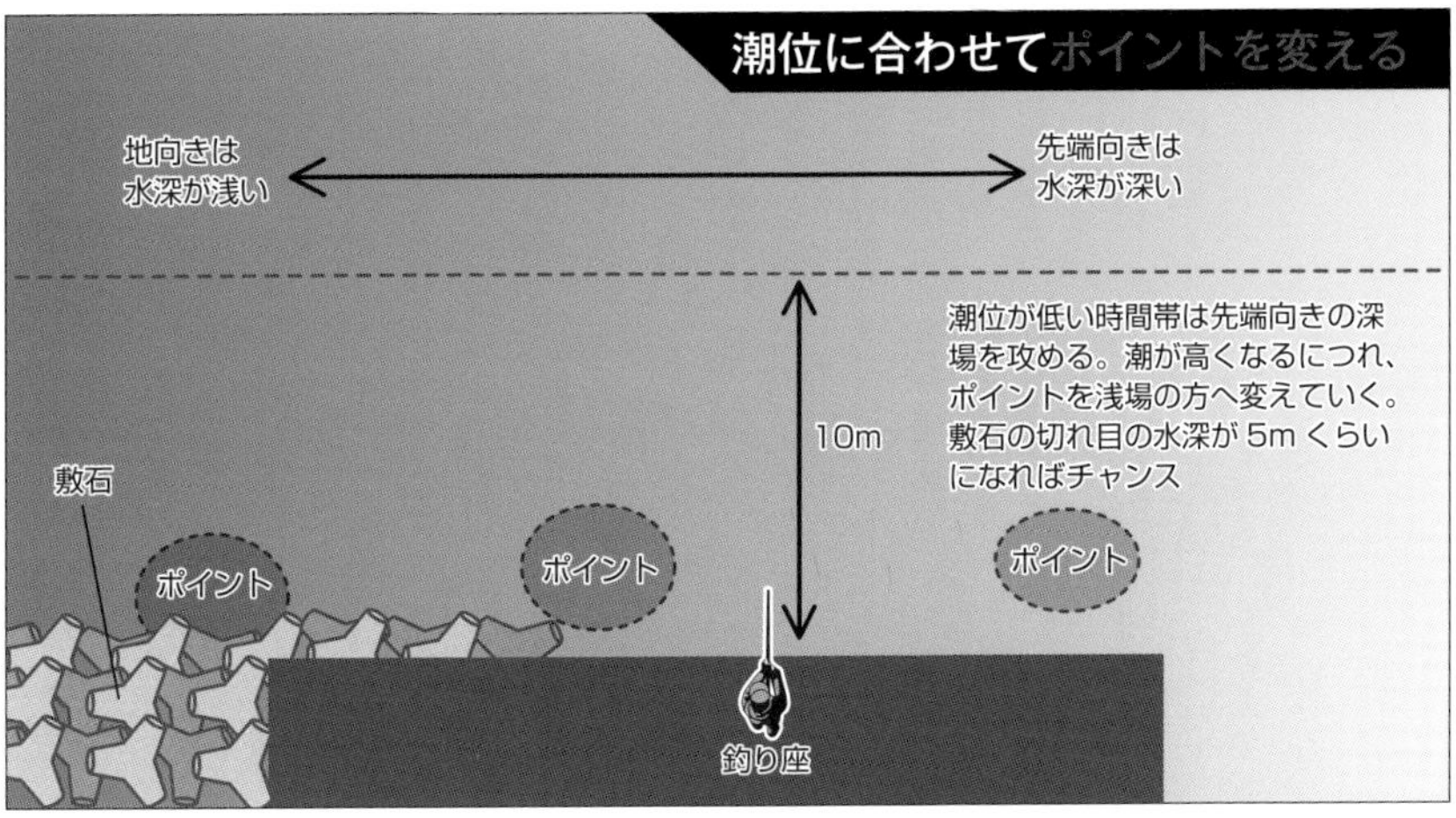

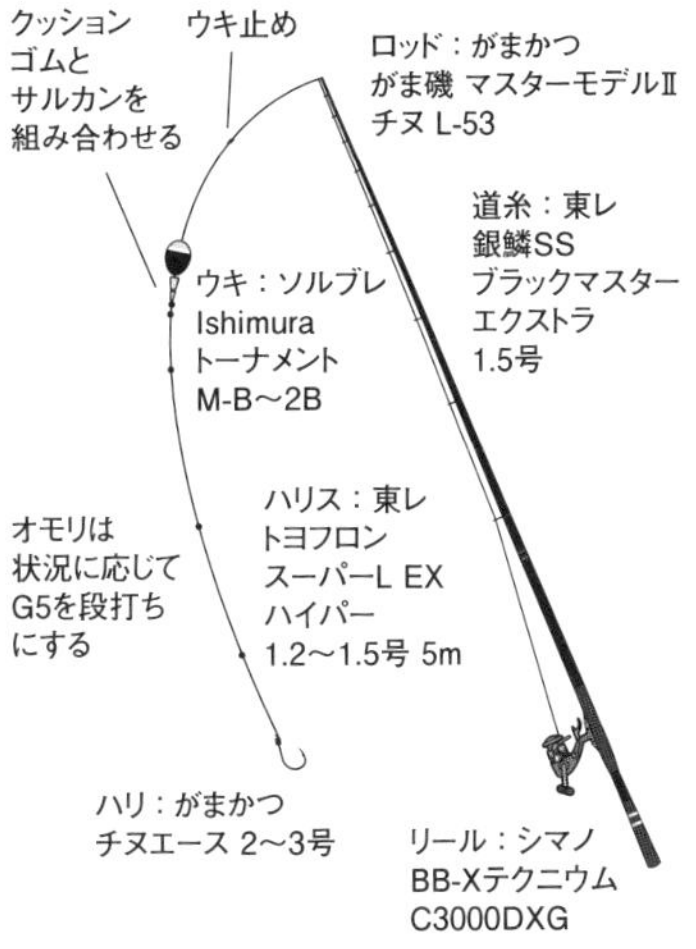

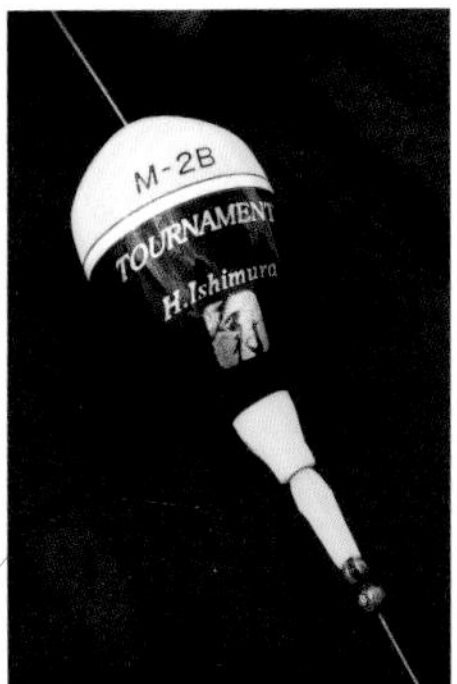

仕掛けは基本的に激流に負けず、しっかり底付近までなじませられるB以上を使う

マキエは塊だけでなく、シャクで切るようにして撒くことも大切

lecture by 鰰澤拓也
takuya inazawa

重めの棒ウキでしっかりと底をキープ 堤防ではオキアミ以外にコーンが必須

AREA
瀬戸内東部
SETOUCHI-TOBU

私のホームグラウンドである姫路《ひめじ》、家島《いえしま》周辺には多様な特徴をもった堤防がたくさんあります。基本的に姫路周辺にあるテトラの入っているところは、水深が4～5㍍ほどと比較的浅い堤防が多いですが、タンカーやフェリーが入港するところや渡船を利用して渡る堤防などは10～15㍍ほどと比較的深くなっています。

地形は堤防の基礎となっている5㍍前後は石などが入っていますが、その先は砂地か泥地になっているところがほとんどです。潮流は姫路付近の堤防は比較的ゆっくりと流れる堤防が大半ですが、河川がたくさん入っているので上潮が滑る二枚潮は避けられません。

一方で家島は比較的に水深のある堤防が多いです。マダイが釣れる人気の堤防では20㍍前後とドン深なところもあります。地形は砂地にゴロタ石などが点在する場所が多くみられます。潮流は場所によって様々ですが、沖の堤防では速い流れの場所もあり、チヌ以外にも大型マダイやグレなどが狙えることから人気があります。

距離の長い堤防で釣り座を決めるのは非常に悩むところです。基本的には堤防の先端から少し中に入ったところがポイントになることが多いと思います。理由は先端付近が1番潮通しよく流れがあります。その流れによってできる引かれ潮や潮の壁によってエサが溜まる場所ができやすいからです。

次に、何らかの影響（台風や地震）で堤防の継ぎ目がズレて段になっていたり、継ぎ目に少しでも隙間があいているようなところです。テトラが入っている堤防ならズレたり崩れたりしているところ。このような場所はフラットな海底に多少でも起伏のある可能性がありますし、継ぎ目がズレてできた隙間は潮が抜けることで微力でも潮に変化が出ます。あまり変化のない、特に長い堤防の中間あたりでは、このような少し変化のある場所が魚の居着きやすい場所になります。

家島の堤防は、水深が比較的深い。そのため、砂地に点在するゴロタ石の周辺を狙う

もうひとつ堤防でよくあるのが真ん中付近で少し折れているところです。このような場所はフカセ釣り師が好んで選ぶ釣り座です。潮がカーブに当たってエサが溜まりやすい潮目ができたりする絶好のポイントです。このことから、まずは堤防を歩き、何か変化のある場所を見つけることが大切になります。

二枚潮に強い棒ウキ

私が堤防でよく使うのは自立タイプの棒ウキを使った仕掛けです。秋口など、非常にエサ取りが多い場合は0の棒ウキでスルスル釣りをしますが、基本的には3B～1号と重めの仕掛けを使うことが多いです。理由として、棒ウキはボディーの下部が水面下に深く入っていることで道糸が風や二枚潮に影響を受けにくく、底付近にサシエをきっちりとキープできるからです。棒ウキは思った以上に二枚潮に強く、マキエの溜まったポイントとの同調が比較的容易にできるので姫路近郊の堤防では特に有効になります。

マキエですが、基本的に粘りが強く底に溜まりやすい重めの配合材を使います。障害物やシモリなどが少ない堤防では底にマキエを溜めてポイントを作る必要がある上、堤防ではチヌが浮きにくく底付近でエサをひろうことが多いからです。それらにオキアミとコーンを混ぜて作ります。オキアミはマキエには欠かせませんが、堤防で絶大な威力を発揮するのがコーンです。もちろん、サシエにもコーンをよく使います。なぜか堤防ではコーンがよく釣れる印象があります。

　基本的にサシエではスーパーハードなどの加工オキアミを使いますが、エサ取りが多い場合にはコーンが特に有効なエサになります。逆に魚の反応が悪いときでもコーンをつけると一発で当たってくることもあります。黄色やエサの落ち方が魚を誘うからだと思います。このほかにもエサ取りの種類によってはコーンとオキアミを一緒につけたりと状況によって使い分けしています。

変化のある境目が好ポイント

　堤防は、足元に石積みやゴロタ石などが入っていて、その先は砂地や泥地などになっていることが多いです。1番の狙い目はこの石積みと砂地との境目で、大抵の場合ここに水深差があります。チヌはこのようなかけ上がりにそって泳ぐので、マキエを溜めてチヌを足止めするには最適です。

　テトラの場合はテトラの切れ目より少し沖が同じように変化しているので狙い目です。魚の反応が著しく悪いときはテトラの間を狙うこともおすすめします。私は潜ってテトラの中を観察したことがあるのですが、底付近のテトラの空間には多くチヌが潜んでじっとしています。ラインブレイクのリスクは増しますが、試す価値はあると思います。

　狙うウキ下ですが、基本は底ですが状態によって少し浮かしたりはわせたりと変える必要があります。砂地の場合は、はわせて釣る方がよく、石などが入っている場合は50㌢前後浮かせて誘いをかけるといいように思います。いずれにせよ、堤防ではこまめにウキ下を測るタナ取りをすることが釣果に結びつきます。

　余談ですが、タナを測るときも棒ウキは非常に役立ちます。少し時間をかけることでウキのトップの出方で、小さな起伏にも気づけることができます。この小さな形状の変化が釣果に結びつくことがあるのでタナ取りに棒ウキを使ってみてください。

　最後にマキエワークですが、堤防では一点に撒いてチヌを足止めして釣る方がいいように思います。先にも書いたように堤防にはシモリや変化がある場所が少ないからです。気をつけるのは撒きすぎないことです。堤防は磯とは違い、たくさんの釣り人が毎日のようにきていろんなエサが撒かれているので一度にたくさん撒くとすぐに反応が悪くなります。魚の食い気が持続するように少しずつ撒くことをおすすめします。

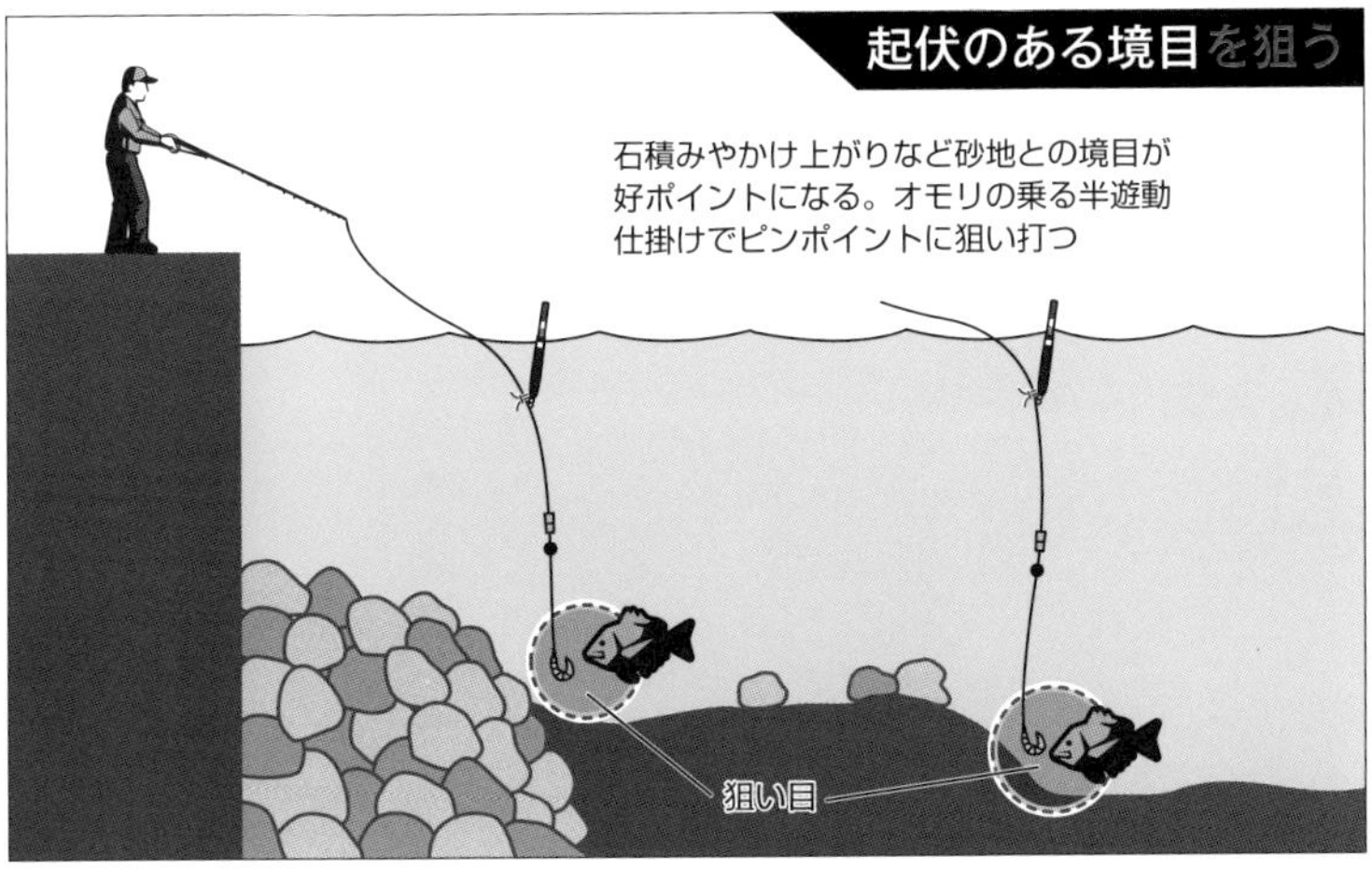

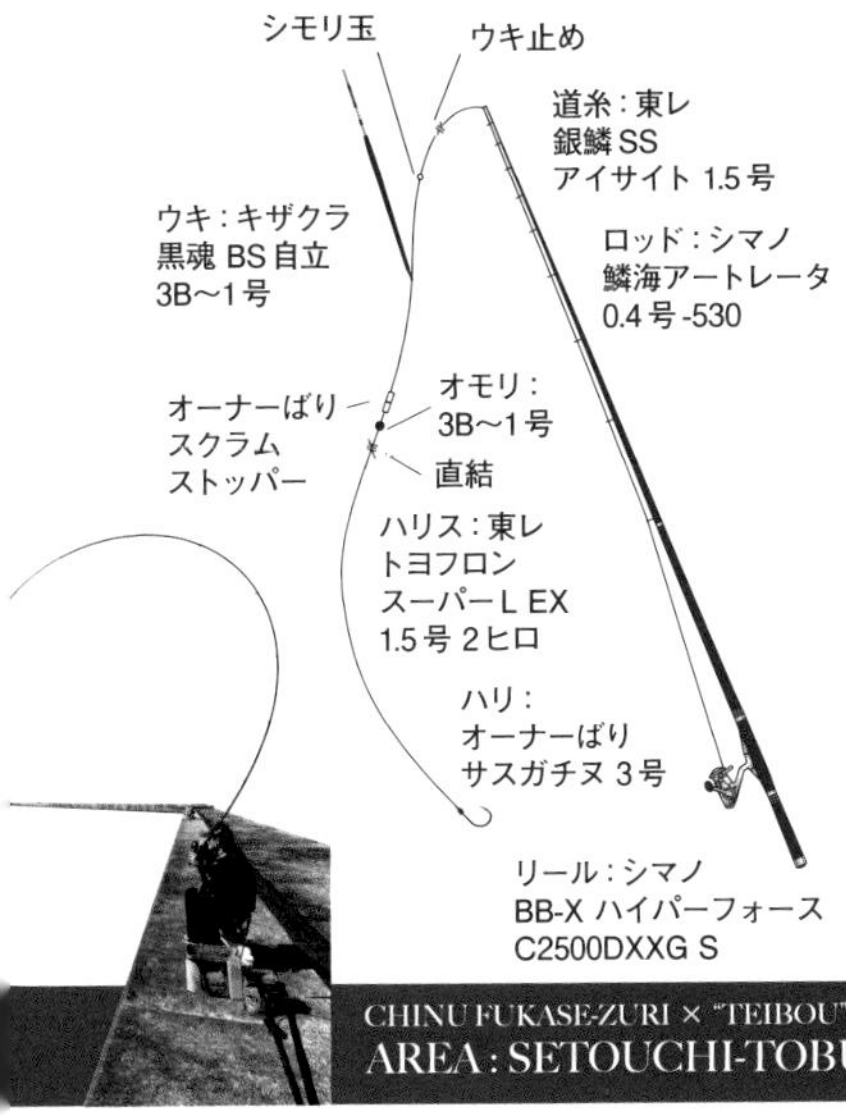

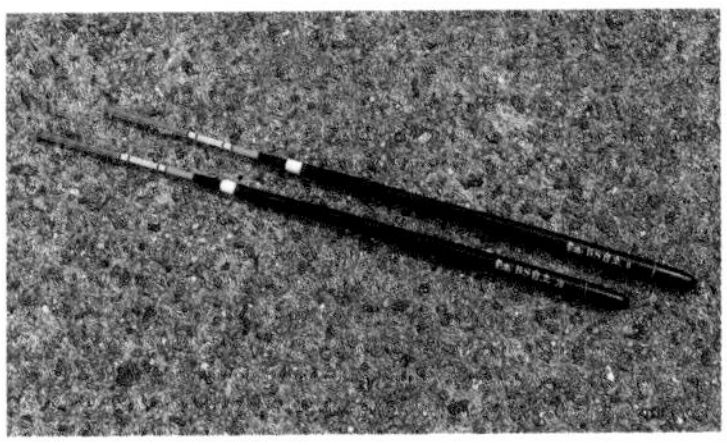

愛用するウキは、安定性に優れた黒魂BS自立。号数は底をキープさせやすい3B〜1号を使い分ける

底の起伏を見極め、きっちりと底をキープさせることができればヒット率は格段にアップする

CHINU FUKASE-ZURI × "TEIBOU"
AREA : SETOUCHI-TOBU lecture by takuya inazawa

シモリに居着くチヌと浮いてくるチヌを速攻全遊動釣法で釣り分ける

by 木村真也
shinya kimura

AREA
大分県東部
OITAKEN-TOBU

私がホームグラウンドとしている堤防は、大分県大分市内の5号地《ごごうち》と坂ノ市一文字《さかのいちいちもんじ》です。同じ市内に位置するフィールドですが、狙い方がまったく違うので2カ所の狙い方をご紹介しましょう。

まずは、5号地の釣り場です。東西に1《キロ》ほど伸びた堤防で、一帯は消波ブロックで形成されています。東側は一級河川の大分川の真水が流れ込む汽水域。そのため、チヌのエサとなるプランクトンなどが豊富です。水深は全体的に浅く、足元のテトラの落ち際で5《メートル》、30《メートル》沖で7《メートル》、そこからゆっくりかけ下がり、さらに沖は30～50《メートル》と深い水深が続きます。

海底の地形にシモリが点在しますが、ほぼ砂地になります。このポイントの最大の特徴は潮流にあります。汽水域だけに潮の流れは複雑で、上潮と底潮が反対になる二枚潮になりやすいのです。

続いて坂ノ市一文字の釣り場ですが、東側よりタテ一文字、沖一文字、横一文字、6号地新波止、6号タテ一文字の5カ所の堤防が並びます。渡船を利用して渡りますが、チヌ狙いならタテ一文字か横一文字が人気になります。一帯の水深はかなり深く、足元で8《メートル》前後、30《メートル》沖で12～15《メートル》あります。地形としては手前に堤防の基礎石が入っており、沖は基本的に砂地です。内外の両方が狙えるので、当日の状況や風向きで釣り座を決めるのがベターになります。

私の使用するマキエですが、1日分として生オキアミ6《キロ》にDAIWAの配合材、銀狼アミノXチヌ激旨を2袋、銀狼アミノXチヌスーパームギ遠投、銀狼アミノXチヌど遠投、深攻めチヌ遠投を配合します。春から夏にかけてはエサ取りが多く、チヌの活性も高いので、粒を多めにした配合に仕上げています。私がチヌのマキエを作るときに意識していることは粒、濁り、遠投性、この三拍子です。

サシエはハード系の加工オキアミのLサイズ、ネリエを状況に合わせてローテーションしています。

仕掛けは基本的に道糸、ハリスともに1・5号で、ウキごと仕掛けを沈める「速攻全遊動釣法」で狙います。

はわせて シモリ周りを狙う

5号地の攻め方ですが、まずどこを狙うか？ 前述したように、この釣り場は基本的に砂地でところどころにシモリが点在します。狙うのはシモリ周りの砂地です。なぜここを狙うのかというと、やはり全体的に砂地が多い地形にシモリなどの障害物があると、その周りにチヌがつきやすく感じます。

実際にシモリに集まって貝類などのエサを捕食している姿を目撃したことも事実です。そんな理由から必ずシモリがあればその周りを狙うようにします。ただし、シモリの上だけは狙い

偏光グラスを通してシモリの位置をきっちりと把握することが大切

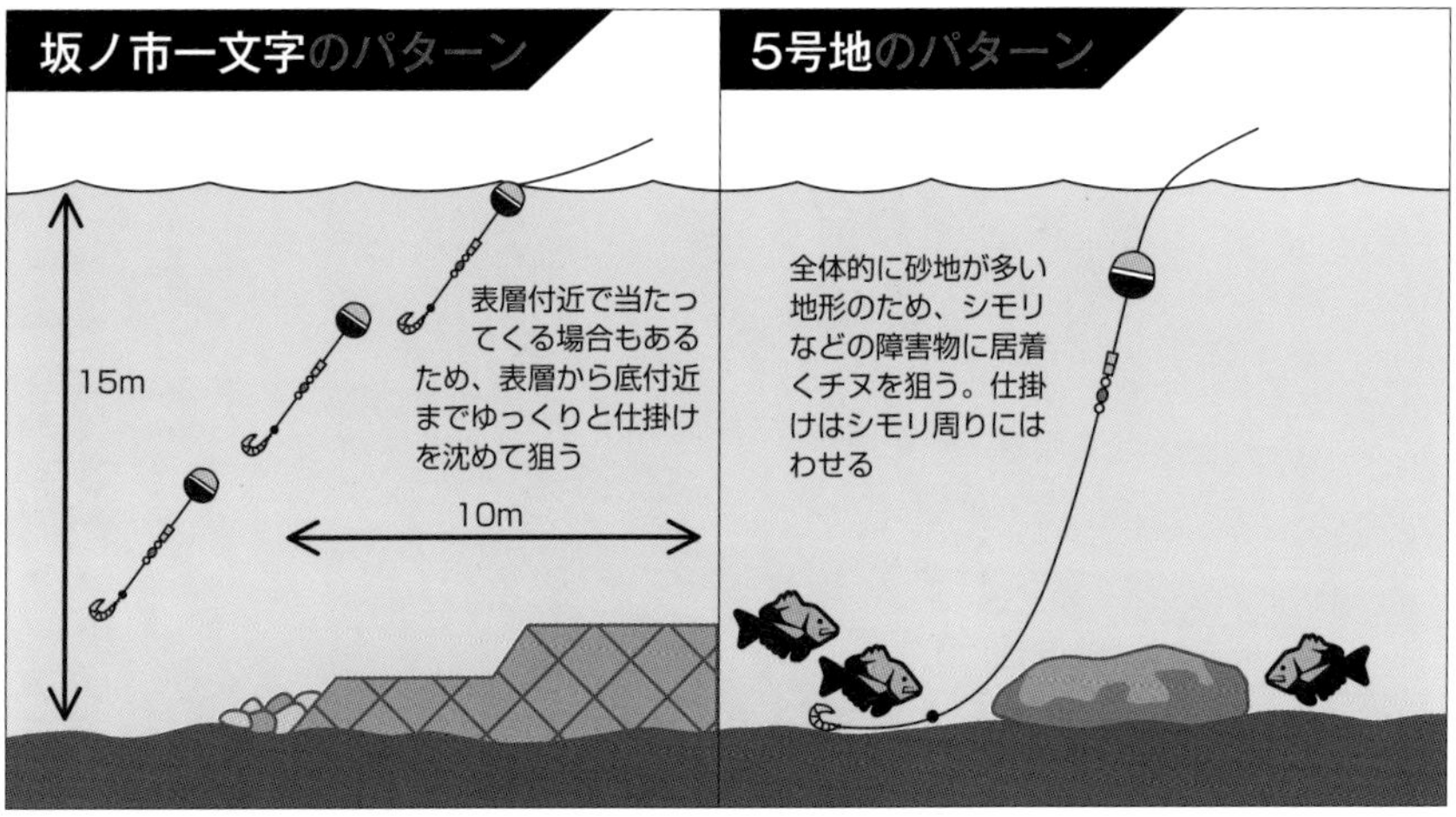

ません。やはりシモリの上より周りにチヌがつくためです。底に仕掛けをはわせ狙うので、あくまでシモリの周りになります。

具体的な狙い方ですが、まずはシモリの位置を確認します。堤防の高台に上がり、偏光グラス越しに見るとうっすらとシモリの影が確認できます。もし、見えない場合は釣りながら根掛かりや海藻がハリ掛かりするところからヒントを得て、シモリの位置を把握するとよいでしょう。

シモリの位置が確認できたら竿を出す前にマキエをしっかりと打ち込みます。このとき、私の場合シモリの沖側と手前側に打ちます。仕掛けを流す位置も、シモリの沖側と手前側の底ベタのシモリ周りをしっかり通すイメージです。エサ取りが多いエリアなので、マキエは多めに打つことが大切になります。仕掛けを底付近まで沈め、サシエをしっかりとはわせてアタリがなければ、竿をゆっくり横か縦に動かし、サシエに動きを加えます。大体この誘いをかけた直後に当たるパターンが多いです。

チヌの活性が高ければかなり動かしても効果がありますが、低活性の場合は逆効果にもなるので見極めも重要です。

あとは最大のキーポイントとなる二枚潮の攻略ですが、ウキ自体を上潮の下に入れることで上潮の影響を抑えることができます。ゆっくり沈めばその分だけ上潮に流されてしまいます。上潮が速ければ速いほどウキの沈む速度を速くすれば問題ないです。

ウキは速攻全遊動釣法専用に開発されたプログレスチヌHGを使う。号数は潮の流れに合わせてS2～S6を使い分ける

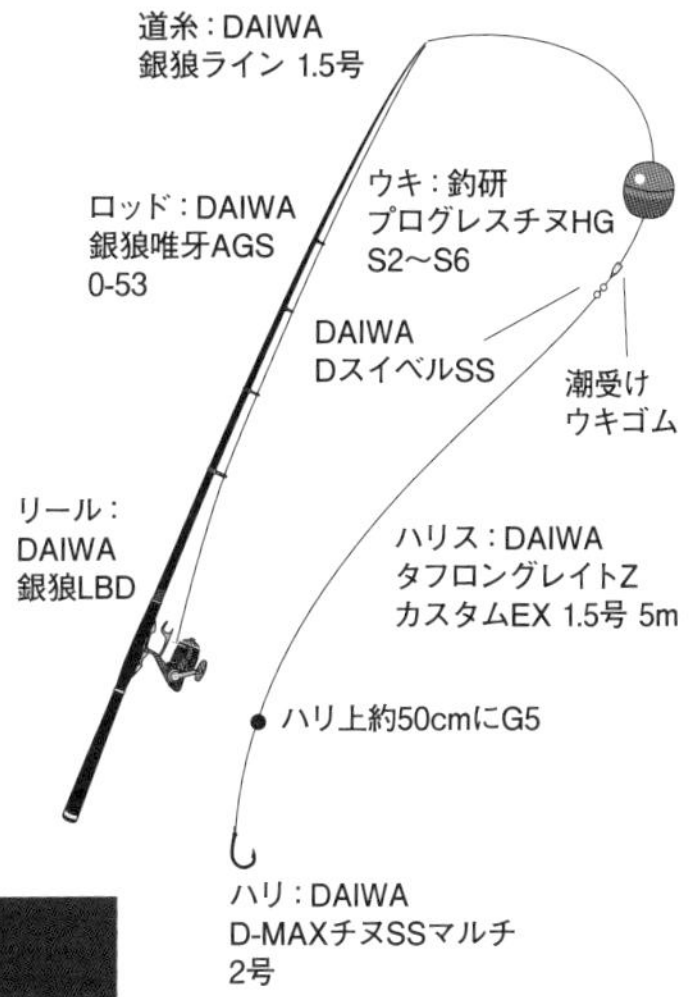

浮く場合はゆっくり沈める

坂ノ市一文字の最大の特徴はなんといってもチヌが浮いてくることです。水深15メートルに対して1ヒロくらいまで浮いてきます。驚きじゃないですか？　そして、手前から沖、超遠投まで釣れるので数釣りも可能です。しかし、釣り方を間違えるとまったく釣れない場合もあります。

ここでの狙い方は遠投オンリーです。堤防の手前付近は基礎石が入っており、根掛かりもしやすいので避けます。仕掛けはここでも「速攻全遊動釣法」でウキごと仕掛けを沈めて狙います。5号地のポイントと異なる点は表層付近でも当たるということ。つまり上からゆっくり探れるウキの浮力で狙うとよいです。狙うタナは表層から底付近までがすべてです。

ただし、底にはわせてしまうと根掛かりのリスクがあるので仕掛けが底付近に到達したら回収するか、仕掛けを一旦中層付近まで引き上げて再度落とし込むとよいです。あとはマキエをリズムよく撒いてチヌをマキエに狂わせるイメージで寄せることです。大分の堤防は、磯チヌのような感覚で釣れるのでかなりおもしろく、奥が深いです。

lecture by 国見孝則
takanori kunimi

二枚潮の発生率が高い河口付近 オモリの力を借りて突破を図る

AREA
高知県全域
KOUCHIKEN-ZENIKI

高知県で多いのが、河口が近くにあり、港周辺にある堤防が数多く目立ちます。その影響なのか、潮流の速さは満ち引きで極端に違い、流れる方向も真逆になります。

満ち潮の潮流は港内方向に流れ込む潮が多く、河口から流れ込む流れとぶつかるせいか、満ち潮は比較的緩やかで、逆に引き潮は港外方向に向けて流れるため、河口からの流れと方向がかさなって潮流が速くなります。

また、上潮、底潮の流れが逆、または上潮が流れているのに対して底がまったく流れていないといった河口近く特有の二枚潮が絶えず発生する状況がよくあります。水深は堤防によってまちまちですが、河口周辺にある堤防では大体6～8《メートル》が多いですが、河口から少し離れた湾内にある漁船などを停滞させている大きな港近くの堤防は10～15《メートル》で、まれに25《メートル》前後の深いところもあります。私の場合、そのような堤防ではチヌを狙うことはまずないです。

堤防周辺の海底の地形は、堤防際にケーソンか捨て石が敷かれていて、少し沖からはフラット状が多く、砂地にゴロタ石がまだらに点在しているのが特徴となります。対面側の岸が近く、小型船や漁船が頻繁にいきするような堤防ではその船の通り道となる場所の海底が掘れて、海溝（すり鉢状）となっている海底もあります。

もちろん、そういった地形の変化がある堤防では、遠投してとどく範囲なら絶好のポイントとなり、チヌの通り道にもなっています。そのかけ上がりやすり鉢状になっている海底（真ん中付近）を狙います。マキエもためやすく、ポイントを作りやすいのも狙う理由となります。

堤防際はケイソンや捨て石、テトラが敷かれていることが多い。少し沖からはフラット状が多く、砂地にゴロタ石が点在している

重たい仕掛けを多用

そのほかに、海底がフラットで変化のない堤防では上記で書いているケーソン、捨て石などの切れ目がポイントとなります。やはりチヌは地形に変化がある場所でエサとなる甲殻類（エビ、カニ）や貝などを求めて回遊していると思われるからです。また、これからの時期は水温が徐々に上がり、チヌの遊泳力も上がるため行動範囲が広くなります。そのため、砂地にいるゴカイなどを求めてくるので遠投で砂地を狙い、マキエを海底に溜めるイメージで遊泳力の強くなったチヌを寄せてピンポイントで狙う方法も有効となります。

そういったチヌを狙う仕掛けですが、私は比較的大きなガン玉（3B～5B、状況によっては1号）を多用した仕掛けでしっかりとサシエを落ち着かせるように心掛けています。理由としては堤防でよく発生する二枚潮を回避するのが一番の目的となります。

海面数十《センチ》からの上滑りに負けないようガン玉の力を借りて仕掛けをしっかりと立たせ、チヌの捕食しているタナもしくは海底までサシエをしっかりと届けたいからです。

マキエも比較的比重のある配合材（マルキユー・チヌパワー激重、日本海、爆寄せチヌ、チヌパワームギSPなど）を使用してしっかりと海底に届けるようにしています。

サシエは基本的に「くわせオキアミスーパーハード・L」ですが、エサ取りが多くオキアミではもたないときや、釣れたチヌが配合材を吐き出したときはネリエを使用します。ネリエの種類も状況に合わせるために4種類（マルキユー・食い渋りイエロー、高集魚レッド、アピールホワイト、荒食いブラウン）を単品または練り合わせて使用したり、あとは最近大活躍してくれている「くわせ丸えびイエロー」をよく使用しています。

上滑りに応じて釣り分ける

まずはオキアミからスタートしてどのような状況（エサ取りがいるか、底潮の潮流はどうなっているのか）を探っていきます。エサ取りがあまりいなく、サシエが残ってくるようであればタナを深くしていきます。

そのときに底潮、上潮ともに同じ方向の流れ、または二枚潮にはなっているがそれほどひどくない場合であればガン玉だけの力で突破させ、ウキを浮かせて上層、中層、海底までの間をチヌのアタリが出るまで調整しながら探っていきます。

上滑りがひどく、仕掛けがどうしてもふらついてなじまない、ポイントから離される、といった状況のときは、高知の堤防ではチヌが上潮を嫌って底付近にいることが多いため、仕掛けがしっかりと立つまでガン玉を追加してウキごと沈めて探っていき、海底にサシエをトンづけするか、はわせてチヌのアタリを待ちます。

このとき、サシエも一種類だけではなくチヌの好むサシエを見つけるためにもサシエをローテーションさせながら狙います。

上滑りがひどいとき、マキエのパラ撒きは上潮だけに流されてしまい、ポイントや仕掛けの投入点から遠く離れた場所まで流されてから沈むようになるので厳禁です。かりにその流されたことを考えながらパラ撒きしたとしても、ポイントをしっかりと作るのにも時間がかかってしまい、二枚潮での底潮を確実にイメージするのは困難になるためマキエを溜めることが難しくなります。

マキエの打つ位置は、パラ撒きはせずに固めたマキエを点で打つようにして上滑りを突破させ、ポイントの海底に確実に溜めるイメージで撒きます。

上潮と底潮の流れが素直で、一定の状況下では行動範囲も二枚潮のときに比べると広いと考えられます。そのため、中層からのタナを基準に狙います。マキエもウキを囲むように何点かに撒き分け、マキエの中にサシエがあるイメージをしながらチヌの捕食しているタナに合わせて狙っていきます。

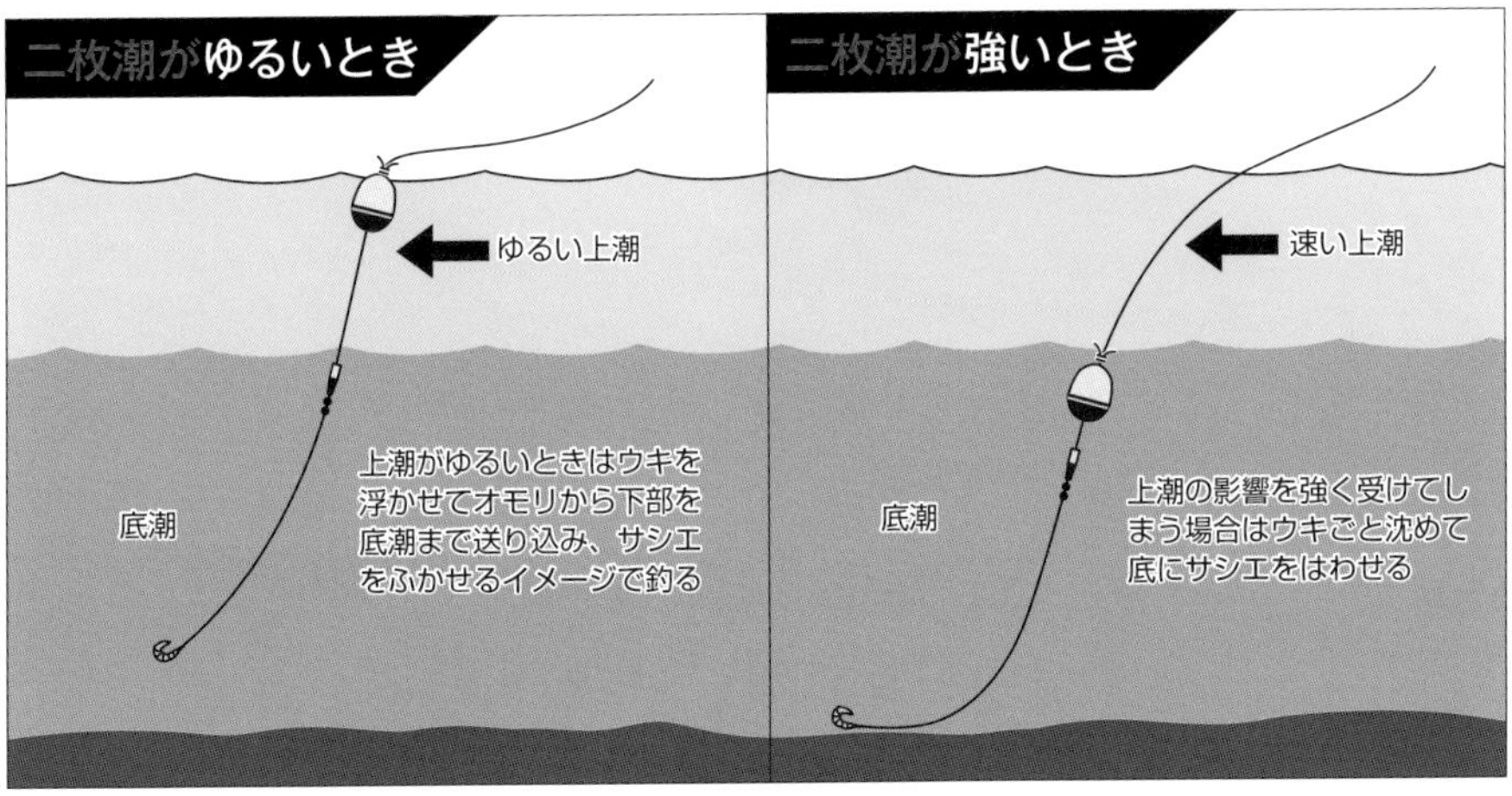

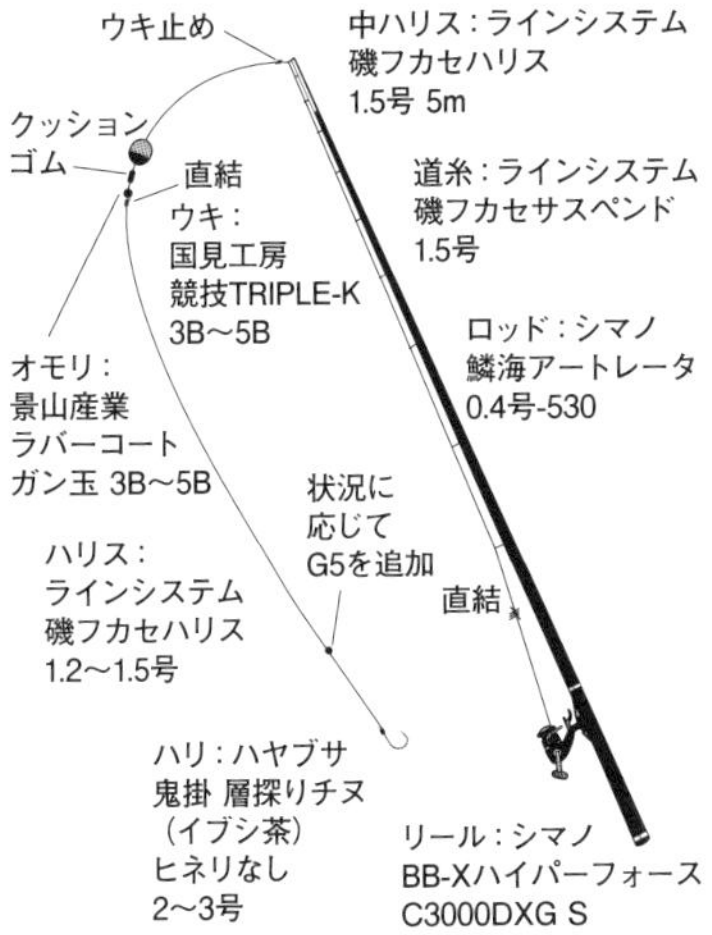

上潮が滑る状況でもしっかりと仕掛けが立つよう、3B以上のオモリが乗る重たい仕掛けで狙う

底まで確実にマキエが届くようバッカンのヘリで固めてから打ち込む

lecture by **林 賢治**

kenji hayashi

かけ上がりにマキエを打ち続けて クロダイを呼び込むイメージで釣る

AREA

東海全域

TOKAI-ZENIKI

静岡県、愛知県にわたる広大なエリアには足元から水深10メートル以上あるような静岡県沼津《ぬまづ》の堤防もあれば、荒波の押し寄せる西伊豆の沖堤防、砂浜から突き出す三保《みほ》や遠州灘《えんしゅうなだ》の突堤、潮のカッ飛ぶ浜名湖《はまなこ》の岸壁、愛知県に入れば波静かな内湾の小港や護岸。そして伊勢湾《いせわん》の奥部となれば工場の立ち並ぶベイエリアの岸壁で桟橋などのストラクチャーや排水口狙いなど行く釣り場により、潮流や水深、地形は様々であって、エリア全体で共通するような特徴というものはありません。

また、クロダイに目を向ければ、清水や浜名湖など産卵の早いところでは4月下旬だとすでに産卵は終わり、5月は食い渋りをみせています。沼津に関しては4月中旬から下旬にかけて乗っ込みが本格化してきます。さらに伊勢湾では外洋に比べて水温がかなり低いものの、湾奥は工場や発電所の温排水の影響により、乗っ込みは湾奥から始まり、湾口に近い知多半島《ちたはんとう》の先端（南知多町）や三河湾《みかわわん》の離島、伊良湖岬《いらこみさき》では4月下旬から5月上旬にかけて本格化します。

そして5月中旬になるとエリア全体的に産卵後の食い渋りに加えて、小サバやアイゴ、アジ、フグなどのエサ取りも多くなるため非常に釣りにくくなってきます。

また、東海に限らず、関東でもさまざまな釣り場で遭遇したことなのですが、6月は不思議とクロダイがマキエに対して反応が悪くなることがあります。

集魚力の高いマキエをいくら撒いてもまったく反応せず、集魚力の低いヌカやオカラを使ったダンゴ釣りに釣果が偏ることがあるのです。ただこの一定期間を過ぎれば再びフカセ釣りでも釣れるようになります。

1級ポイントをあえて外す

堤防のポイントといえば、ほとんどの人はテトラ帯や基礎石の周り、潮通しのよい場所と答えると思います。確かにそれも間違いではありません。この時期は水温も上がり徐々にエサ取りも多くなってきます。そのためテトラ帯や基礎石の周りなど障害物周辺はベラやウミタナゴ、フグ、カワハギが邪魔をしてきます。そして潮通しのよい場所にはアジや小サバなど、足の速いエサ取りがいます。そのため、私はあえてその堤防の1級ポイントと目される場所を外して入ります。具体的には長い堤防なら中間付近に入り、外向きよりも内向きに釣り座を構えます。そして少し遠投気味で海底に変化のある場所を探します。

探れる範囲に少し浅くなるかけ上がりがあれば理想的です。このかけ上がりが潮下にくるように釣り座を構え、かけ上がりにマキエを溜めるようにイメージして釣ります。あえて1級ポイントを外す理由としては、ずばり「エサ取り対策」です。いいポイントほどエサ取りが多いので、そこを外して2級、3級ポイントに入ります。2級、3級ポイントは1級ポイントに比べ圧倒的にエサ取りの数が少ないのでサシエがクロダイのいるタナまで入る確率が高くなります。しかもこの時期はクロダイにとって適水温であるため、エサのにおいを嗅ぎつければ普段居着いている障害物の周りから離れた平場にも平気でエサを求めてやってきます。そのやってきたクロダイを狙うというのが算段です。

ただ、クロダイの方からポイントへやってきてもらうので、釣り始めからパタパタと釣れることは少なく即効性に欠けますが、しっかりと時間をかけてポイントを作って釣るという感じです。

仕掛けは1年を通してほぼ変わりません。狙う水深や風、潮の速さによって使うウキの号数とそれに見合うオモリの大きさが異なるだけです。基本的なウキの使い分けは別図のとおりです。

マキエのレシピは正直な話、一昨年まではクロダイの高い活性を利用して、エサ取りを集めないようわざとオキアミやアミエビを使わず、サナギミンチをメインとして時間をかけてクロダイを呼び込めればいいや、というブレンドパターンを使っていましたが、昨年からは逆にサナギミンチはもちろんのことオキアミ、アミエビも入れて集魚力を高くし、できるだけ早く多くのクロダイをポイントに呼び込み、クロダイにエサ取りを蹴散らしてもらうという考え方に変えて試した結果、比較的クロダイの魚影の濃い浜名湖においては非常に有効でした。

具体的なブレンドパターンは入れる順番通りに書きますが、オキアミ1《キロ》→アミエビ1《キロ》→活さなぎミンチ激荒1袋→ムギコーン1袋→水2《リットル》→チヌパワー激重半袋→チヌパワー1袋→チヌパワースペシャルMP半袋。コツはオキアミ1《キロ》を原型が残らないようにしっかりと刻むこと。そしてしっかりと粘りが出るまで混ぜ合わせること。この量でおよそ4～5時間分になります。なお、水分量につきましては、コンディションにより多少異なるので、柔らかめの粘土くらいになるよう微調整してください。

サシエはくわせオキアミスーパーハード、ガツガツコーン、活丸サナギ、食い渋りイエロー、高集魚レッド、くわせ丸エビイエローを持ち込み、ガツガツコーンと活丸サナギをメインとしていましたが、昨年からはネリエも今まで以上に多用して、いい結果が得られています。また今年の3月に発売された荒食いブラウンも昨年の同シーズンではありませんが、エサ取りの多い秋にテストした際、かなりいい結果が得られているので今期は間違いなく私のラインナップに加わります。

底付近を重視して狙う

シーズン問わずどこの釣り場へ行っても最初にやることは、ハリにゴム管オモリをセットして水深を計り、海底の変化を探ることです。ポイントとなる場所は前述した通り、潮下側が浅くなるような地形の場所で、その場所にマキエが溜まるように投入点を考えます。釣りを始める前にポイントと選定した場所にマキエが効くよう、最初にみかん大の大きさに握ったマキエの塊を10個ほど投入します。そしてウキ下は底トントンの状態からスタートします。

仕掛けの投入点は、マキエの投入点の潮上。マキエ投入点の1《メートル》ほど手前で仕掛けがなじむよう潮の流れを見極めて投入します。流す距離は想定したポイントの潮下5《メートル》くらいを基本としてエサが残るようなら次の投入は6《メートル》潮下、まだエサが残るようなら7《メートル》潮下…。と、10《メートル》くらい潮下まで探るようにします。それでも釣れないようならウキ下を30～50《センチ》浅くして同様に探ってきます。

逆にエサが取られるようなら、なじませる位置をマキエの投入点から潮上側にさらに1《メートル》ほどずらして様子を見ます。それでも取られるようならハリスを50《センチ》ほどはわせるようにします。

マキエの打ち方は常に同じ場所に入れるのが基本で、仕掛けを投入した直後にシャクで2～3杯。仕掛けがなじんだらまた同じ場所に2～3杯という具合に繰り返します。マキエは常に同じ場所で、その場所にサシエをいかに通すかという風に考えると分かりやすいと思います。

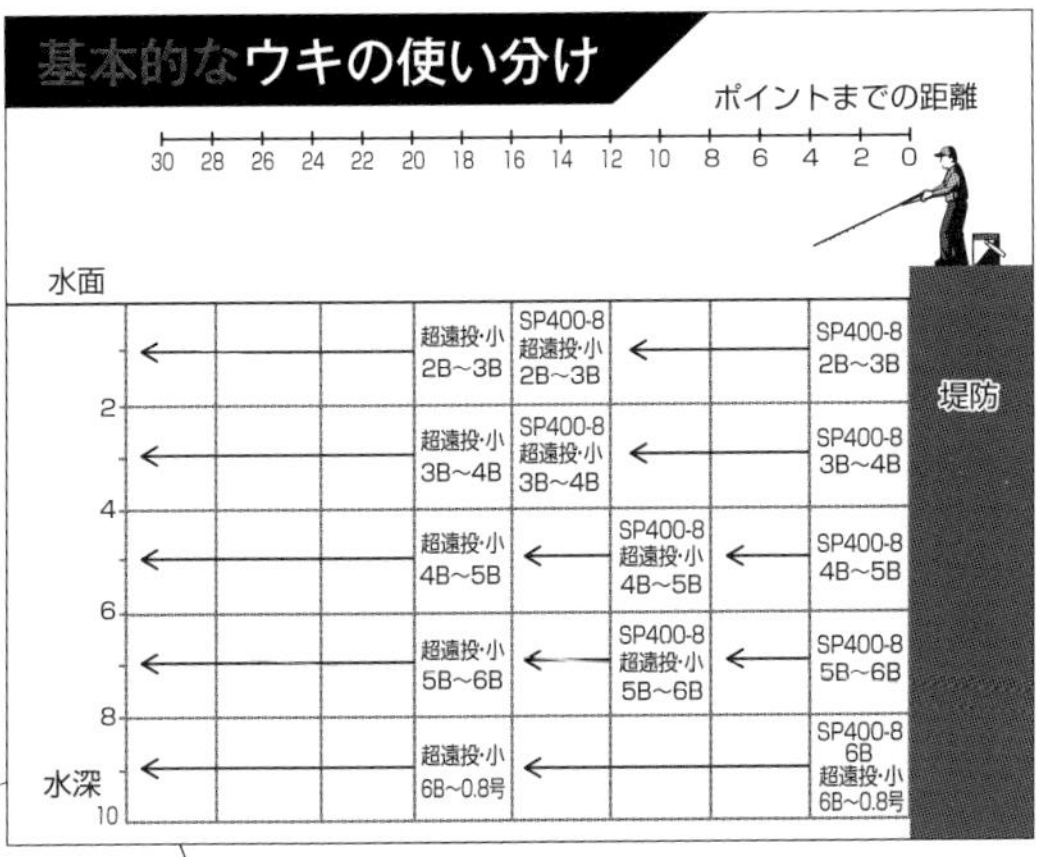

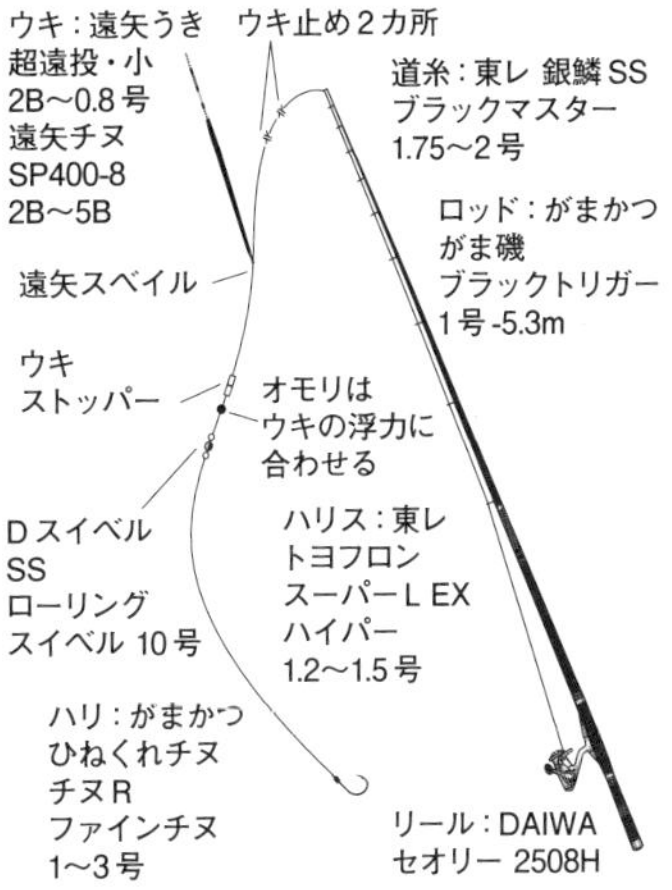

ウキは底狙いが容易におこなえる遠矢うきを使う。仕掛けの安定性も抜群だ

チヌが1カ所のポイントへ集まるよう釣り始める前にみかん大の大きさに握ったマキエの塊を10個ほど打ち込む

あれば便利なお役立ちアイテム

CHINU FUKASE-ZURI × "TEIBOU" USEFUL ITEMS

フカセ釣りのネックはマキエ作りと荷物の多さだろうか。少しでも楽に快適に釣りができるにこしたことはないが、ここではそれらに関係するお役立ちアイテムをご紹介しよう。

キャリーカート 林 賢治

重い荷物をはるか先の釣り座まで運ぶのはゾッとするが、キャリーカートがあれば楽々

長い堤防での長距離移動は必需品 愛用のモデルが廃盤なので残念…

キャリーを使い始めたのは、もう25、26年くらいになるのかなぁ。重い荷物を持って長い防波堤を歩いたりするのは無理ですからね。今使っているので3台目なんですけど、全部スノーピーク製です。圧倒的に丈夫で今ので10年くらいじゃないかな？　前はもっと釣りに行っていたので…。タイヤが大きくて耐荷重が60㌔だったか80㌔あるんですね。普通に売ってるキャリーは15㌔や20㌔なんで、長く使えないんですよね。サビたり、タイヤが回らなくなったり、壊れたりした仲間たちも見てますからね。荷物を固定するのは、僕はネットじゃなくて昔からバイク用のコードを使っています。それが短時間でセットできるし使い勝手がいいですね。ただ、このキャリーはもう作っていないんで次をどうしようか悩んでいるんですよ。

台車 木村公治

日本製で取手が折りたためるのがミソ。木村さんは荷物の量に合わせて大小を使い分けている

瀬戸内のマキエ量ならキャリーは無理 購入するなら信頼の日本製で決まり

鳥取県の境港一文字へ行くときにあったら便利だと聞いて、最初は安い中国製を買ったんですけど、タイヤの音が大きくて堤防で寝ている人に「うるさい！」と怒られました（笑）。それで日本製にしたんですけど、静かになりましたね。取手は折りたためるタイプです。仮に渡船に乗るときもかさばらずに使えますね。キャリーも使ったことがあるんですけど、僕ら瀬戸内の釣り師のマキエの目方は重いんで、一般的なものだと1回で壊れちゃうんです。強度を求めるとこれになったんです。今使っているのはホームセンターで買ったんですけど、国産のいちばん安いやつです。荷物の量に合わせて大小を使い分けていますね。

コンクリートミキサー 山本俊介

暑い日も雨の日も快適に混ぜられる 水分の調整をうまくするのがカギ

よく使うようになったのは2、3年前です。九州へ釣りに行ったとき向こうの釣具店には設置されていたので「いいな」と思っていたら、よく行くお店に設置されたので… それからですね。やはり便利です。夏場でも汗をかかずに作れますし。雨が降っていても屋根があるのでぬれません。ミキサーを使うコツですが、混ぜ方としては配合材を先に入れるか、バラバラにしたオキアミを先に入れるかですが、配合材を先に入れた方がきれいに混ざりますね。配合材は何種類か入れると思うんですけど、ミキサーの中でしっかり混ぜてからオキアミを入れます。あと大事なのは水加減です。配合材のメーカーによって違いますね。マルキユーさんならパッケージの表示通りでいいですが、ヒロキユーさんは少なめ、DAIWAさんは逆に気持ち多めですね。あとは自分の好みで微調整すればいいと思います。ちなみに、お店によっては水を入れるのを禁止しているところもあるので注意してください。

設置しているお店も増えてきたミキサー。これからは使用するのが当たり前になるかもしれない

フカセ釣りの基本はウキ止めを付け、タナをきっちり取ることにある… はずだったが、現在のチヌ狙いにおいては、むしろ全遊動派が過半数を占めると言っても過言ではない。そしてひとくちに全遊動といってもバリエーションがあるのだ。

先鋭の技を身に付けよう

なるほど

CHINU FUKASE-ZURI
The second key for the capture

攻略のカギ 2

全遊動釣法で鬼に金棒

ウキ止めを付けない全遊動の釣りが生まれたのはいつのことだろうか。そして誰が世に広めたのだろうか。ここではフカセ釣りの歴史の一部始終を目の当たりにしてきた、ご存じフィッシングライターの高木道郎さんにその経緯を振り返ってもらおう。最初にルーツを知っておくのも悪くない。

そのとき、ウキ止めがなくなった

「時代の要請」でそれは生まれたが認知度を高めたのは2人フカセ釣りの分岐点となった

フカセの歴史をよく知る釣りライターの回想

高木道郎

仕掛けの解説を釣り雑誌やウキメーカーのカタログに書いていた当時、話を分かりやすくするために仕掛けを3つのパターンにまとめたことがある。

1：固定ウキ仕掛け
2：移動ウキ仕掛け
3：遊動ウキ仕掛け

1の固定ウキ仕掛けはウキを道糸に固定するタイプ。ウキ下も固定され、探るタナは限定されるがタナズレは起こりにくくウキアタリも鮮明だ。

2の移動ウキ仕掛けは、1号オモリで竿2本という深ダナを探る仕掛けや立ちウキ仕掛けなどがこれに当たる。1の固定ウキ仕掛けをそのままオモリで移動させるという意味。ウキ止めまで移動してからが勝負という仕掛けである。

3の遊動ウキ仕掛けは逆にウキ止めまで移動する過程が勝負の仕掛けパターン。つまり、ウキが遊びながら移動（遊動）している状態でタナを探り、アタリをキャッチするのがこの仕掛けの狙いである。

この3パターンがウキフカセ仕掛けの基本構造だが、このあとに全遊動や沈め探りといったジャンルが加わってパターンが複雑になり、釣りが分かりづらくなった気がする。

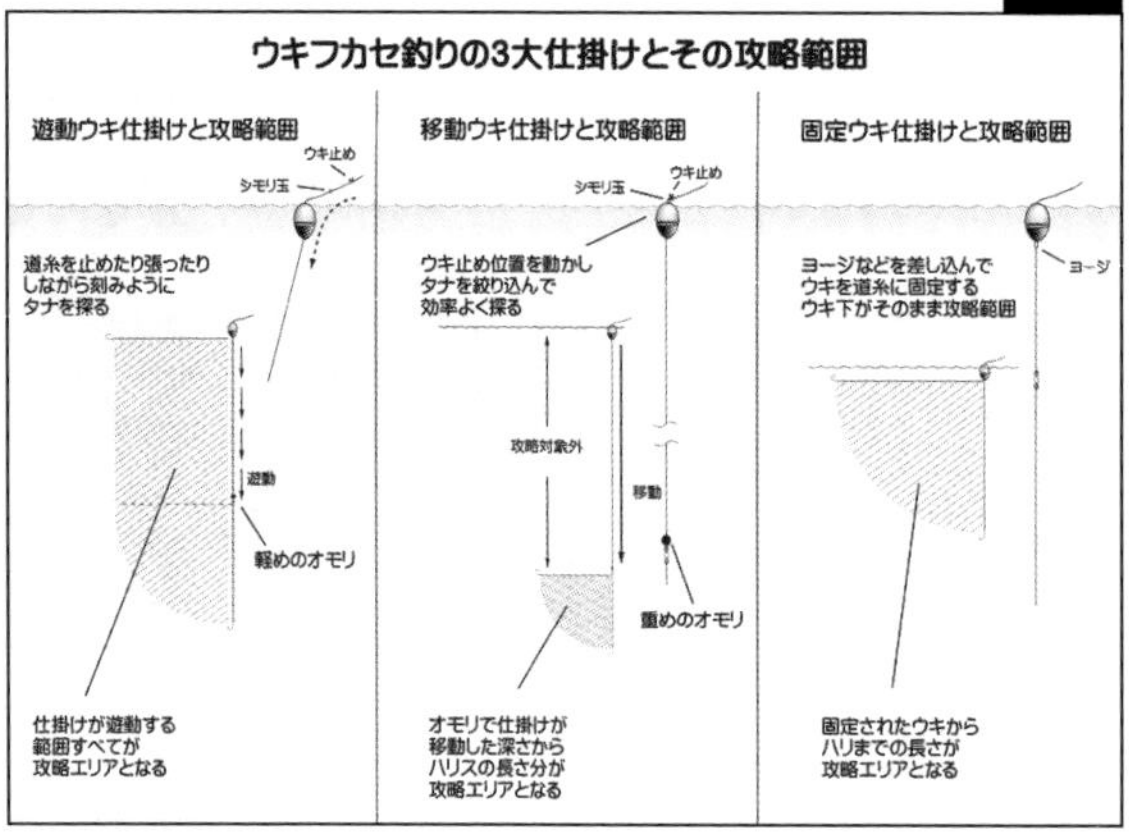

仕掛けの解説を書いていた当時、話を分かりやすくするために高木さんが使用していた図

その頃、お隣の韓国でも日本から輸入された「全遊動」が大流行し、全遊動以外の釣り方を知らない人が増えたため、朝鮮日報社が出版しているぶ厚い釣りの月刊誌（月刊낚아＝釣り）に「ウキ釣り仕掛けの基本」について連載してほしいという依頼があった。

聞けば、ウキ止めを知らない釣り人さえいるのだとか。それほど「全遊動」という新しい仕掛けパターンは魅力的だったとも言える。

マキエとの関係

全遊動というのは遊動ウキ仕掛けの遊動幅を制限しないパターンである。ウキ止めによって遊動幅を限定し、探るタナを絞り込むのが遊動ウキ仕掛け。それに対して全遊動はウキ止めを外して無制限にタナを探るわけだが、この無制限というイメージが「開放感」につながったのかもしれない。

ただ、制限がなくなって探るタナが広がるということは、タナを絞り込めないデメリットも生み出す。

遊動ウキ仕掛けのウキ止めは「目安」という機能も備え、釣り人は季節や水温などの条件からタナを推理してウキ止め位置を決め、狙いを付けたタナを探ることができる。それが出発点だ。

ところが全遊動仕掛けの場合には「目安」がない。すべて手探りなのだ。いきなりラインが走ってチヌが釣れてもどのタナで食ったかが分からない。情報がつながらず、計算できないのだ。それでも全遊動が受け入れられた背景には、狙ったタナで魚を釣りづらくなったという現実があった。理由はさまざまだが、マキエの変化も大きく影響しているだろう。

　配合材は圧倒的な集魚効果があり、遠投性がゲーム性を高め、比重が狙えるタナを一気に拡大した。混入物の比重も製品によって異なるためマキエはゆっくりバラバラに沈み、そのスロープ状のマキエのどこで魚が食ってくるか分かりづらくなった。

　そこで、ゆっくり沈むマキエといっしょにスロープ状のマキエの帯の中をタナを決めずに探ればいい、という発想が生まれたのだと思う。

誰が始めたのか?

　時代を変える新しい釣法というのはだれか個人が開発したというよりは、時代の要請によっていろいろな場所でほぼ同時期に考え出され、それが何かの拍子に釣法という形となって登場する。

　全遊動という釣法も全国各地にウキ止めを付けない「行ってこい」仕掛けのような釣り方が生まれ、徐々に輪郭を整えつつあったのだろう。

　私が知る限り、そんな釣法をまとめ上げていたのがウキメーカー・釣研を率いる田中釣心氏である。

　田中氏が考案した「ななめウキ」はゆっくりとした遊動に適しており、おまけにウキ止めがないため魚が途中で食いついても抵抗（違和感）をあたえず、ラインが大きく引き込まれるとウキがゆっくり沈むという特徴があった。

　全遊動釣法の大きなメリットはつぎの3つである。

1：タナを無制限に探れる。

2：ウキ止めがないのでハリ付きのエサをくわえたときに違和感がなく食い込みがよい。

3：ウキへの反応が遅く早アワセができないのですっぽ抜けやアワセ切れがしにくい。

　そして全遊動という釣法が脚光を浴びたのは、グレ釣り競技の全国大会であるシマノ・ジャパンカップ・グレにおいて、徳島県の江頭弘則氏がウキ止めを外した「スルスル釣り」で良型グレを仕留めて優勝したときだったと記憶している。

　田中氏の全遊動仕掛けがハリスにガン玉を段打ちするのに対して、江頭氏のスルスル釣りはやや大きめのガン玉をハリスに1点打ちするという基本的な違いがあった。

　田中式全遊動は段打ちしたガン玉でハリス部分をななめの状態で遊動させてやるスタイルだが、江頭式スルスル釣りは一定の深さまで沈んだときに道糸の抵抗がガン玉による沈みにブレーキをかけ、そこからハリスが「ノ」の字を描いて遊動を続けるというスタイルである。

　つまり、田中式全遊動釣法は場所を選ばずタナを決めず、表層近くから海底までを探るのが目的であり、江頭式スルスル釣りは魚の反応が鈍いときに一定のタナから下を短時間に効率よく探るのが目的である。

　田中式全遊動釣法は足元から遠投まで対応可能だが、江頭式スルスル釣りは狙いを遠投ポイントの深ダナに絞った釣法ともいえる。

　遠投が道糸の適度な抵抗を生み出し、それが全遊動仕掛けに絶妙なブレーキをかける。

　だから、江頭式スルスル釣りは競技会で威力を発揮したのである。

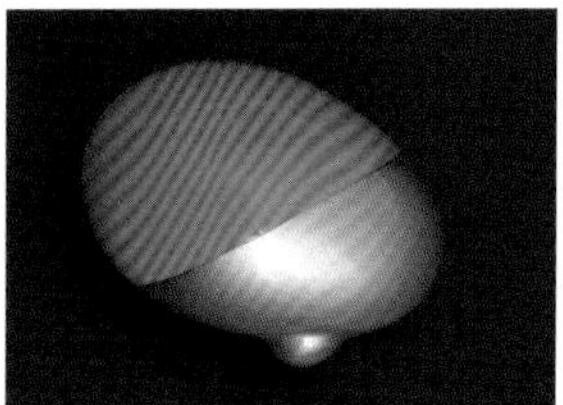

これが釣研の田中釣心氏考案による全遊動「ななめウキ」のプロト。田中氏は全遊動釣法の理論的先駆者

時代を変えた

ウキ止めやシモリ玉を使わない「全遊動仕掛け」はウキフカセの歴史の分岐点となった。タナに対する考え方が根本から覆ったわけだ。

　ウキフカセ釣りの仕掛けの基本パーツともいうべきウキ止めとシモリ玉が消えたのである。それは画期的な事件だったといってもいい。

　ならば、ウキが海面に浮いている必要もないはず。そういう考え方が生まれても不思議はない。それが沈め（さぐり）釣りを登場させ、全遊動と沈め釣りを組み合わせた全遊動沈め、スルスル沈め、ゼロ沈め、ゼロスルスルといった新釣法乱立時代へつながったのだと思う。

　ひとつの革新が複数の革新を生み出し、時代を動かす原動力となってゆく。同時に伝統的な釣法もまた新たな視点から見直され、新釣法とも呼べる変化を身につけてゆく。

　「全遊動」以降のウキフカセ釣りの歴史を総括すればそういうことになるだろうか。

　「全遊動仕掛け」が果たした役割は大きい。

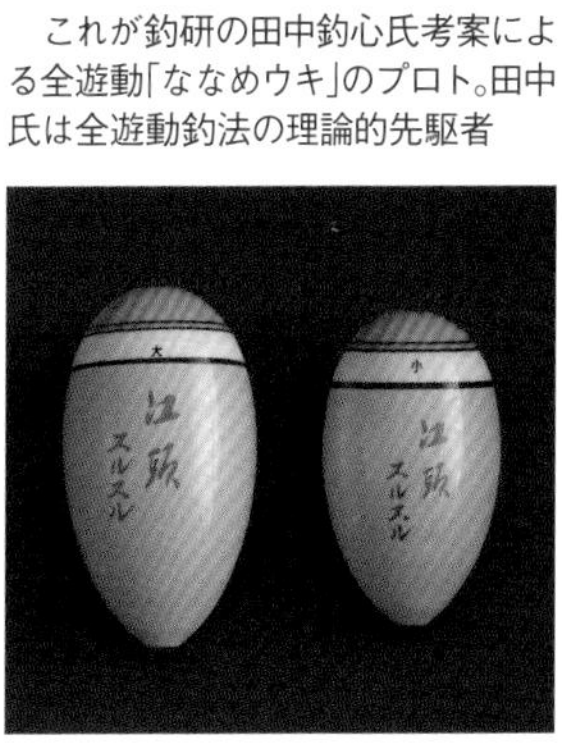

スルスルの代名詞だった江頭弘則氏考案の「江頭スルスル」。グレで注目を浴びた釣法だ

lecture by yasushi minami

ウキを

大型ウキを支点にタナを探りやすい 明確なアタリが何よりも魅力

南 康史

考え方としては全遊動釣法のベーシックともいえる、ウキを浮かせるパターンの釣りは、どちらかといえば現在はウキを沈めるパターンの釣りに押され気味なのかもしれない。しかし、ウキを浮かせることで生まれるメリットは捨てがたいものがある。瀬戸内のトーナメンターと山陰の環付き棒ウキの使い手が、その強さを解説する。

僕の場合、ウキを浮かせるのは、ウキを支点にして仕掛けを入れていきたいからです。沈めてしまうと、どうしても仕掛けが入りにくくなってしまうのです。

ウキごと沈めるケースも多いかと思うのですが、僕の考えでは、海の中を見ていないので何ともいえませんが、よほどオモリを打たない限りは、ほぼ同じウキ下のまま沈んでいってる状態だと思うのです。

僕はラインだけを入れたり、ときには引っ張ったりしたいと思っています。ナビ（ストッパー）を目印がわりに、どのくらい入っているかを把握しながら探っていくのです。

ウキを沈めると、ナビはウキにくっついたまま沈むことが多いような気がしますが、そうではなく、ナビから下の仕掛けが入っていくことを目標にしています。

ウキごと沈めてもタナは探れますが、どのくらい入っているのか分かりにくくなってしまいます。慣れれば分かるのかもしれませんが…。

もうひとつ。ウキを沈めると、水中でもっとも大きな抵抗を受けてしまいます。すると、仕掛けが入りすぎてしまうこともあると思うのです。

僕の理想は仕掛けというかサシエをマキエと同じスピードや動きで入れていきたいのですが、こうなるとブレーキをかけたりとか、いろんな操作が必要になってきます。操作をすればするほどマキエからずれることも考えられます。

ズレを計算する

ウキを浮かべると、どうしても風の抵抗を受けてしまいます。2枚潮で上潮が滑るときも厄介です。ウキを沈めるのは、このあたりに理由があるのでしょうが、僕の場合は風や流れを計算に入れることで対応しています。ウキが滑ることを計算して、マキエや仕掛けをずらして入れ、合わせていくのです。

僕のウキが大きくて重いのは、こういった影響を受けにくくするために今の形になっていったということもあるのです。浮力は0のみ。

浮いている方が仕掛けは入りやすいのですが、さすがに風などの抵抗が大きくなりすぎます。

遠投でも仕掛けが入るのか、という疑問があるかもしれませんが、ジンタンオモリ7を1、2個打つ程度の僕の仕掛けでも問題はありません。近距離では入り過ぎに注意しなければならないほどです。

チヌの釣り場は深くても竿2本分までのことが多いので、そういう場所ではウキ下を竿1本分取ります。そこから仕掛けを入れていくので、あまり苦になりません。一気に沈むようなマキエを使わないことも関係しているのかもしれませんが。

ちなみにサシエはほとんどが加工オキアミです。頭を飛ばして刺しますが、付いたままだと確かに仕掛けの入りは悪くなります。ラインはセミフロートの1・5号が扱いやすいです。

ウキを浮かせた釣りだと、全遊動でもアタリはハッキリ出ます。ウキとラインに同時に出る感じですが、遠投するほど角度が付くのでウキに出やすくなります。このアタリを見たいというのも、僕がウキを浮かせる理由なのかもしれません。

ウキを浮かべていないと入ってこない情報もあると南さん。視覚で捉えることはイメージよりも具体的で、やはり次に生かしやすいのだろう

浮かせる派の主張

lecture by kazufumi kojima

小島一文

根と根の間を次々と狙い撃つなら 環付き棒ウキが威力を発揮する

環付きの竹下ウキを愛用している私が全遊動釣法を使うパターンとしては、海域全体の水深はほぼ一定なのに、海底の起伏が激しく底瀬が多いポイントを攻略するときに使います。

特に春の乗っ込みシーズンなどは底瀬と底瀬の間の溝になっている深みにチヌが潜んでいて、この溝にサシエを送り込んでやることがヒットに持ち込む条件となります。

しかし、最深部にウキ下を設定して流し込むと根掛かりしてしまって、コンスタントに仕掛けを流し込むことができません。

根掛かりするたびに仕掛けを回収していたのでは、せっかく潮がよく通っていても、チヌが潜むポイントへサシエを送り届けることができません。かといって底瀬の頭にウキ下を合わせると、今度は溝の深みに潜んでいるチヌにサシエが届かなくなってしまいます。

この海底の溝の深みに根掛かりさせずに潮流を利用してマキエが流れ込む溝から溝へと、次々にサシエを送り込むことが求められるのです。このときに環付きウキが威力を発揮するのです。

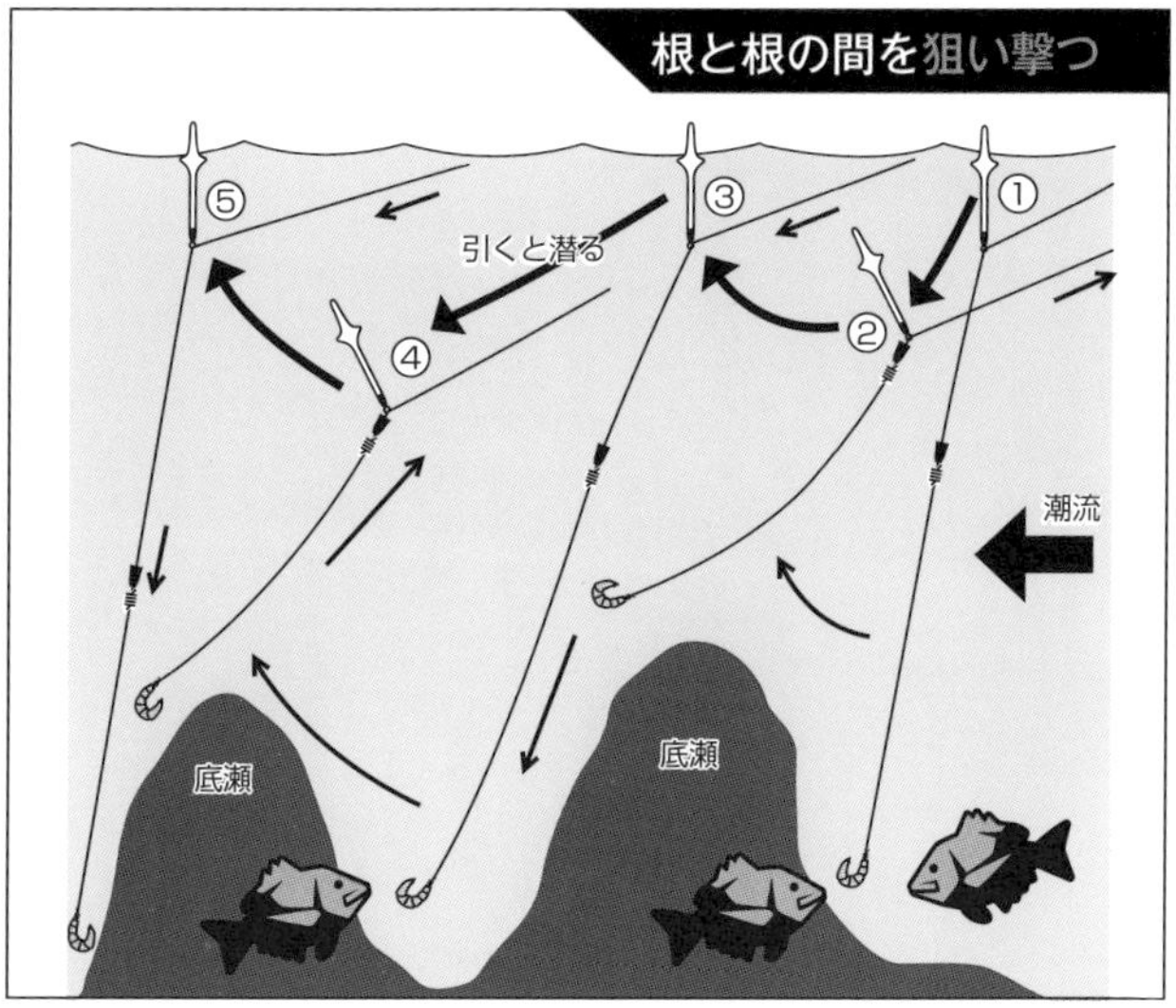

張ってもズレない

ここではウキは浮かせた状態で流していくことが大切です。通い慣れたポイントなら底瀬の位置や海底の起伏などがある程度頭に入っていますから、ウキを目印に、底瀬付近に到達したらテンションをかけて、仕掛け全体を浮かせて底瀬をスルーさせ、深みにきたらテンションを緩めて、深みへサシエを送り込んでやるのです。

その後、仕掛けが流れて次の底瀬に近づいてきたら、再びテンションをかけて底瀬をかわし、再びテンションを緩めて深みに落とし込みます。

こうやってチヌが潜んでいそうな深みを徹底的に探ってアタリを待つのです。

図をご覧ください。なぜ私が環付きウキにこだわるかというと、この釣りではラインにテンションをかけたり緩めたりの繰り返しですが、ラインにテンションをかけたときに、仕掛けは多少なりとも位置がずれるものです。

環付きウキの場合はもともとボディーの大部分が海中に入り込んでいるうえに、テンションをかけるとゆっくり沈んでいきます。そのため、ラインを引っ張っても潮をがっちりロックして、チヌのヒットポイントから外れにくいという特徴があるのです。

アタリですが、全遊動であってもしっかりウキに出るのが環付きの長所でもあります。ウキが押さえ込まれて沈んでいくのを確認しながら、ビューッとラインが走るアタリがこの釣りのだいご味です。

ウキを

10《メートル》のハリスでゆっくり沈めればマキエとの同調時間が優れている

池永祐二
lecture by
yuji ikenaga

同じ全遊動釣法でもひとくくりにしてはいけない。ウキを浮かせるパターンと沈めるパターンの2つが存在するが、名手たちはどのような考えを持ち、その仕掛けを操っているのだろうか。ここでは現在大勢を占めるウキ沈める派の4名手がそのテクニックを解説する。

私が使う「1000釣法」は全遊動仕掛けの一種で、ロングハリスを用いた釣りになります。基本的にウキは、ハリス、ハリ、サシエの重量でゆっくりと沈んでいきます。名前の由来は10《メートル》のフロロカーボンハリスと00浮力のウキを使うので、10と00を並べて1000釣法と呼びます。

もともとはグレ釣りで開発した1000釣法なのですが、マキエとサシエが同調して流れやすく、グレ以外にもチヌ、マダイ、イサギなどのフカセ釣りでも釣果が伸びました。命名は1000ですが、1999年に釣研から発売され始めた00のウキでは浮力基準が私には甘かったので、00の浮力基準をさらに5分割、その中の下から2番目と3番目の中間浮力を選び、世に送り出したのが0Cという新しい浮力基準でした。

ちなみに私は1972年から磯釣りをおこなっていますが、当時は固定ウキ仕掛けと遊動仕掛けを多用していました。それから半遊動仕掛け、さらに全遊動仕掛け、そして半遊動仕掛けの沈め釣り、全遊動沈め釣りを経験し、28年もの歳月をかけてやっと1000釣法にたどり着いたのです。現在までの17年間は同じ釣法で推移しており、私にとっては不具合がなくなった釣り方に到達したと判断しています。

メリットの多い全遊動

チヌはマキエに集まり、そのマキエを食べています。この事実を考えるとき、マキエと共に流れ沈んでいくハリの付いたサシエがあれば、魚の食う確率が非常に高くなります。この理論に1番マッチしているのが1000釣法だと判断しています。

大分のチヌ釣り場は、比較的流れが緩やかで深い釣り場が多いため、ウキを沈める釣りは、厳寒期を除いて有利です。さらに、ウキを沈めるチヌ釣りは遠投、2枚潮、強風の状況にも有利です。

基本的にマキエを同調させてチヌを狙いますが、チヌの習性としては群れていても単独行動が非常に多く、それぞれが個別にエサを拾っていることがあります。潮を狙ってマキエとサシエの同調を最優先させるグレ釣りに比べ、マキエの沖側や手前、潮下、サシエの底ズラシ、誘い、沈下速度、サシエのバリエーションなど、いろいろな工夫の組み合わせで釣果を得ることも可能なのが、チヌ釣りのおもしろいところでもあります。

また、私が大切だと思うのはほかの釣り人よりもマキエを多く使うことです。10人並んで釣っているとしたら、その中で1番多く、手返しよくマキエを打つことで、自分の狙っているポイントへチヌが集まりやすくなります。

流れの緩いポイントでの攻め方

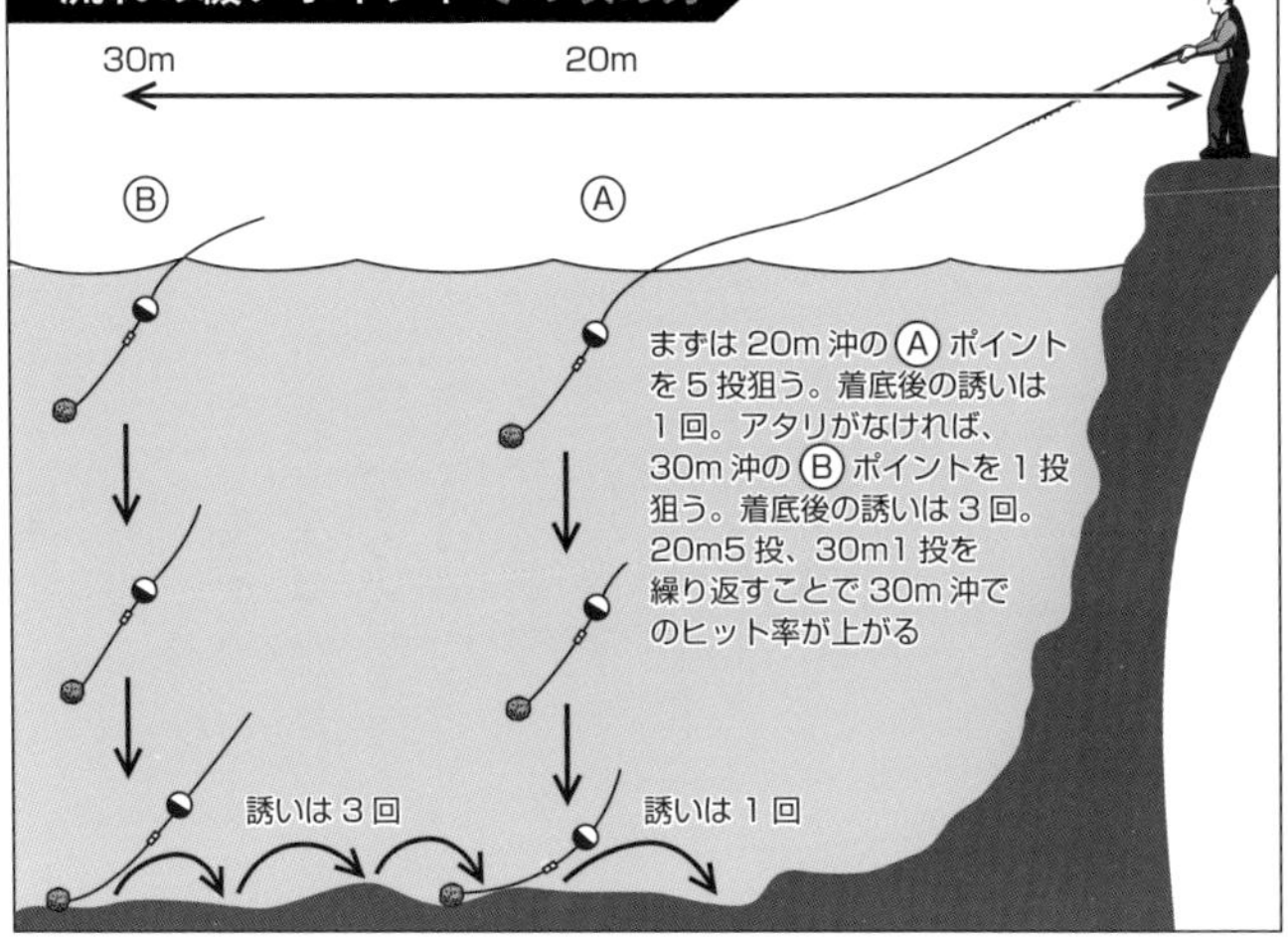
30m
20m
Ⓑ
Ⓐ
まずは20m沖のⒶポイントを5投狙う。着底後の誘いは1回。アタリがなければ、30m沖のⒷポイントを1投狙う。着底後の誘いは3回。20m5投、30m1投を繰り返すことで30m沖でのヒット率が上がる
誘いは3回
誘いは1回

沈める派の主張

より遠くの深みに潜む大型を狙え
オートマチックにタナを探りやすい

木村公治
lecture by kouji kimura

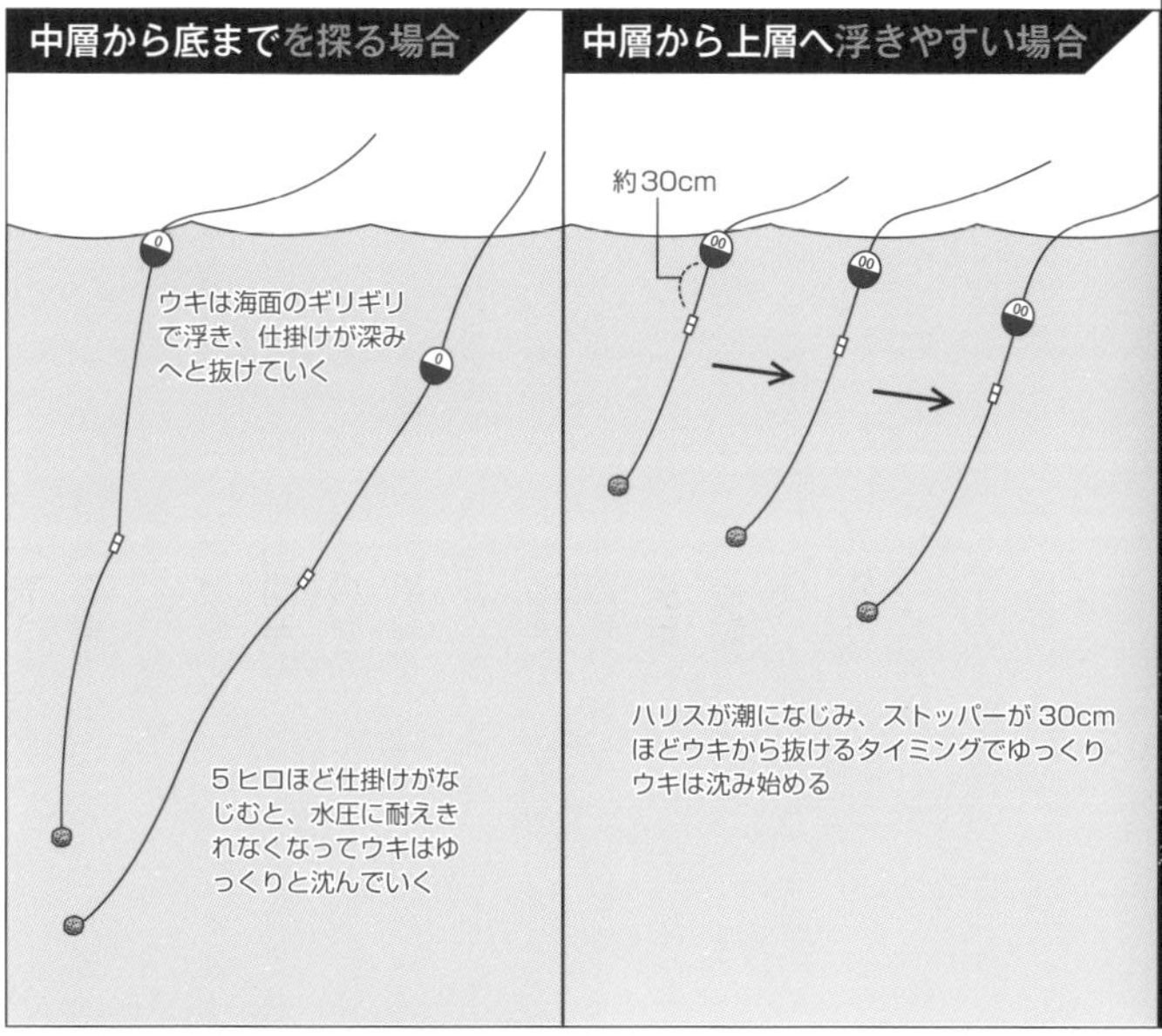
中層から底までを探る場合
ウキは海面のギリギリで浮き、仕掛けが深みへと抜けていく
5ヒロほど仕掛けがなじむと、水圧に耐えきれなくなってウキはゆっくりと沈んでいく
中層から上層へ浮きやすい場合
約30cm
ハリスが潮になじみ、ストッパーが30cmほどウキから抜けるタイミングでゆっくりウキは沈み始める

私の得意な攻め方に全遊動仕掛けでウキを沈める釣り方があります。それは、より遠くの深みに潜んでいる大型のチヌを狙うためや、どれくらいの水深にチヌがいるのかをオートマチックに探るためです。全遊動仕掛けで攻めるときにマキエと仕掛けをどれだけ長く同調させながらなじませていけるかがキモとなるので、ウキが上潮に流されてマキエの筋から外れてしまうことを防ぐためにウキを沈めながら攻めていきます。

チヌのいるタナを見極め、0や00のウキで沈み具合を調整していく。最近では棒ウキもよく使う

一言でウキを沈めるといってもいろいろあります。仕掛けをなじませていくにつれ、その日そのときのチヌの動き方や攻めどころが大体みえてくるはずです。たとえば、中層から上層まで比較的浮きやすい活性の高い状況なのか、中層にいるチヌを狙うのか、中層から底までを探りながら狙うのか、そのときの活性や動き方によってウキを沈めるタイミングを変えて調節してやると、より食わせやすくなります。

2つの沈め方

考え方ですが、仕掛けを沖の深みになじませたいときは、ある程度の水深（約5ヒロ）に入るまで、ウキはシブシブの浮いている状態で仕掛けを抜いていきます。それから仕掛けにかかる水圧に耐えられなくなったウキが仕掛けを抜きながらゆっくりと沈みはじめるようにウキの浮力を少しだけ高め（0ぐらい）にしてセッティングします。

対して中層から上層へと動きのあるチヌを狙うときは、ウキから下のハリスがなじみはじめると同時にウキが沈みはじめるウキの浮力加減（00ぐらい）にセッティングすることが、食わせのキモとなります。中層を狙うときは両者の中間になるようにウキの浮力を調節してやるとよいでしょう。

それからウキを沈ませることにより、仕掛け全体に角度がつき、縦の線の釣りから横の点の釣りへと展開してくれるので、より食わせやすくなります。

マキエの撒き方ですが、仕掛けの投入点から自分に対して手前に撒くことが基本で、上潮が滑るときには仕掛けがなじみ始めるところから手前に撒くことがキモとなります。

ウキを

環付きウキを沈めることによって強い風や潮をクリアし絶妙に誘える

小島一文
lecture by
kazuhumi kojima

強い風や強い横流れの潮の場合には、浮力が0または00のウキを使って、テンションをかけながらウキを海中に沈める全遊動釣法が効果を発揮します。

これは風や潮の影響を強く受ける場合に、ウキを沈めることによって、マキエの帯から仕掛けを外れにくくするためです。ここで意識したいのは、決してマイナス浮力のウキで限りなくウキを沈めていってタナを探るというものではなく、ゼロ浮力のウキを釣り人の操作によって沈め込み、テンションの強さによって、ゆっくり復元させせたり、一定のタナをサスペンドさせたり、さらに沈め込んだりと、自在に操ることがキモなのです。

なぜ私が環付きの竹下ウキを愛用するのかという理由は、実はここにあるのです。比較的軽い仕掛けで、起伏の激しい海底を根掛かりさせずに探っていくには、釣り人の操作によってウキを自在に操り、ウキ自体をタナに潜り込ませることが必要になってくるわけです。

沈めたウキが誘う

そして、ウキを沈めるもうひとつの理由として、極端に魚が食い渋った場合に、食い気を誘う絶妙な誘いを演出することにあります。

釣り人の操作によりテンションをかけてウキを沈めてから、テンションを緩めるとウキはゆっくり復元して浮いてきます。このときに、浮いてくるウキと全遊動で落ちていくサシエとが絶妙に引っ張り合って自然な張りが生まれ、このことがサシエの自然かつ微妙な動きを演出し、魚の食い気をあおるのだとイメージしています。

前述の風が強く横流れがあるときとは逆に、比較的穏やかで潮の流れが期待できない状況で、居着きのチヌを引き出すときに効果的です。

図をご覧ください。ウキを沈めた状態で、ウキを起点にしてハリスが「I字」になったり「L字」になったりをテンションのかけ具合で演出してやるわけです。名付けて「IL釣法」とでもいいましょうか。

この釣法でもっともアタリが出やすいのは、ハリスがL～Iになるときで、ウキが復元していきサシエが落ち込むときに、前述したようにお互いが引っ張り合って張りができますから、このときがヒットチャンスです。

ラインの動きで前アタリを確認し、ビューンと走るまで待ってフッキングさせます。

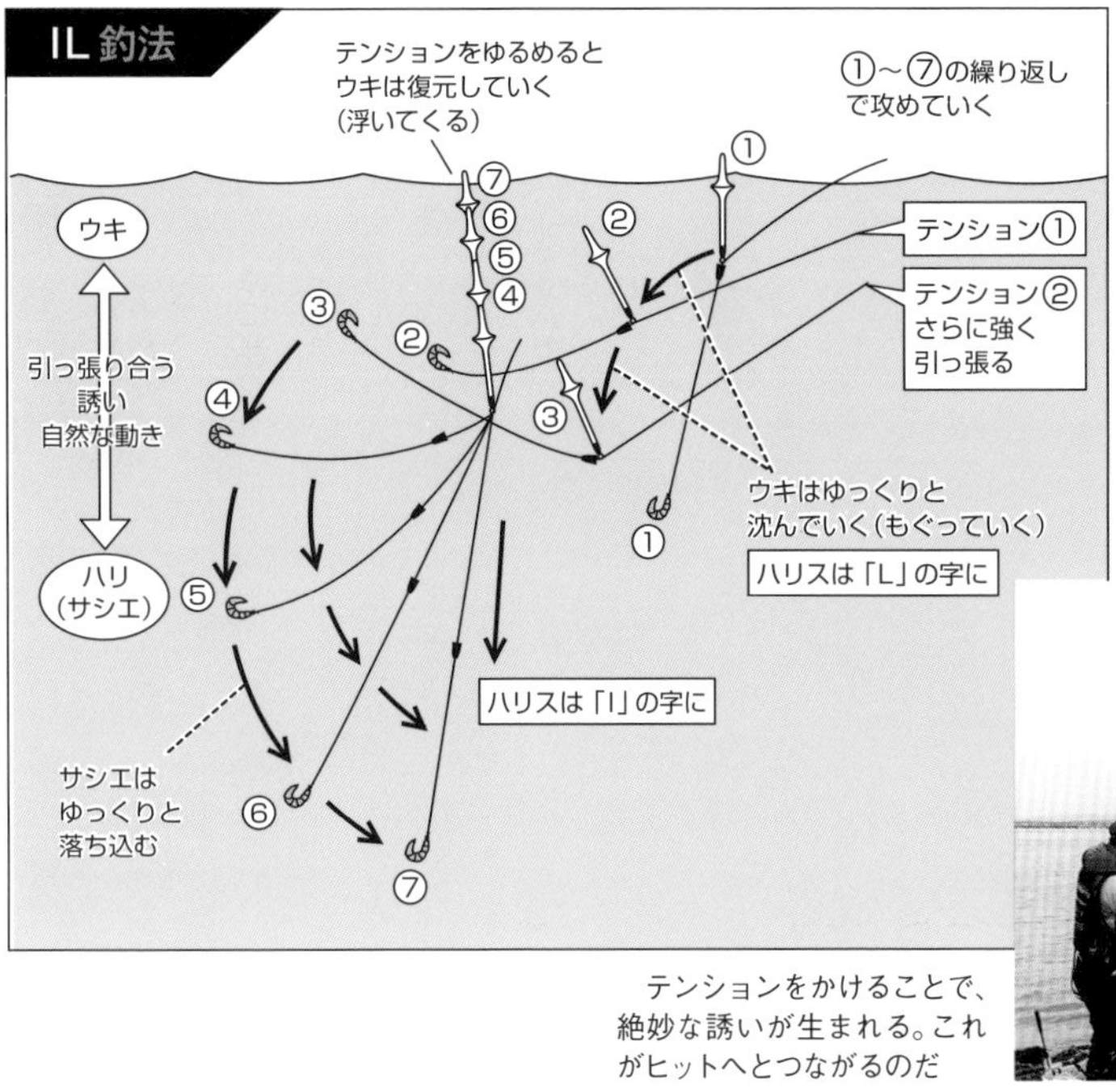

テンションをかけることで、絶妙な誘いが生まれる。これがヒットへとつながるのだ

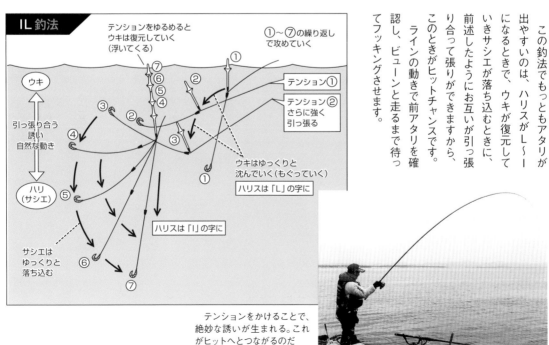

沈めることで余計な影響を受けない さらに上層〜底までゆっくり狙える

江藤義紀
lecture by yoshinori eto

沈める派の主張

春から夏、秋にかけてチヌは、海底からマキエに浮いてきて浅いタナでエサを拾うことが多くなります。そのようなチヌの中には、マキエが海底に溜まると下を向いて海底に落ちたエサを拾うものもいます。そこにマキエのにおいや、濁りにつられ、新しく回遊してきたチヌが入ってきます。そのチヌも上のタナでエサを拾うことがあります。

私が全遊動仕掛けでチヌを狙うのは、上のタナから下のタナまで幅広く探りたいのと、どこでエサを拾うか分からないチヌに合わせたいからです。その全遊動で、私はさらにウキを沈めていきます。理由は、マキエの沈むスピードに合わせて仕掛けを沈めたいからです。

浮かせると難しい

ウキを浮かせ、仕掛けだけを沈めたいときは、風の影響、上滑りする潮、道糸などの抵抗を考え、それなりの大きさのガン玉を仕掛けに打つ必要があります。ガン玉を付け、それらの影響をクリアしたとしても、ガン玉の付いた仕掛けはマキエを通り過ぎ、足早に海底に到達してしまい、中間層にいるチヌにアピールできなくなります。また、大きなガン玉の付いた仕掛けでは、引き戻しや抜きの作業をおこなっても、海中にサシエが漂う時間は短くなり、これもチヌにアピールできなくなります。

ウキ、仕掛けを同時に沈めていく攻め方は、風の影響、上潮の滑りなどを簡単にクリアし、一度潜り始めた仕掛けはマキエのスピードとともに海底まで時間をかけて沈んでいきます。海底に到達した仕掛けを、抜き上げたときも再び時間をかけて海底に沈みます。この時間が長ければ長いほど、チヌにアピールします。

マキエは、オキアミ3キロにつり万の配合材、カラーチヌを1袋。さらにグレ用のグレナビを半袋混ぜます。オキアミとカラーチヌを始めに混ぜ合わせてから、グレナビを入れ、再び混ぜ合わせます。

このマキエは、着水と同時に広がるパターンと、海底に向かって縦長に伸びるパターンと2つの働きがあります。この縦に長く伸びるマキエは、海底で溜まる働きと、ゆっくりと沈む働きをします。チヌを浮かせやすく、底でもチヌを足止めしてくれます。

そこへ、ゆっくりと沈む仕掛けを入れることにより、浮いたチヌから、海底でエサを拾うチヌまで狙うことができる釣法だと思います。

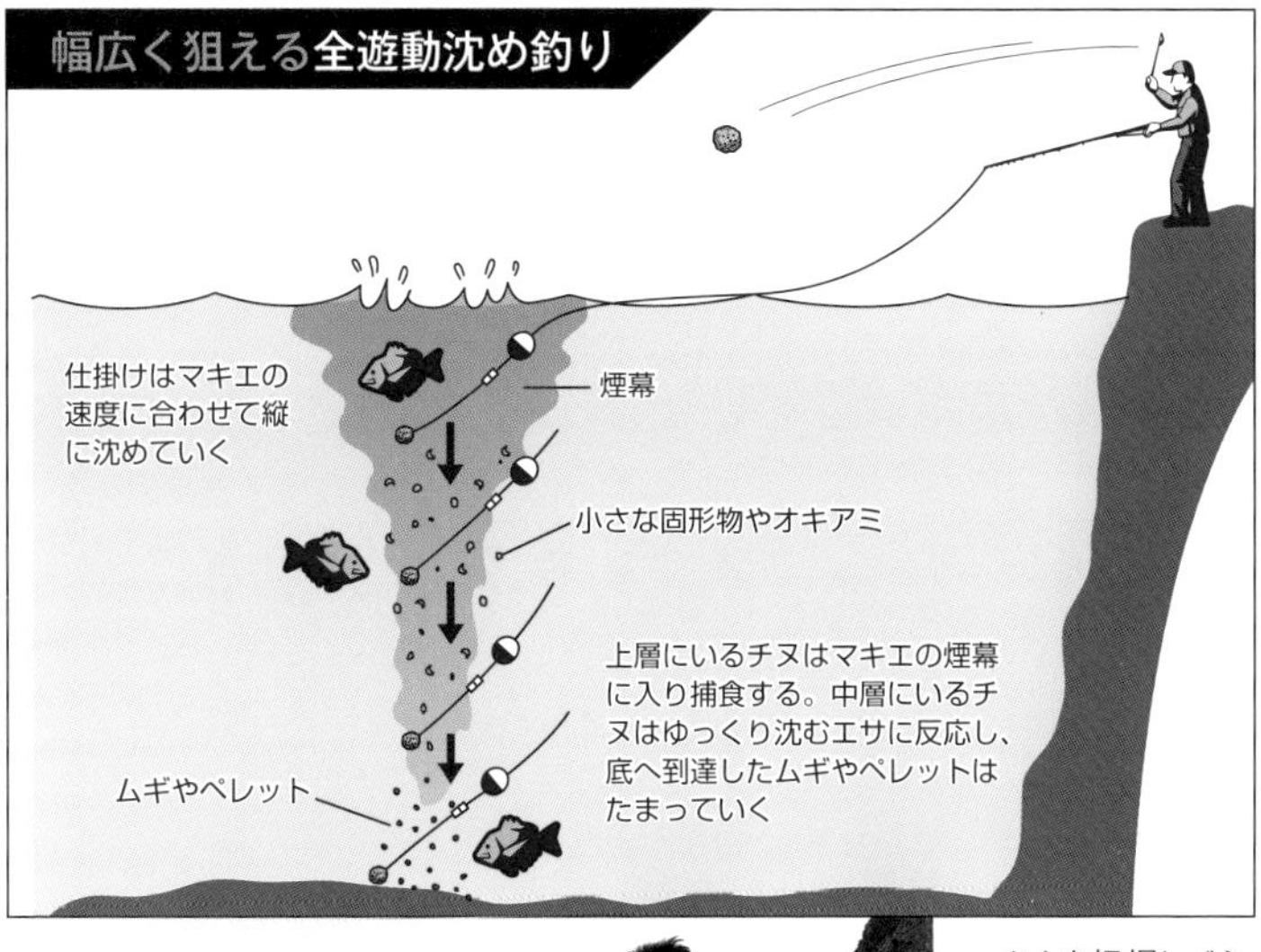
幅広く狙える全遊動沈め釣り
仕掛けはマキエの速度に合わせて縦に沈めていく
煙幕
小さな固形物やオキアミ
上層にいるチヌはマキエの煙幕に入り捕食する。中層にいるチヌはゆっくり沈むエサに反応し、底へ到達したムギやペレットはたまっていく
ムギやペレット

タナを把握しづらいこれからのシーズンは、沈め釣りで幅広く狙うと釣果につながりやすい

全遊動釣法に

ウキのパイプや環をラインが通ることで
食わせるための操作をおこなう全遊動の釣りでは
どんなラインが適しているのだろうか
浮き方、色、滑りetc… 全遊動派の意見を集結！

Q1 全遊動の釣りに適したラインは どんなものがいいのでしょうか

Q2 現在使用しているラインを教えてください

猿屋茂雄

できる限り細くしなやかなセミサスペンドが適する

A1 私が考える全遊動の釣りに適したラインは、可能な限り細くウキの糸抜けをよくしたいと考えていますが、ただ細いだけでは強度が低くラインブレイクが多発してしまいます。そのため細さと強度のバランスを考えてラインを選択しています。またラインの硬さはしなやかな方が全遊動に適しています。硬いとクセが付いてしまったときに取れず、糸抜けが非常に悪くなり大変ストレスを感じてしまいます。

カラーは釣り人のスタイルにもよると思いますが、ラインでアタリを取る場合は視認性のよいイエロー系がいいと思います。ラインの比重は操作性に大変影響すると考えていますが、フロートラインでは上潮が滑っているときや風が強いときにはラインが取られやすくあまり使いません。セミサスペンドぐらいが適していると考えます。

A2 シマノ・リミテッドプロハイパーリペルα ナイロン1.5号。

鶴原 修

条件で変わる使いやすさ PEラインはアタリが明確

A1 条件のいい日、いわゆる風や波のない好条件の日は、小さなアタリが出るようにウキを浮かせて全遊動で狙います。その場合、ウキを浮かせた状態でサシエを狙いのタナまで送り込みやすいようフロート系か、超撥水コーティングされたセミサスペンド系のラインを使います。ウキの穴径が大きいウキを使う場合、細い号数(1.35号)ほど楽に深いタナまで送り込みやすい半面、小さなアタリを逃すことも多々あります。

悪条件の日(風や波の強い状況)には、ウキを沈める全遊動沈め釣りで、より早く下層の潮へと仕掛けを送り込みます。その場合、穂先からウキ、サシエが一直線になるイメージで沈めるため、ラインはサスペンドタイプを使用します。アタリはラインに出る小さなアタリで確認したり、手に伝わってくる感触で取るため、伸びが少なく硬めのラインが有効です。悪条件の日には、風によってラインがフケないよう細い号数のラインを選択すると影響を少しでも回避できます。

どちらも視認性のいいライン、操作性につながるしなやかさも、重要な選択肢の1つです。また最近はPEラインを全遊動に適したラインとして使っています。ナイロンラインでは出ない小さなアタリも明確に表現され、釣っていて楽しくなります。

A2 銀狼ガンマ1500 1.35～1.65号、銀狼ラインⅡ1.5～1.75号、エメラルダスセンサーSSⅢ＋Si0.6号。 ※いずれもDAIWA

適したラインとは!?

波多江義孝

1.5号のセミフロート系。軟らかすぎると使いにくい

A1 仕掛けが着水すると、ハリスがなじみながらウキも沈んでいく全層沈め釣りで狙うことが多いのですが、チヌ釣りで使用するラインは1.5号のセミフロート系で水面下に漂い、風の影響を受けず、潮なじみがよく、沈んだウキから竿先までができるだけ直線に近くなる状態のラインが理想だと思われます。色については、アタリはラインで取ることになるので小さなアタリも見逃さないよう視認性がよいことも重要です。釣り場の潮色によってオレンジ系とグリーン系の2種類を準備して使い分けています。

最近のラインはコーティングがしっかりしているため、糸滑りがよいので問題はないのですが、あまり軟らかすぎるラインはスプールで糸が噛んでしまい、遠投の際やラインを振り出す場合に抵抗がかかるので要注意です。

A2 キザクラ・全層インプレッションセミフロート1.5号、同・全層セミフロートSP-IMPULSE1.5号。

浦崎嘉晴

遠浅釣り場では適度な浮力 撥水性は操作性につながる

A1 道糸は適度な張りがあって直線性に優れており、浮き過ぎず、沈みすぎないフロート系がメインです。私がよく釣行する天草一帯は干満の差が大きな遠浅のエリアが多く、遠投して沖を狙うことが多いのでフロート系のラインが必須となります。

また、ウキを沈めて狙うことが多いのでラインや穂先でアタリを取ることが前提となります。小さなアタリを拾いやすい視認性が必要で、天候に左右されにくいイエロー系のカラーを愛用しています。潮は表層を滑るように流れることが多いのでラインの修正は不可欠。そのため撥水性に優れているものを使用しています。

A2 ダイヤフィッシング・フロストンフロート。私の場合は年間を通じて1.5号が多いです。

鰰澤拓也

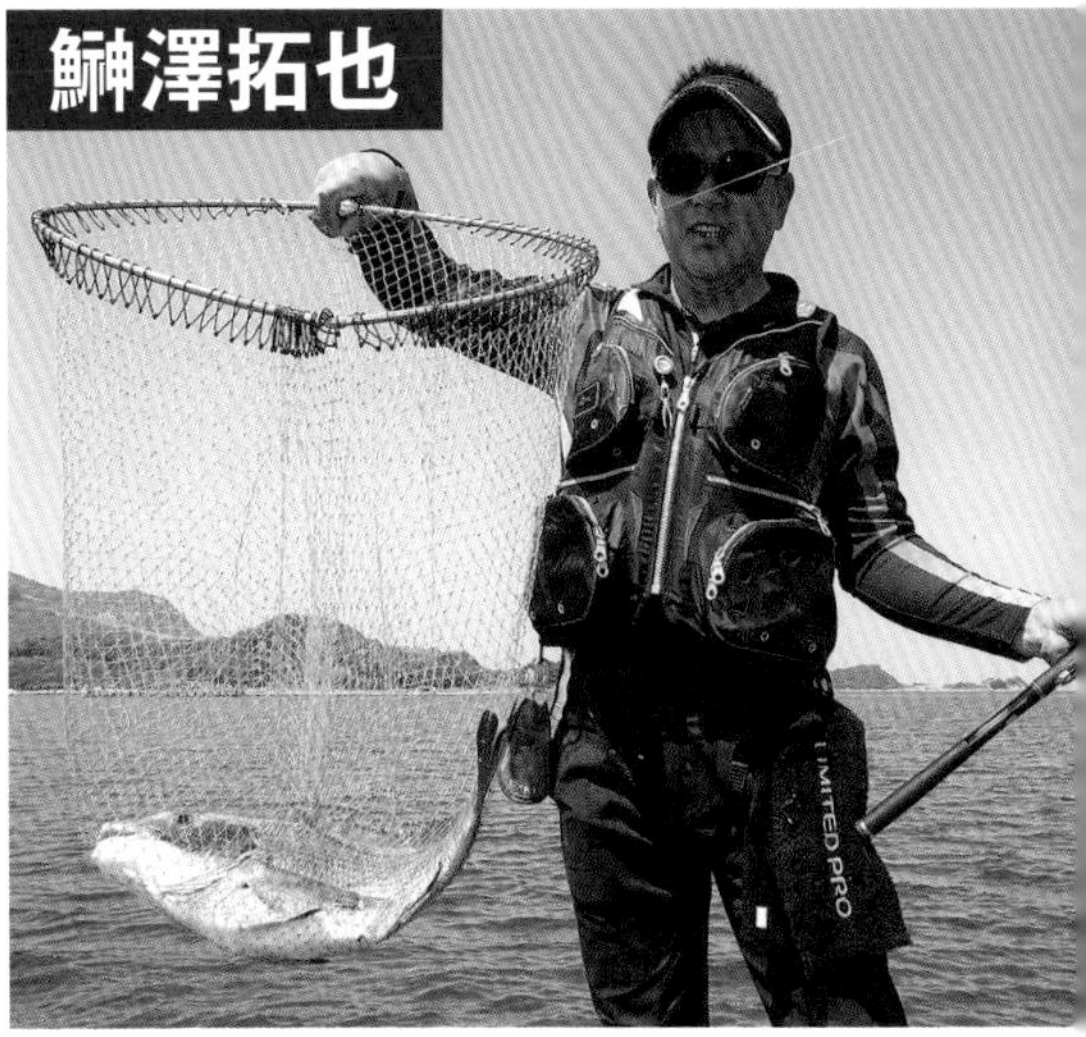

細くしなやかなサスペンド。釣行後のメンテも重要

A1 ウキを浮かせての全遊動の場合は、糸抜けとライン操作が重要になるのでラインの太さはできるだけ細く、サスペンドタイプでなるべくしなやかなものがいいでしょう。ウキを沈めながらの全遊動の場合はラインの動きでアタリを取るため、前述したことに加えて目視しやすい色を選ぶことも重要になります。ラインのカラーは使っている偏光グラスにもよりますが、基本的にはイエロー系やグリーン系が見やすいと思います。

どちらにしても全遊動の場合はライン操作が最重要なので、ラインの初期性能の維持を保つことが大事です。釣行後のメンテナンスやラインの巻き替えをこまめにすることを心掛けましょう。

A2 東レ・銀鱗SSブラックマスター エクストラ、同・銀鱗SSアイサイト。どちらも1.5〜1.7号。風が強いとき、大雨の翌日などで2枚潮がきついときはブラックマスター、それ以外はアイサイトを使っています。

なるほど 攻略のカギ 3

CHINU FUKASE-ZURI
The third key
for the capture

理想のハリは自分に合ったもの

がまかつ担当者に聞く「チヌバリ」とは何か？

木下正規

きのした・まさのり　さまざまな部署を経て現在は企画開発課に在籍し、ハリの企画・設計を担当。プライベートではフカセ釣り、渓流釣り、アユ釣りなどを楽しむ根っからの釣り師。

日本の釣りバリ製造技術は世界一だが、ハリメーカーの巨人「がまかつ」の担当者に、チヌバリについてのお話をうかがった。今まで漠然と感じていたこと、不思議に思っていたことが、霧が晴れたようにスッキリするはずだ。

エントランスに花一輪。大阪梅田にある、がまかつ日本本社で木下さんが出迎えてくれました

知っておいた方がいい ハリの基礎知識と、ハリ掛かりのメカニズムを教えてください

ハリの各部分の名称から説明しますと、まずハリスの結び目の抜けを防止する「タタキ」。叩いて潰した平たい部分があります。日本ではタタキ付きのハリが多いのですが環付きもあります。特に海外のハリはそうですね。その下の直線部分は「軸」と呼ばれます。軸の下部からハリ先近くまでの曲がる部分を「フトコロ」、そこから先は「ハリ先部」と呼んでいます。正確に言うとフトコロは軸の曲がり始めからハリ先が立ち上がり始めるところまでですね。

タタキは「ミミ」とも呼ばれますがどちらも同じです。「チヌ」と呼ぶか「クロダイ」と呼ぶか、それと同じですね。また「チモト」は当社でいうとハリスを結ぶ結束部分になります。チモト切れという表現もありますからハリスを結んでいる状態で、なおかつその部分ということになりますね。

あとは「カエシ」。私ども物作りの現場では「イケ」といい、カエシの位置のことは「イケ位置」と表現しています。「イケ」という表現はテスターさんにもなかなか伝わらないことがありますね（笑）。一般的にはカエシ、カエリ、モドリと呼ばれることが多いです。

掛かりの基本的なメカニズムですが、実際にハリがどのように刺さるのかというと、ハリスの引かれる方向に対してハリ先がどの方向を向いているかがポイントになります。

たとえばアワセのとき、ハリスはタタキに沿うような形になります。タタキとハリ先先端を結んだ方向に力が加わりますが、ハリ先が向いている方向との間に角度ができるんですね。この角度が小さければ小さいほど、力が加わったときにハリが刺さり込もうとする「貫通力」が高くなります。

私どもがチヌバリを設計するときには、一般的に「ハリ先角度」と呼ばれるこの角度を重視しています。刺さりをよくしてやろうと思えばハリ先を内向きにすると、ハリスが引かれる方向とハリ先の向きが0度に近くなり、力が伝わりやすくなります。あるいはハリの軸を長くしてやると同じような効果が期待できます。

しかしチヌ釣りではオキアミやネリエなどコンパクトなエサが多用されることもあり、最近のチヌバリでは軸の短いタイプが好まれる傾向にあります。するとハリ先角度がどうしても大きくなってしまう傾向にあります。チヌバリのハリ先が内向きのものが多い理由は、ハリ先角度をなるべく小さくして短軸でも貫通力を上げてやろうという狙いがあります。

このハリ先角度は全魚種で重要で、使用するエサや対象魚の捕食特性、口腔内の硬さなどで決まります。口が軟らかければハリ先角度が大きくても刺さり込みやすいのですが、チヌのように歯の周りが硬い魚の場合は、硬い部分から刺さりやすい唇周りまでハリ先が滑るように、少しハリ先を内向きにして貫通力を上げた方がいいと思います。

一方で魚の口に接触する確率（コンタクト性）は、ハリ先角度がやや大きめの方がいいんですね。貫通力とコンタクト性はトレードオフの関係にありますが、チヌバリのハリ先角度はだいたい15～30度です。釣り人によっては「掛かり」のよさを求める方もいますし、やはり「刺さり込む」方がいいとおっしゃる方もいますので、意識してハリ先角度に幅を設けているのが正直なところです。

ほんの少しの設計の差でフッキング性能が大きく変わってくるという

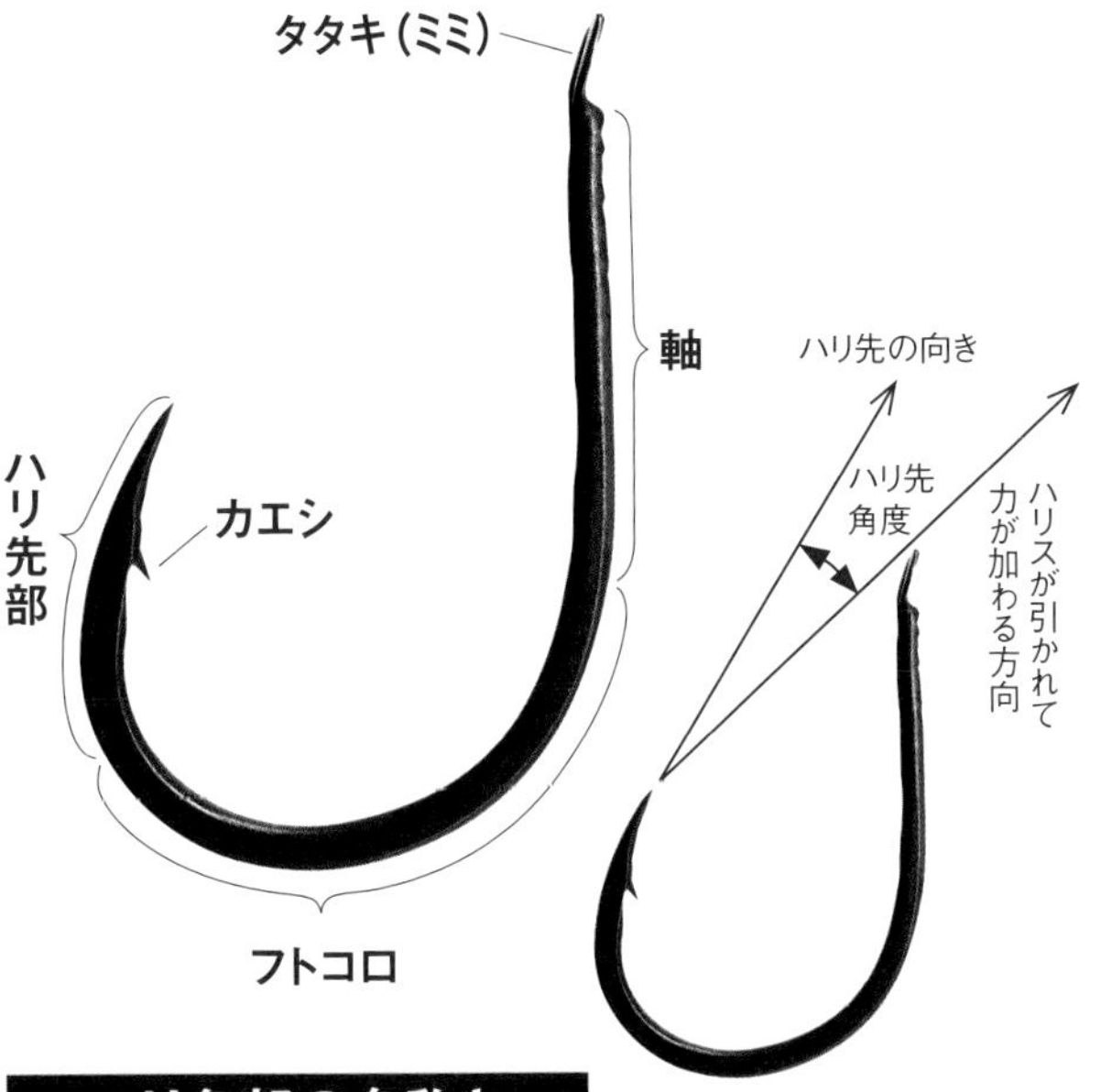

ハリ各部の名称とハリ先角度

質問

一般論として、チヌバリに求められる要素は何がありますか

全体的なシルエットとしては先ほども言いましたように、基本的にはエサに合わせた短軸でコンパクトなものが向いているのではないかと思います。ハリ先は鋭いに越したことはないのですが、チヌの場合は歯に当たる確率が高くなるので、鋭すぎると耐久性が落ちてしまいます。ハリ先の鋭さを定期的にチェックし、頻繁に交換することをおすすめします。硬いエサに接触する頻度が多くなる場合などは、それに適した尖り具合がありますね。

釣種別では、フカセ釣りに関しては自然にエサを落としていく釣り方が近年盛んだと思いますが、そういった場合、ハリが重ければマキエの落ちていくスピードとサシエの落ちていくスピードに差が出てしまいます。ですから他の釣りと比べて「ハリの自重」が着目点になると思います。

逆に紀州釣りではサシエをダンゴに包むため、それほど重さを気にしなくていいかもしれませんので、フカセ釣りよりも選択の幅が広がるかもしれませんね。

かかり釣りは、最近はそうでもないかもしれませんが、エサを底に置いて釣る釣りがメインだと思います。竿も短くアワセのストロークも短い、ラインの弛みも少ないのでフカセ釣りなどと比べればハリにかかる負荷が大きくなります。そのためアワセの衝撃に耐えられるものが必要かと思います。たとえば『A1ナノチヌ筏』などはアワセに対してハリが負けないような軸の太さや『A1』という強い素材を使うことによって強度に気をつかっています。

落とし込みに関してはガン玉を付けることもあるので、オモリがズレにくいような軸の加工のほか、そのエサが自然に落ちてくるときの姿勢を崩さないような設計が重要です。ハリをエサに刺して落とし込んだときに、何もない状態で落ちる姿勢と極力近付けるようにバランスを調整しています。

魚に対しての違和感をなくすことは、チヌ釣りだけじゃなくてエサ釣り全般に言えることではないかと思います。

ヒネリが入っていると口の中でハリ先が接触しやすい

質問

チヌバリにはヒネリの入ったものが多いですが、何のために入っているのでしょうか

ヒネリが入っているとハリ先の露出が増えます。たとえばチヌがエサを吸い込んで口を閉じたときはハリがペタンと横に寝る形になります。ヒネリがなくても口のどこかに掛かる確率は高いのですが、やはりヒネリを設けておいた方が口の中でハリ先が接触する確率は高くなり、すっぽ抜けが防ぎやすくなります。最近はヒネリのないものも増えてきていますが、昔ながらのハリはヒネリの入っているものが多いですね。

仮にチヌの歯が鋭くて、のまれるとハリスを切られてしまうような魚でしたら、おそらくハリにヒネリは入っていなかったと思います。ヒネリがあると口の奥で掛かってしまう確率が高くなりますからね。チヌは硬いものを食べているので歯が面取りしたようになっていますから、比較的のまれても釣り上げることが可能になります。そうであればヒネリを入れて接触率を高めてやろう、

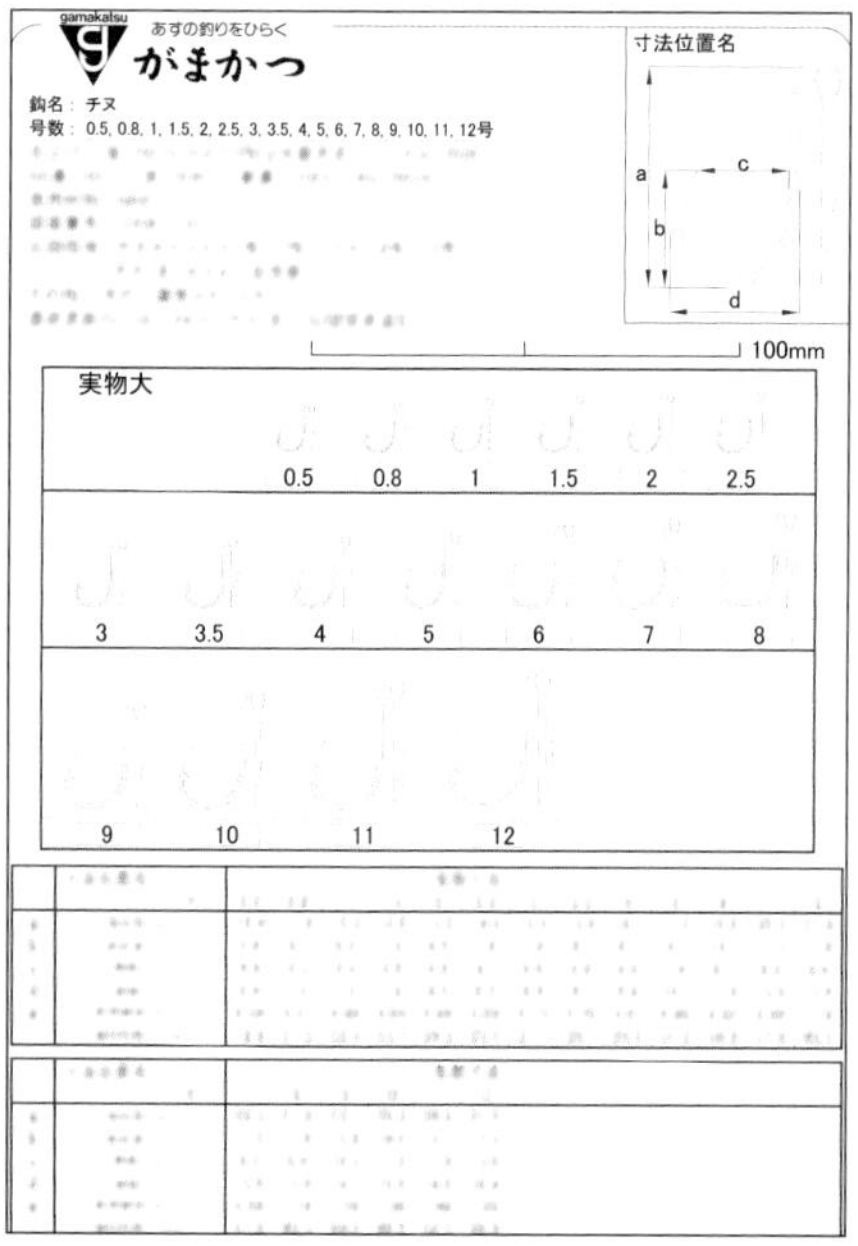

というのがヒネリの多い理由ではないかと思います。

ただしヒネリが入っていると、正面から見たときに軸とハリ先の位置関係にズレが生じていますから、ハリスが引かれる方向とハリ先が向いている方向に角度が付いてしまいます。刺さり込みに関してはヒネリのないハリと比べれば落ちてしまいますね。

ヒネリを入れることがメリットばかりなら、すべてのハリでそうなるんでしょうけど、あちらを立てればこちらが立たずになることもありますので、そのあたりは工夫しながら設計しています。現状のチヌバリよりもヒネリを緩くした「半ヒネリ」の仕様も今はあります。

実は日本のハリのヒネリに関しては、軸を垂直に立て、ハリ先を手前に、軸を奥にして正面から見たときに右側にハリ先が傾いているんです。効果としてはどちら側にヒネリを入れても変わらないんですが、たぶん最初にできたチヌバリのヒネリの向きが踏襲されているのではないかと思います。

質問

チヌバリはハリ先が内側を向いたシワリのものがほとんどなのはなぜですか

先述の通り、チヌの口腔内は硬い部分が多く、硬い部分にハリ立ちしにくいようにシワリ（カーブ）を設けています。ハリ先がストレートなハリは、釣り人からすれば刺さり込みやすいイメージがあるようですが、実際はシワリの方が一度接触すれば貫通力は強くなります。この効果を考えて最初に作られたオーソドックスなチヌバリの完成度が高く、それがシワリだったため、現在でもチヌバリにシワリが採用されているのかもしれません。

そういった中でも釣り人の中には、ストレートのハリ先の方が身に対しては「奥まで」刺さるという方もいらっしゃいます。実際そうなんですが、『ナノチヌふかせ』はそういった方に向けて作られたハリですね。ただ、軸をわずかに内側に湾曲させることによりハリ先角度を小さくして貫通力を高める工夫をこらしています。

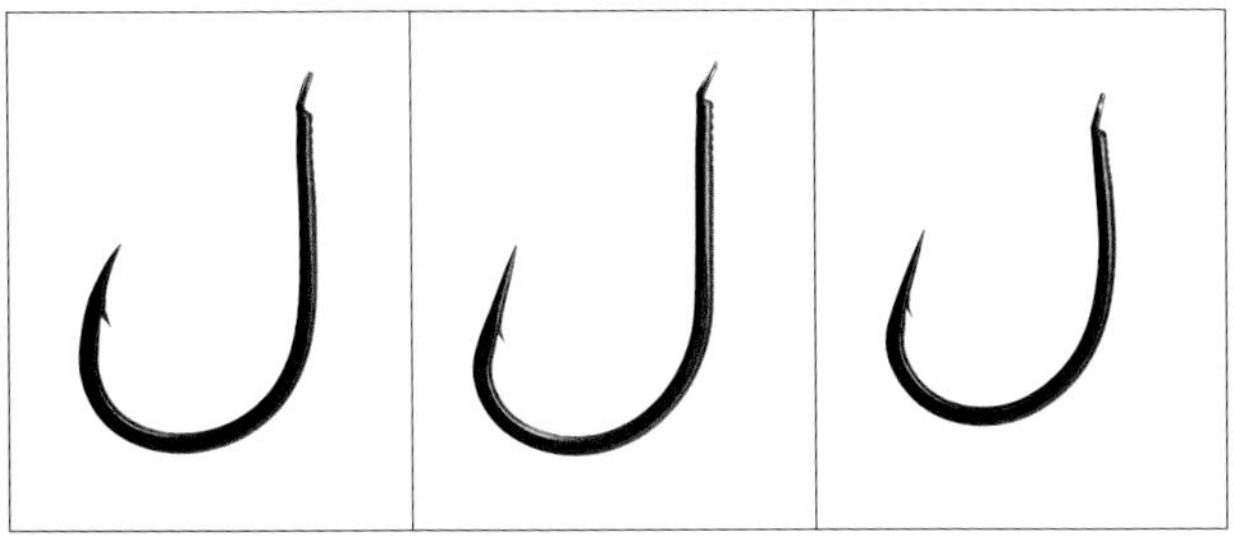

左から標準的な形状を踏襲したチヌR、ハリ先部がストレートのA1ナノチヌ筏、ハリ先部がストレートかつ軸を湾曲させたナノチヌふかせ

質問

ハリ先部のテーパー形状やカエシの位置は決まっているのでしょうか

ハリ先の鋭さと耐久性は両方大事ですので、適切な尖り具合はチヌバリの中にもあります。がまかつの中では専門用語で「尖頭倍率《せんとうばいりつ》」というのですが、ハリの線径（直径）に対してハリ先部の尖っているテーパー部分の長さ（尖頭部分）が何倍あるか、という考え方なんです。

一般的なチヌバリでしたら4・5倍程度。『一刀チヌ』や『A1ひねくれチヌ』などロングテーパーのハリ先（スパットテーパー）に関しては7～8倍を採用して鋭くなっています。ただし刺さり込みがいい半面、耐久性は落ちてしまうため、ここ一番や頻繁にハリ交換される方におすすめかと思います。

カエシの位置についてはハリ先部先端側にあるほどいいのですが、がまかつでは基本的に尖頭部分が終わる位置の直下です。なぜここに付けるのかというと、カエシは素材に切り込みを入れて作るため、テーパーの途中に設けてしまうと折れたりする可能性が高くなるからです。

ただロングテーパーのハリ先部に関しては、基本通りにカエシを付けてしまうと、カエシからフトコロまでの距離が短くなりすぎてカエシが魚の身を抜けきらず、折れたりというトラブルが出てきます。それを防ぐために、あえてカエシを尖頭部分に設けるケースもあります。尖頭部分に加工を施すのは、量産性という点に関しては加工が難しいのですが、成型技術レベルを向上させ管理を厳重にし、バラつきのないようにしています。

カエシを作るときの切り込みは浅い方が折れにくく、極力小さなカエシで十分なため、半スレを採用することも増えてきています。時代の流れかもしれません。

ちなみに似たような構造でケンもありますが、ケンの付いている位置が軸の外側というのにも意味があり、ハリに負荷がかかったときは開こうとするため、内側に付けてしまうと折れやすくなります。本当にポキポキで全然違いますね。

質問

軸の長短で特徴に違いはありますか

ハリ先角度の話とも関連してくるのですが、長軸になるほどハリ先角度が小さくなって貫通力が高くなります。逆に短くなるほどハリ先角度が大きくなり貫通力は低下しますが、ハリ先角度が大きくなり魚とのコンタクト性が上がり、軸が短い分軽いので食い込みもよくなります。

一度掛かってしまった後は短い軸のハリの方が深く刺さっているのでバレにくいかもしれません。ただ合わせるときに刺さり込む力は必要になってきますが。

エサの面でいうと、最近はオキアミとコーンを一緒に刺したりする複合エサも出てきていますので、ちょっと軸の長めのハリもおもしろいのかなと思います。

同じ線径のハリでも小さな方が加重に対する開き強度が向上する

質問

細軸が刺さりやすいように思えますが、細すぎると刺さり込むときに開いて刺さりにくくなるケースもあると聞きます。どのような太さがベストなのでしょうか

ハリを引っ張る試験をすると、当然細軸の方が開き気味になるんですけど、負荷がなくなったときに元の形に戻る場合と、完全に変型してしまうパターンがあります。実際の釣りで魚を釣り上げてハリに変型がなくても、やり取りの間でもかなりたわんで、たわんだ状態ではハリ先角度が大きくなり刺さり込みが低下します。当然太軸の方が剛性が高いので、ハリが開くことで刺さり込みが悪くなるケースは少なくなりますね。

太さの基準ですが、やはりオーソドックスなチヌバリ、がまかつでは『チヌ』もしくは『チヌR』が強度と刺さり込みを兼ね備えた線径になります。それよりも刺さり込みにバロメーターを振ったのが『掛りすぎチヌ』や『ファインチヌ』といったシリーズになります。逆に剛性感を求めるなら『伊勢尼』や『A1ナノチヌ筏』などもいいですね。釣りの種類や方法によってそのあたりの選択基準は変わってきますし。

質問

チヌバリの号数を決める基準はあるのでしょうか

コンセプト的に少し大きめにするとか、その逆もありますが、がまかつのチヌバリで基準としているのは『チヌ』の線材の長さです。たとえば5号なら、そのハリをまっすぐにしたときの長さをほかのハリに当てはめるのが基本です。あまり違うとユーザーさんが戸惑ってしまいますのでね。

あと『ファインチヌ』などは細軸で強度を持たせにくいので少しコンパクトに仕上げてフトコロ強度を出しています。実は同じ線径のハリでも、小さな方が加重に対する開き強度が向上するんです。

線材も無限に選択肢があるわけではなくて、太さも0・60ミリ、0・64ミリ、0・68ミリ、0・72ミリ…など規格があるのですが、1番手細くしただけでも7パーセント程度強度が低下してしまいます。

断面で見ると直径が1番手違うと7パーセントくらい面積が変わってきますからね。そこで細かく強度をコントロールする手段として、線径を変えるのではなく強度を保つために1～3パーセント小さくするなど、ハリの大きさを調整することがあります。

質問

ハリに使われる素材やメッキ、塗装の違いについて教えてください

チヌバリで使用されているもので特殊なものには『A1』があります。この素材は粘りのある硬さがハリ全体に出せて、タタキやカエシも付けることのできる加工性のよさがあります。ハリは折れにくい範囲で硬いほどいいということを踏まえると、現時点では理想的な素材だと思います。

それ以外について、使われている素材は基本的には同じです。ただ、ケン付きのハリについては少し軟らかめを使いますし、作った時代によって異なるケースも一部あります。

メッキについては、たとえば「ナノスムースコート」は刺さりのよさを求めた機能メッキですが、茶や赤、金メッキやニッケルメッキなどは必要最低限の防錆効果を備えつつ、見た目をよくする装飾メッキの部類に入ります。やはり金バリや銀バリが好きな方もいらっしゃるので。本来ならメッキが乗っていない方がハリ先は鋭いのですが、少し膜厚は厚くなっても防錆効果を狙って施すことが多いですね。

あと茶や赤などは、厳密に言うとメッキを乗せた後に特殊な色の着いた樹脂でコーティングしているので、社内では「着色」と呼んでいます。通常のメッキと比較すれば着色の方が少し膜厚は厚くなりますし、オキアミカラーなどの塗料を塗ったものはいちばん膜厚は厚くなりますが、エサの色に合わせたカモフラージュ効果を狙っています。

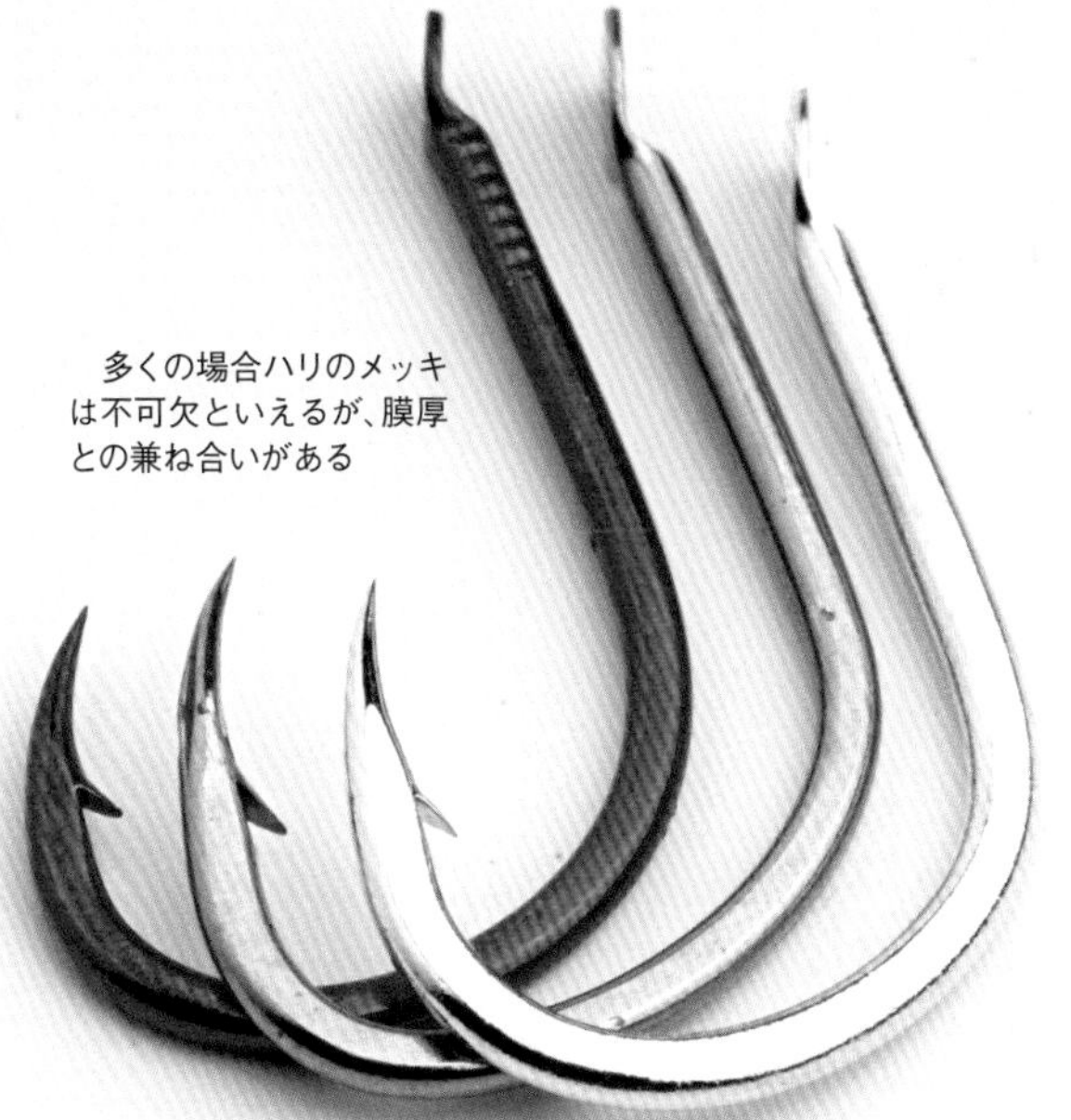

多くの場合ハリのメッキは不可欠といえるが、膜厚との兼ね合いがある

質問

『ナノスムースコート』のようなフッ素樹脂コートメッキは、「掛かり」がいいのですか、それとも「刺さり」がいいのですか

掛かりというのは魚とハリ先が接触して、止まるか止まらないか。たとえば金や銀は電気的な処理をおこなうメッキですが、通電させることでハリ先の先端が溶けてしまうケースがたまにあります。『ナノスムースコート』はメッキの中でも膜厚がかなり薄く、通電させないので化学研磨後の最高状態の鋭さを維持しているのが特徴です。だから掛かりも刺さりもいい、というのが答えになりますね（笑）。

動物の骨を削って作っていた時代から釣りバリの基本形状は変わらないが、今も完全なものは存在しない。だから星の数ほど種類がある

発達した歯と硬い口のどこに掛けるか？　その問題を解決するためチヌバリは進化し続けてきたといえるだろう

ハリに対するほとばしる情熱を語っていただいた木下さん、ありがとうございました。（聞き手／前川崇）

質問

新しいチヌバリを設計されるとき、どのような点に注意されているのですか

まず最初にコンセプトがあると思うのですが、時代によってはやりすたりがあるので、どのような釣り方がスタンダードになるのか、これから主流となる新しい釣りは何になるのか、という情報が重要です。テスターさんやユーザーさんの話や雑誌を聞いたり見たり、私たちもチヌ釣りをしながら探します。

あとチヌバリというのは何種類もありますので、似たような種類を出しても目新しさがなくなります。

チヌ釣りで使われるハリをトータルで網羅できるようなラインナップになるよう意識しています。あとは自社はもちろん競合他社さんとバッティングしないということですかね。

質問

最後に、完全なチヌバリというものはこの世に存在しますか

理想はチヌがくわえたときに違和感がなく、掛かりも刺さりもいいハリだと思いますが、いろんな要素が絡み合ってくるので100点満点のハリというのは、残念ながら現状では存在しないというのが答えにはなります。

ただ、それを100点に持っていくような設計や表面処理、仕様などで釣り人がアドバンテージを取れるようなものを目指してはいます。

それにハリの種類が1つしかなければ選択肢はないですが、これだけのバリエーションがあるというのは、いろんな要望にお応えするためですから、自分に合うハリを見つけていただけるかもしれません。探す楽しみというか、実際にそのハリでチヌが釣れれば、その人にとっては100点に近いのではないかと思います。

絶好のストラクチャー 海藻を狙え

sea weed

春のフカセ釣りで避けて通れないのが海藻エリアの攻略。そこはチヌの生活の場であると同時に外敵から身を守る安全地帯でもある。つまり、釣り師にとっては好ポイントかつ難ポイント。掛けるまでも、そして掛けてからも、独特のテクニックが求められる。

春の攻めエリアはここだ

なるほど 攻略のカギ 4

CHINU FUKASE-ZURI
The fourth key for the capture

チヌが釣れる海藻 sea weed その詳細教えます

瀬戸内での海藻の生え方2パターンを例にしながらそれぞれのチヌの行動と攻略法を考えてみる

写真・文／中西 毅

ひとくちに海藻といっても、フカセ釣りに関係するものにはいったいどのような種類があるのだろうか？　全国の釣り場に生える海藻を網羅するのは難しいかもしれないが瀬戸内での例を参考にしながら、どうすれば藻場のチヌを仕留めることができるのかを、ご存じ中西毅さんに解説してもらおう。

図1.藻場の概念図

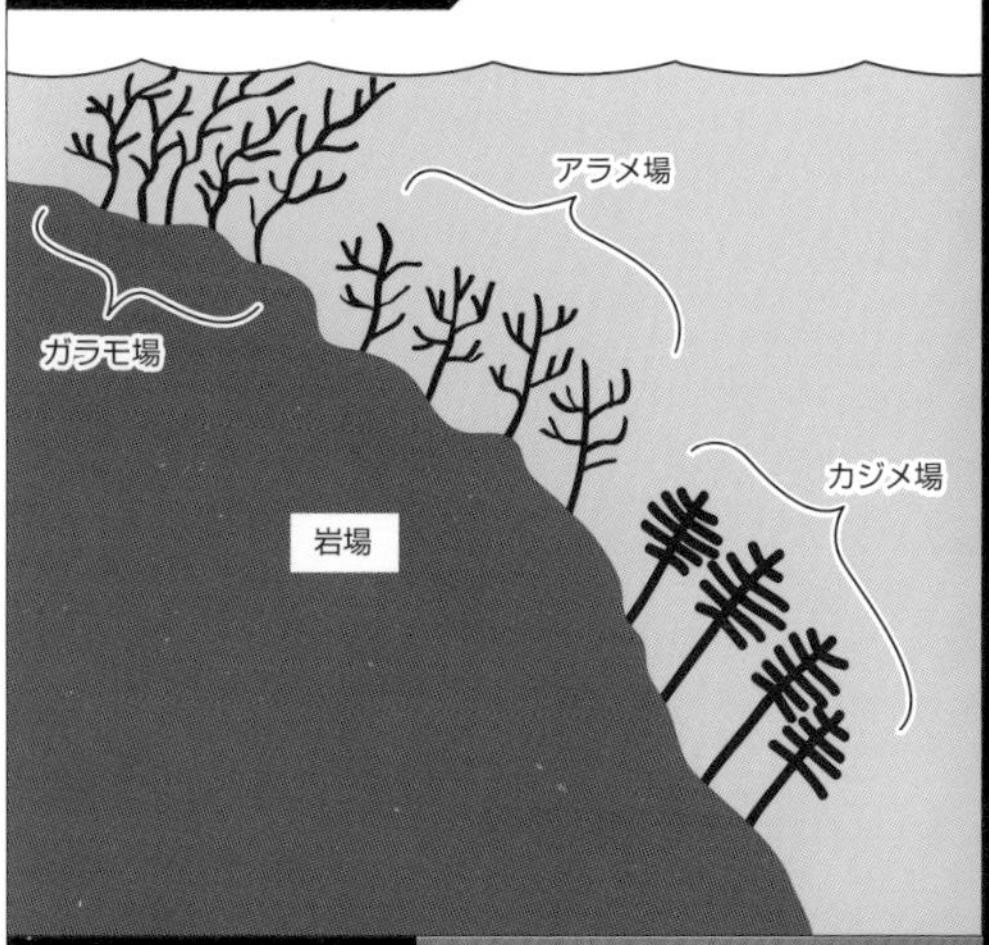

日本の沿岸には海草や海藻が繁茂した「藻場」が広がっており、魚類をはじめとする多様な水産資源の重要な生産場所になっています。

藻場はその構成種によってアマモ場、ガラモ場、アラメ場、カジメ場などに大別されます。このうち、アマモ場は静穏な海域の浅い砂泥底に分布しますが、他の藻場は主に岩礁帯に分布し、岸辺の浅場にガラモ場やアラメ場が、その沖の深場にカジメ場が形成されます（図1）。

これらの藻場のうちガラモ場は、磯際で立体的に大きな構造の群落を形成することから、冬～春の越冬期に居着きのチヌが多い好ポイントとしての実績が高く、チヌ釣りと最も関係が深い藻場ではないでしょうか。

大型の褐藻を主体とするガラモ場は、アカモク、ヤツマタモク、タマハハキモク、ノコギリモクなどのホンダワラ類が繁茂した場所で、地域や外洋・内湾の違い、波当たりの強さなどによって生育種が異なります。

各地で広く見られるのは一年生のアカモクで、冬の水温降下とともに急速に草体を伸ばすのが特徴です。長いものは5メートル以上にもなり、干潮時には海面をべったりと覆った状態となりますが、寒の時期に大きく発達するという特性によりチヌの格好の着き場になっているようです。

地形の違いによる藻の生え方とチヌの着き場

私のホームグラウンドの瀬戸内海では冬～春の時期はガラモ場の存在が釣果のカギを握っていますが、地形の違いによって大きく2つの藻の生え方のパターンがあります（図2）。

【パターン1】

磯沿いに5～10メートルほどの幅で主にアカモクが帯状に密生している藻場で、岡山県牛窓《うしまど》沖や塩飽《しあく》諸島《しょとう》、広島県芸予諸島《げいよしょとう》や安浦《やすうら》沖など、比較的かけ上がりが近くて潮通しのよい磯で見られます。

藻の一本一本が非常に長く伸びているため、海面付近は藻に覆い尽くされたようになりますが、海中の藻の密度はそれほどではなく、思ったよりも隙間があるのが特徴です。

かけ上がり付近の潮が速いためでしょうか、チヌはこの帯状の藻の林の隙間に集中的に潜んでいるようで、仕掛けを藻場から離すと極端に食いが悪くなります。

【パターン2】

かけ上がりまでが遠く、釣り場一面に広く藻が生えているパターンです。広島湾や山口県東部など潮の流れが緩やかな内湾でよく見られ、30〜40メートル沖のかけ上がりまでの浅場にアカモクやタマハハキモク、ノコギリモクなどが広く生えています。

藻の丈は全般に短くほとんどが海中に没していますが、パターン1とは異なり海中の藻の密度が高いのが特徴です。

チヌは、潮が高いときには藻場の中のあちこちに広がって活動していますが、潮が引くとかけ上がり沖の深みに移動する個体が多いようです。

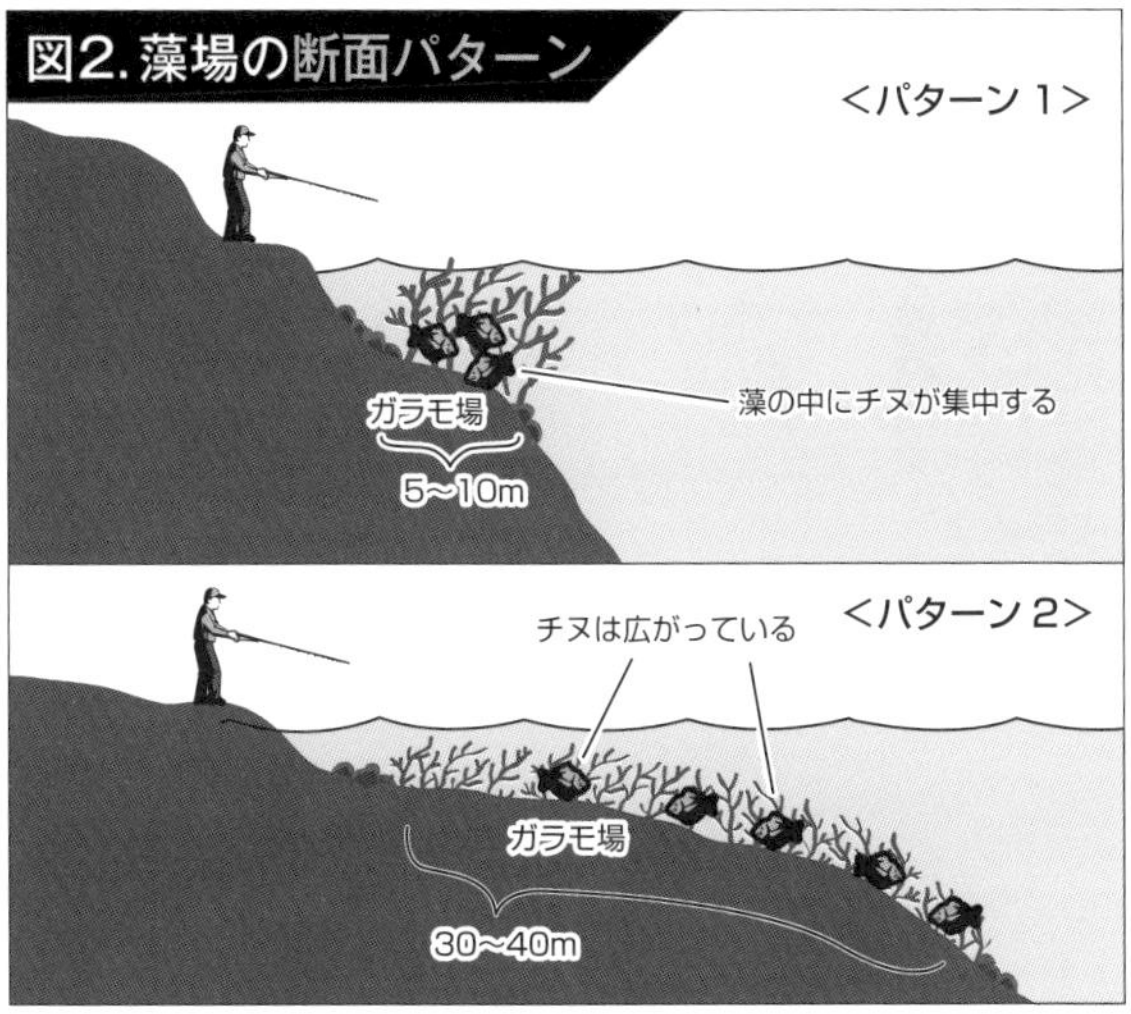

パターン1は藻際狙いがキモ初動で底を切る

これら2つの藻場のパターンについて、私なりのチヌへのアプローチ法と取り込みのキモについてご紹介します。

まず、パターン1では藻際狙いがキモ。初動で底を切る取り込みが大切になります。

藻場の沖側で、藻からできるだけ近い場所が狙い目です。ここにマキエを効かせてサシエを流し込むようにするため、藻の沖で扇状に仕掛けを流すイメージでトライします。

まず、少しでも藻の切れ目があり取り込みの確率が高そうな場所を釣り座に設定し、正面の藻場のすぐ沖にマキエを入れ、仕掛けはマキエ投入点よりさらに沖に投入し、道糸を出さずに藻の上にはわせたままで流します。

こうすると藻場の先端部分が支点となり、潮下に向かって扇状に仕掛けが流されていきます。仕掛けが十分なじんだ頃合いに、マキエが効いているであろう潮下の藻際に仕掛けがうまく入っていくのが理想的で、潮の速さで仕掛け投入位置やオモリの打ち方を変えて

アカモク(写真上)と広島湾などの穏やかな内湾に多いノコギリモク(写真下)。ノコギリモクはアカモクよりも短いが、藻の密度は高い

ガラモ場の遠景(上写真)と近景(左写真)。ガラモはアカモク、ヤツマタモク、タマハハキモク、ノコギリモクなどのホンダワラ類の総称だが、各地で広く見られるのは一年生のアカモクになる。冬の水温降下とともに急速に伸び、長いものは5メートル以上にもなる

試してみるのがよいでしょう。

取り込みは、掛けた後の初動でできるだけ底を切ることが大切です。長く伸びたアカモクの根に近いところは硬く、巻かれるとかなりの確率でアウトです。

チヌ竿1号クラスを使い、掛けたらすぐバットに十分乗せるようにして、底から少しでも上に浮かせます。その後は竿を起こした状態で少しずつ寄せてくるようにします。

海面には藻がべったりあるものの、海中の密度はそれほどでもなく、藻の上部はしなやかで軟らかいので、案外ズズッと藻の中を抜けくるでしょう。

パターン2は藻の上狙いがキモ怒らせず泳がせる

パターン2の場合は釣り場前面の海底に広く生えた藻の上が狙い目となります。

いわゆる「2段底」の状態でじゅうたんのように藻が密生しているため、藻の根元までサシエを入れ込むのは困難です。

この場合、マキエを塊で撒くと藻の根元までマキエが効き過ぎてチヌが出てこなくなるので、できるだけバラケさせて広い範囲に撒き、チヌを藻の上に誘い出すようにします。

仕掛けはハリ近くにガン玉を打たないようにしてノの字でなじませ、風や潮を利用して起伏に富んだ藻の上をサシエがなめるように流し、トレースラインを変えながら探ります。

取り込みは、不必要にチヌを怒らせないことが肝要です。硬い竿や強引なやり取りはチヌを怒らせ、密生した藻の根元まで潜り込まれてしまいます。

ノコギリモクのように茎が硬くて葉がギザギザな藻もあり、入られると非常に厄介です。こうなるのを避けるため、竿はチヌを怒らせにくい0号クラスを使い、優しいやり取りで「2段底」の上を泳がせ、だましだまし少しずつ寄せてくるのが得策でしょう。

藻の種類によって0〜1号の竿を使い分けることも必要だ

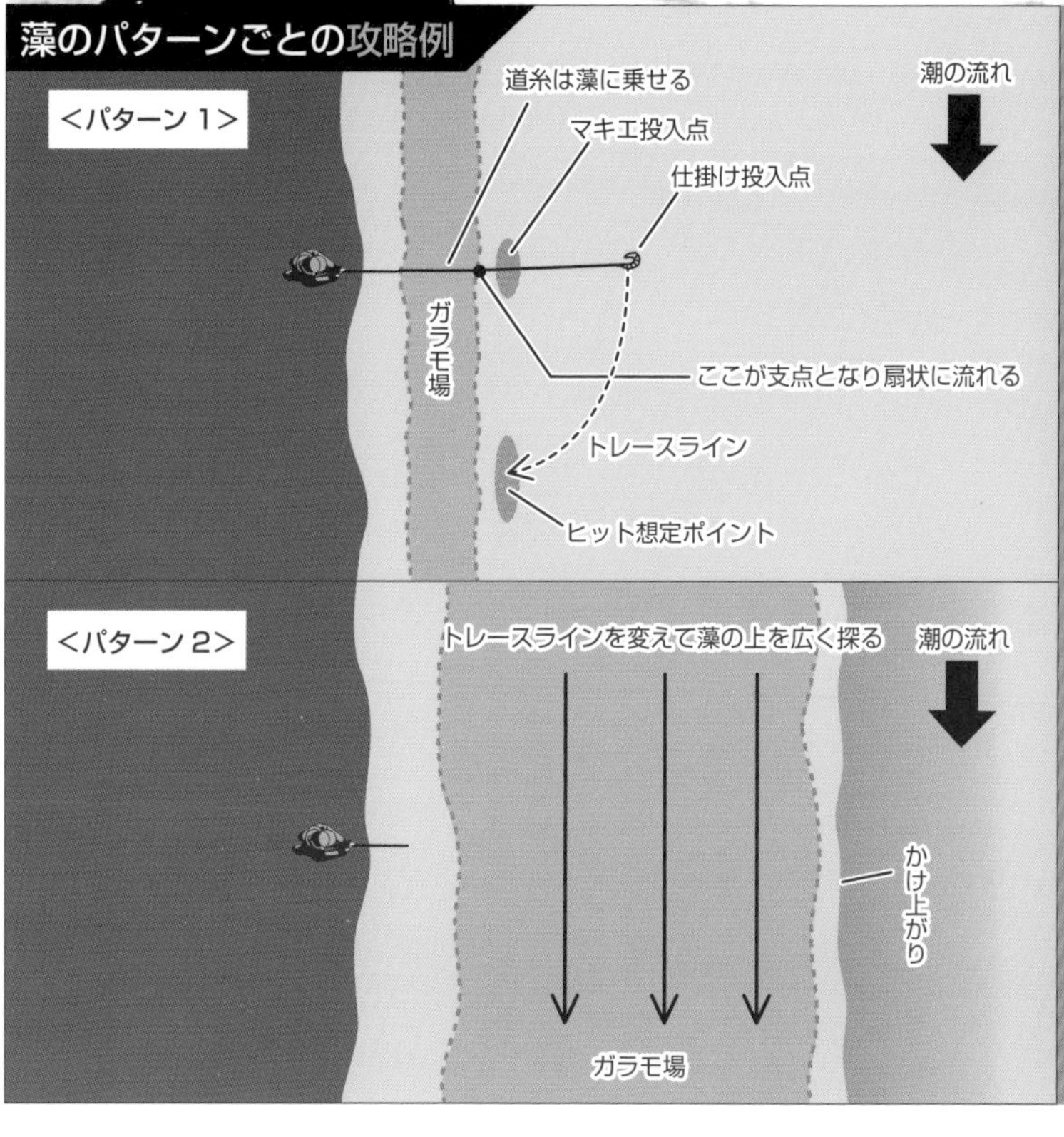

藻場での取り込みと藻抜きの留意点

藻場の釣りでいちばん大切なのは、「藻に入られて当たり前」

という釣り人の心構えでしょう。いずれのパターンの藻場でも掛けたチヌは取り込みの最中、ほぼ藻の中に入ります。

このとき「藻に入られまい」として焦ったやり取りは禁物で、藻に入られることを前提とした優しいやり取りが取り込みの確率をアップさせると思います。

以下に、藻場での取り込みと藻抜きの際の留意点をいくつかご紹介します。藻抜きはチヌとの共同作業が基本で、チヌを弱らせないことも藻抜き率を高めるカギでしょう。藻場での釣りのご参考になれば幸いです。

まず取り込み中、チヌが寄らなくなり「藻に入ったかな?」と思ったら、直ちに取り込みをやめる。このとき竿をあおってチヌを弱らせないようにする。

竿を下段に構え、チヌが藻から出るのを待つ。チヌが走ったら糸を少し送り、その直後、竿をいったん起して藻に絡まった道糸を一段上に上げる。

これを繰り返し、少しずつ絡まった位置を上に上げていきます。一度の送り込みで抜こうとしないこと。

藻に入られた後、道糸を緩めすぎるとさらに次の藻に絡まって抜けなくなります。チヌが出ないからといって、釣り人が移動することも絡みを複雑にするのでよくありません。

ハリスはスレに強いものを選び、普段よりもワンランク上の号数を使います（藻には石灰質の巣を作るウズマキゴカイなどの付着生物が多く、ハリスが傷付きやすいため）。

ハリスに固定するオモリは、カミツブシなどは藻に引っ掛かるのでよくありません。ガン玉でも滑りやすいゴム張りのものがおすすめです。

中西さんの仕掛け

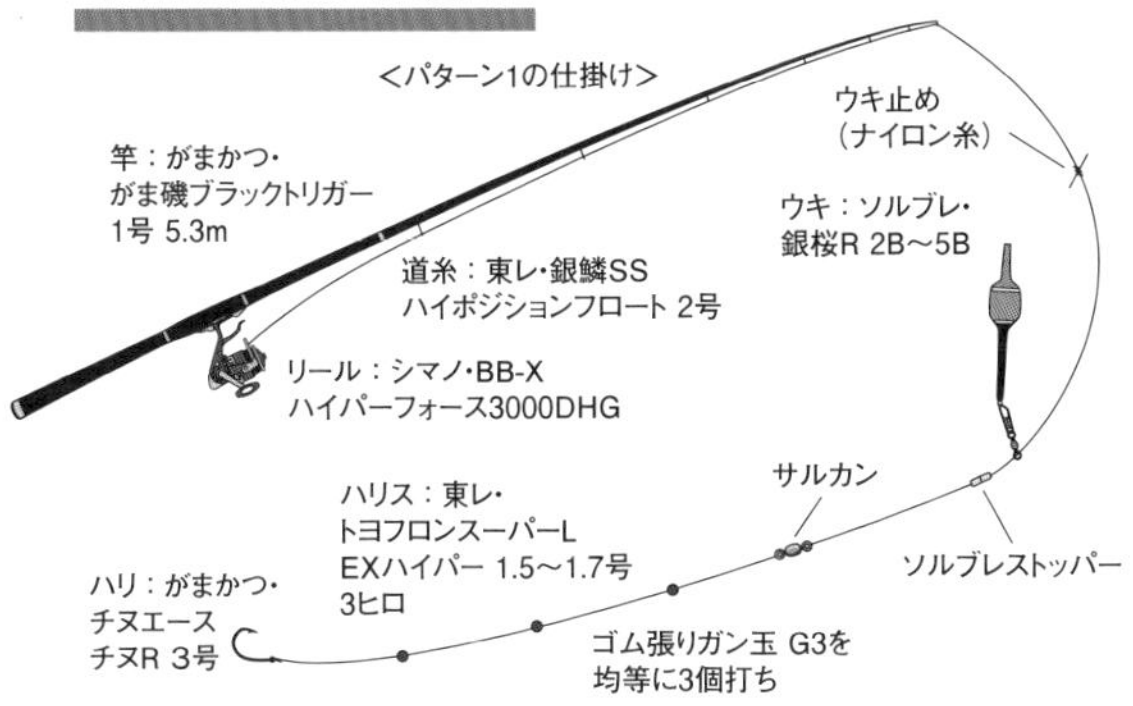

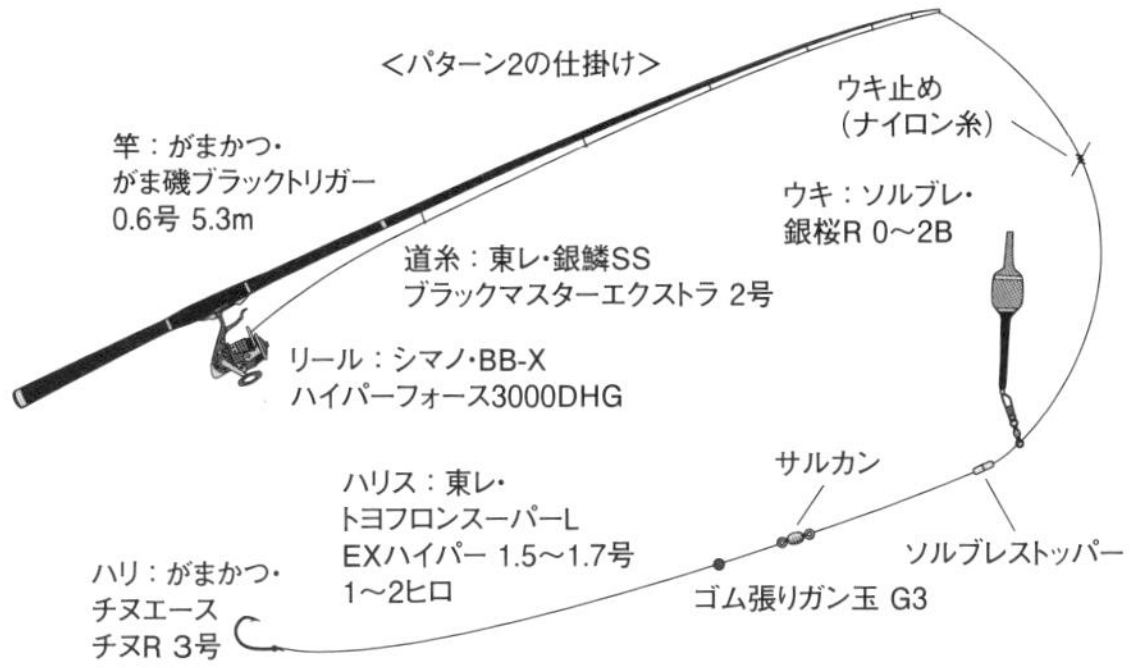

藻場の釣りでは潜られないようにするよりも、潜られて当然という意識を持つこと

藻抜きがうまくいって無事タモの中に収まった。魚と藻の切れ端が一緒になっている

富山湾

toyama-wan

エリア別海藻地帯攻略

藻の密度が薄いスペースに絞り全層でサシエをはわせて狙う

lecture by 宮村陽平

私のホームグラウンドのひとつである富山県西部の海岸～石川県能登半島東岸《のとはんとう》（通称、能登内浦《のとうちうら》）は、富山湾に面した女性的で波穏やかなフィールドで、浅場の岩盤と砂地の海底で形成されています。

そのような場所には、ホンダワラ、アカモクを主とした褐藻類が繁茂しやすく、チヌの乗っ込み期には摂餌場、終盤の産卵を終えた個体には休息場としても利用されることから、乗っ込み期を攻略するうえで外すことができないポイントとなります。

このホンダワラ類は種類も多く、1～3年で活着（根付いて成長を始めること）～脱落（藻切れ）を繰り返します。冬から春先にかけて成熟した海藻は、乗っ込み期の終盤を迎える5月中旬以降に流れ藻となります。

さて、乗っ込み期における、このような場所をガラモ場（ホンダワラ類の藻場）と呼んでいます。

攻略する場合ですが、一面、藻に覆い尽くされたような場所は釣り場には適さず、藻場の密度が濃い釣り場では海底が砂地で藻の抜けたスペースがあるところ、逆に密度が少なく藻場が独立して点在するような場所を選択するようにし、取り込みのスペースも考慮し釣り座を選んでください。

宮村さんの仕掛け

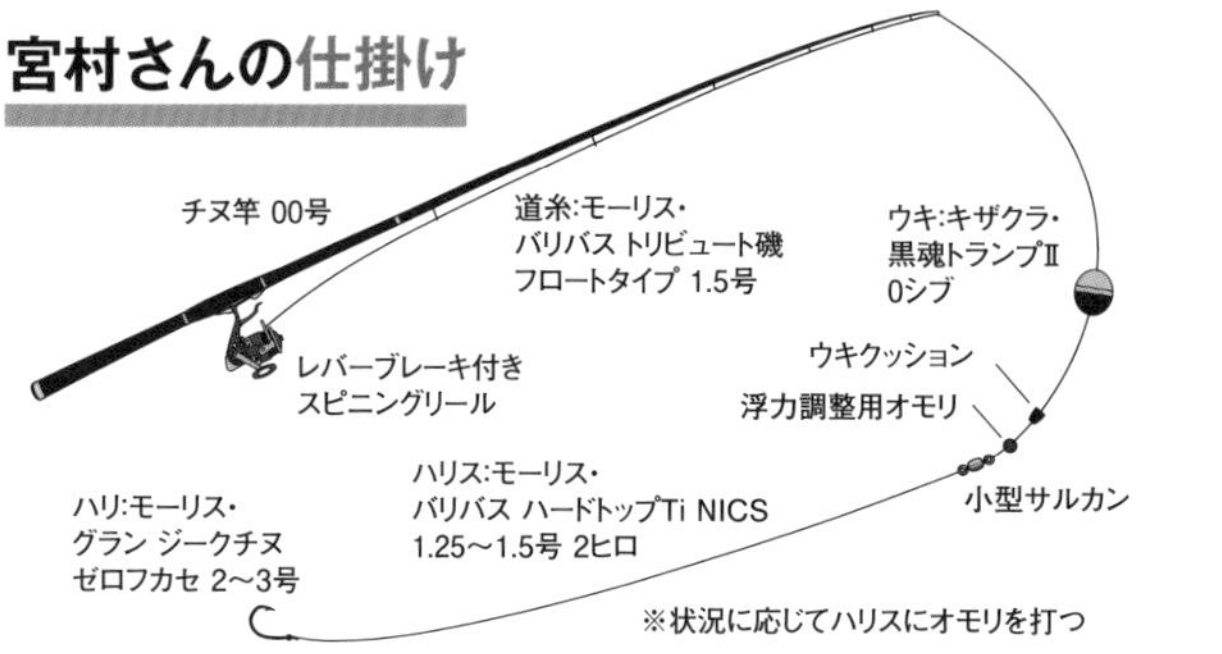

チヌを足止めする

基本的な考え方ですが、海水温が上昇する時期ではありますが、浅場ゆえ不安定な時期でもあります。藻場そのものを狙うのではなく、オープンスペースの海底を意識し、加工オキアミやネリエなどのサシエをはわせて狙う釣り方に分があります。

ほとんどの釣り場で潮流は緩く、水深5メートル以下の浅場ゆえ、マキエが広範囲に広がることなく底に溜まるような意識で撒くことになります。

ガラモ場にエサを求め回遊してくるチヌをマキエによって足止めすることと、海藻の中にいる魚に対してはそのスペースまで誘導するイメージです。

一方でオープンエリアに出ることを嫌う時期でもありますので、藻場の中にマキエが入らないように的確なマキエワークに注意を払う必要もあります。

仕掛けの選択肢として遠投が多いことに加え、違和感なく食い込ませることも必要になりますので、浮力が小さく大型ウキを用いた全層釣法で狙うことが多いです。

また、リスキーな場所は避けてオープンエリアに誘導し、食わせることができたとしても、チヌ釣り師であれば藻に絡んで悔しい思いをした方も多いのではと思います。大型になればその確率は当然高くなり、どうにもならないときは海に潜りたくなる気にもなりますよね（笑）。

私の場合、藻場を攻略するときには、魚の動きが分かりやすく、違和感を与えることの少ないチヌ竿0号以下を使用しています。張りのある竿で強引に引き抜くことは、チヌを余計に身構えさせ、藻から引き出しづらい状況を作ることにことになります。

ホンダワラ類とはいえ海底にはしっかりと活着しているため、主枝にラインが絡んだ状態では、細いナイロンで強引に藻を切ることは不可能です。

張らず緩めず竿で魚に違和感を与えずコンタクトがとれる状態をキープし、立ち位置やラインの角度に変化をつけて、強く動いたときに竿をゆっくり立ててあげると意外に引き離すことができます。

チヌのポイントとしてガラモ場が重要になる一方で、できるだけ藻から離して釣ることを優先するのが富山湾の攻略法

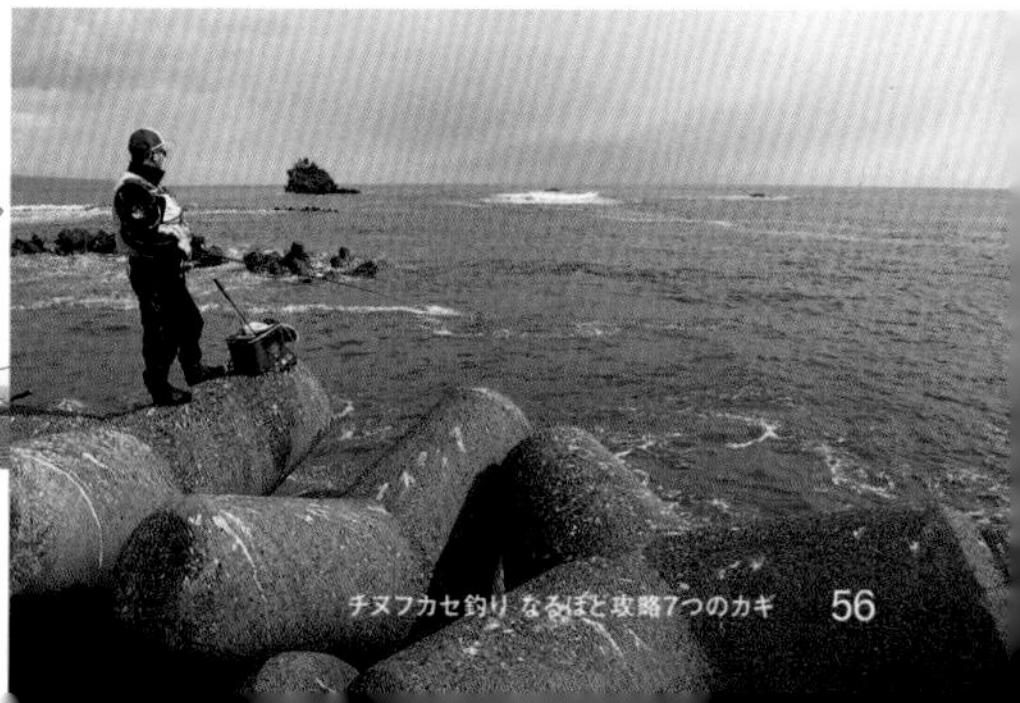

播磨

harima

エリア別海藻地帯攻略

満潮時は藻の上に浮かせて狙い干潮時はサシエを落として誘う

lecture by 北条公哉

藻の多い瀬戸内でも家島諸島はやや水深が深い

私のホームグラウンドである家島諸島《いえしましょとう》では、早い場所では12月下旬に海藻が確認でき、中には1月に早くも多くの海藻が見られるポイントもあり、釣り自体が難しくなってきます。水温15度を切るあたりから海藻が生え、浅場から深場へと広がりますが、水深が15メートル以上の光が届きにくい場所は生えないような気がします。

そして2〜3月には条件が揃っている場所では一面海藻となります。4月に入ると上から茎が軟らかくなり潮流でちぎれて流れ始め、5月下旬にはなくなります。

家島に生える海藻はいろいろな名で呼ばれてはいますがホンダワラが中心です。

ホンダワラが生息するには岩礁と砂地が混ざった場所とがよく、岩礁帯だけや砂地だけの場所には生息していないと思われます。

複数の魚種が卵を産み付け、そしてプランクトンが豊富なことからチヌには絶好の捕食場となっているはずです。水温10度以下では深場でじっとしていますが、ある程度の水温になるとエサを求めて藻場へとやってくるといわれています。

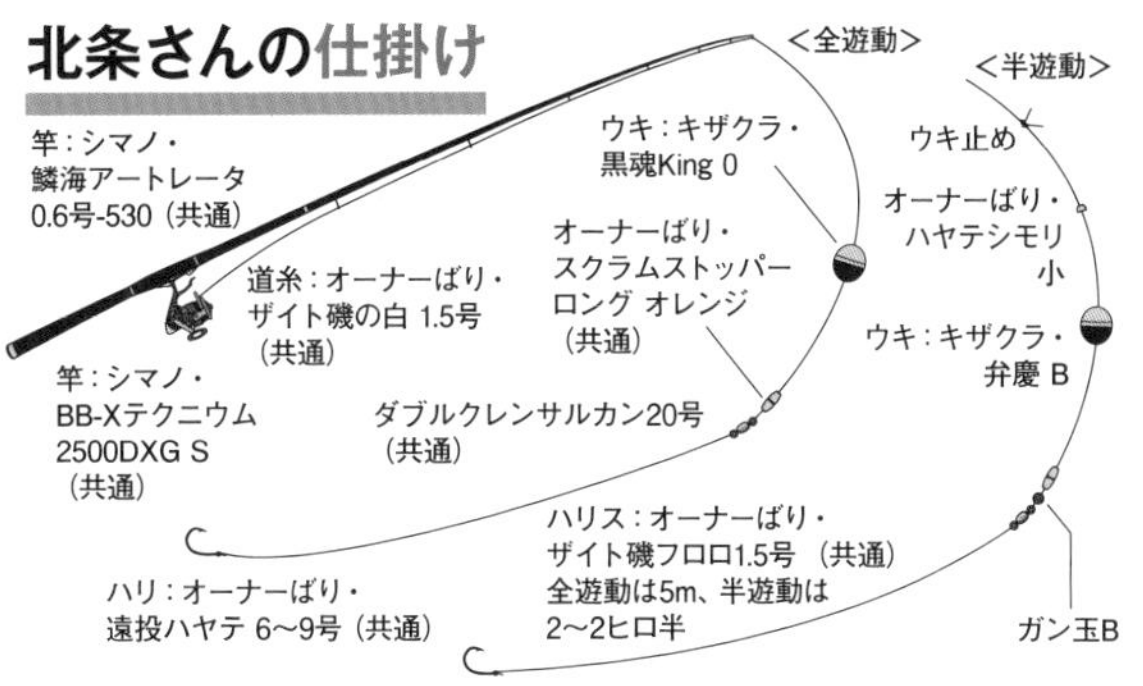

操作を補う手返し

この藻場に寄ってきたチヌの狙い方ですが、満潮時と干潮時では釣り方が異なります。

満潮時や、水深があり海藻の先端が海面下の場所では、タナを決めた半遊動仕掛けで海藻の上を流してみたり、藻際や海藻の落ち込みを流して少しでもやる気と食い気のあるチヌを浮かせて狙っていきます。

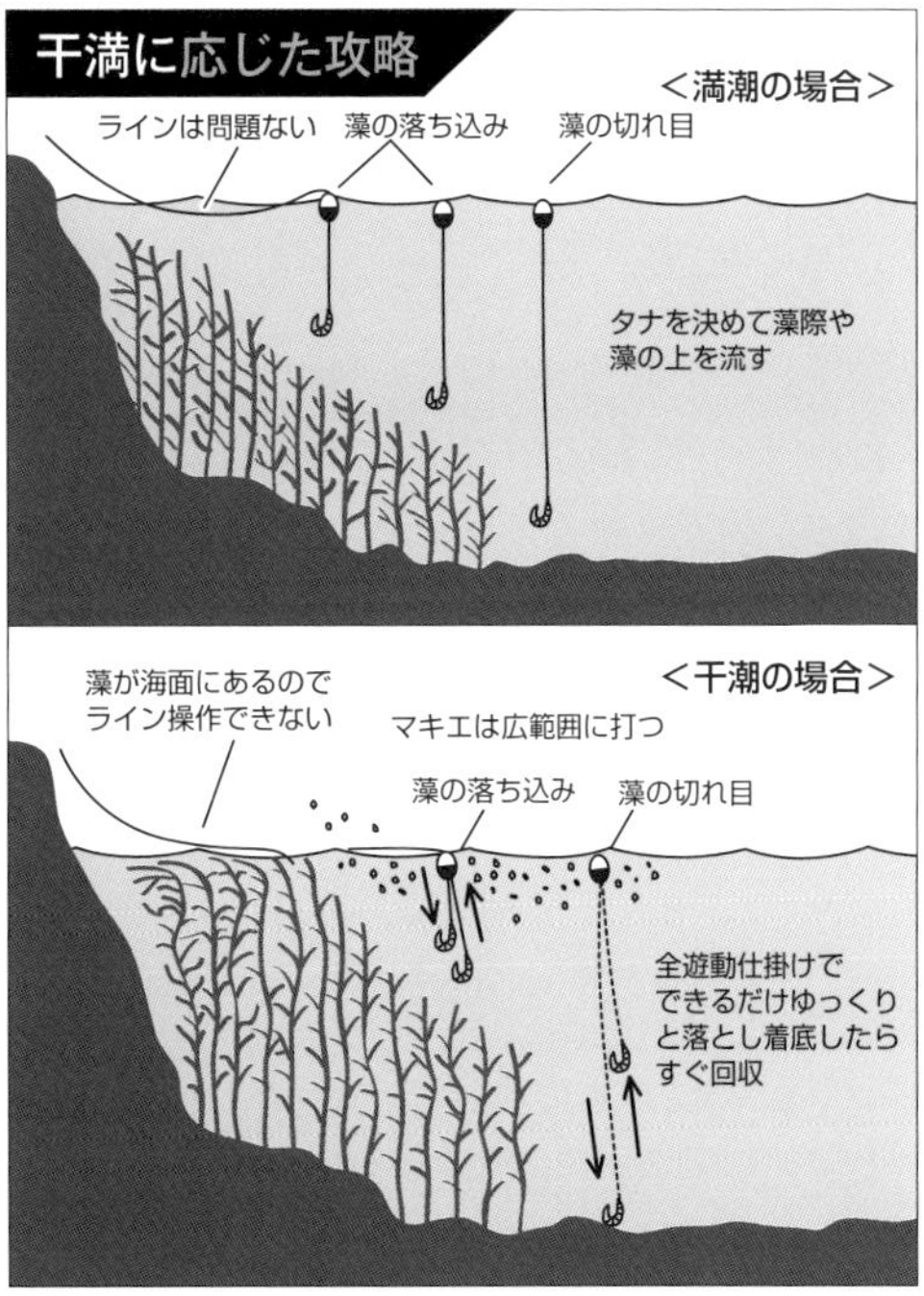

干潮時や浅場の場合は、海藻が表層まで浮いているので、仕掛けを投げることはできても潮の流れに乗せることやラインメンディングはほぼ不可能です。なので上下の釣りをおこないます。

藻際に張り付かせたり、サシエが深場の藻の先端や底に着底したら即回収して手返しを繰り返し、落ちていくエサでアピールして食い気のある魚を狙っていきます。

いずれにしても、深いタナであまり動かずに待っているチヌを狙っても、藻に絡みやすく藻抜きが難しくなり、取り込む確率が低くなるので、できるだけ食い気のある浮いた魚を狙っていくようにしています。

そのためマキエも集魚力とアピール力があるものを使用して、1点集中ではなく広範囲に撒き、藻の中から藻際や藻の少し前にチヌを移動させるイメージが重要となります。

取り込みの最終手段

最後に、藻抜きの際にチヌが弱って動きが悪くなってしまったら…最終手段はこうです。

ラインを手に持って、ゆっくりゆっくり引き寄せながら巻き取ります。藻を手前に倒すことでチヌがスルッと抜けてくることがあります。ぜひ試してみてください。

隠岐

oki

エリア別海藻地帯攻略

lecture by

小島一文

ウキ下は6ヒロに決めておき沖から藻の生え際になじませる

島根県隠岐諸島《おきしょとう》の島前《どうぜん》地区は中の島《なかのしま》、西ノ島《にしのしま》、知夫里《ちぶり》島《じま》の3島からなり、それぞれが比較的近距離に寄り添う形で位置しています。

これらの島々の水道筋は、適度な真水の流入と底が砂地、ゴロタ石、岩礁という条件から海藻の生育もよく、チヌの絶好の生息域となっています。

海藻の大半はホンダワラで冬季から春にかけて生育がよく、チヌの産卵場にもなります。

水道は最深部で水深50～60《メートル》もあり、島に向かって徐々に浅くなっていきますが、竿先付近から一気に20《メートル》前後、急に落ち込んでいるところも多くあります。

海藻が生えやすい条件としては、ある程度日光が届きやすい水深となりますが、ここのホンダワラは岸から水深10《メートル》前後までぎっしり隙間がないほど茂っています。この水深8～10《メートル》のかけ上がりが藻の生え際であり、チヌ釣りの狙いどころとなるのです。

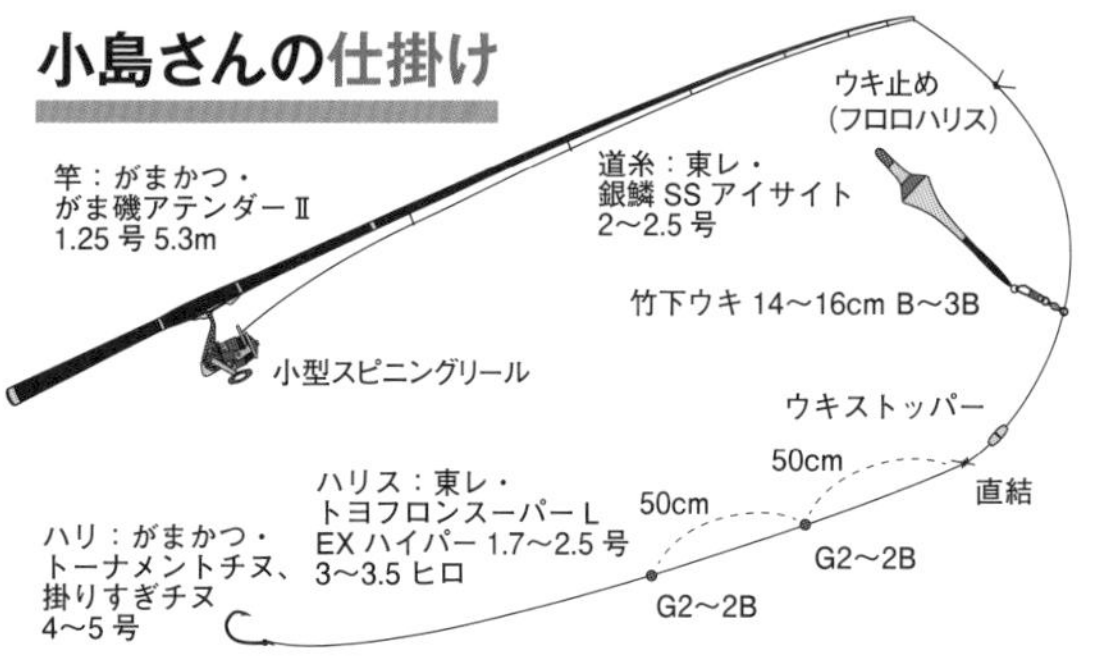

寄せてなじませる

ここでの釣り方はズバリ！「タナを狙い撃ち釣法」です。これまでの経験から、もっとも釣果がコンスタントに得られる釣り方として考えだしたものです。

まず海藻の生え際である水深10《メートル》前後のタナにウキ下を合わせることが最優先で、一般的なセオリーとしてはこまめなウキ下調整でしょうが、ここではウキ下を6ヒロ（約9《メートル》）に固定します。

この仕掛けを沖に思い切って遠投し、じわじわと手前に寄せながら設定したタナになじませ、海藻の生え際となるかけ上がりにサシエをはわせるイメージです。

この釣り方をイメージした理由としては…

❶チヌがマキエで浮きにくく、時間がかかる傾向にある
❷もっともチヌが警戒心なくサシエを捕食しやすいタナである
❸ヒットしたときに沖へ走り、藻に入られにくい
❹根掛りしにくく、サシエを底にはわせやすい
❺どこのポイントも沖で急激なかけ上がりになっており、サシエを底へなじませやすい

以上があげられます。

注意点としては遠投が可能なタックルがまず必要です。場所によっては藻の生え際となる位置が釣り座から近かったり遠かったりしますので、6ヒロのタナになじませることを想定したときに、なじませる位置よりも2～3割は沖に遠投が必要となります。

また、ここでの潮の流れは、大半が横流れですから、風の影響を受けにくく遠投が可能で、タナ取りがスムーズ、さらに横流れに対して潮筋から外れにくい竹下ウキ（環付きウキ）を使用して攻略しています。

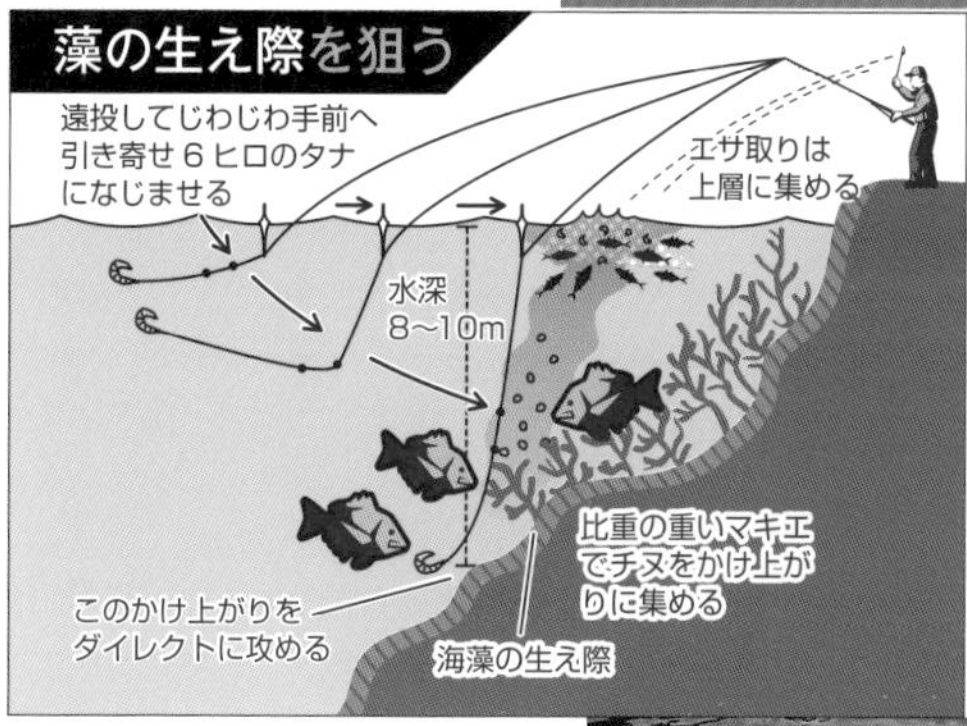

ここのホンダワラは岸から10《メートル》前後までぎっしりある

オモリは分散させる

もうひとつ仕掛けで注意していることは、ガン玉の位置と個数です。仕掛け図を参照してください。ガン玉を2個に分散し、ウキストッパーから50《センチ》の位置に1個、さらに50《センチ》離してもう1個を打って、かけ上がりへの素早いなじみをイメージしています。

重すぎると根掛かりが多くなりますし、軽すぎるとなじみが遅く、風の影響や潮の影響を受けやすくなります。そのためB前後のガン玉×2個の設定が理想と考えています。

また、ハリから3《メートル》以内にはガン玉をまったく打たない設定ですが、ウキへのアタリが小さいようであれば、チモト付近にG5程度を追加するとよいでしょう。

下津井

shimotsui

エリア別海藻地帯攻略

干満の差が大きく満潮時には釣り座から藻までの間も実績あり

lecture by 南 康史

岡山県下津井《しもつい》で海藻を意識しはじめるのは2月中旬以降から5月の連休明けくらいまで。ちょうど乗っ込み前から乗っ込みの最中になります。

メインの海藻はこちらでガラモと呼ぶホンダワラ類や太いワカメなどです。その年で量はちがいますが、基本的に下津井は遠浅でゴロタ場が沖まで続くので海藻が多く、沖まで生えていることが多いです。

ただ、同じ遠浅でも広島湾は藻の沖で海底が落ち込んでいることが多いですが、下津井の場合はだらだらと深くなります。場所にもよりますが手前から30メートル沖くらいまでビッシリということもあり、満潮の2～3時間以外は海面に藻が出ている感じです。

そのかわり下津井は流れの速いところなので、ある程度潮さえ流れていれば藻が寝てしまうので釣りやすくなります。また、干満の差が大きいので逆に干潮前後は前に出られるので藻の沖が狙いやすくなります。

基本的に干満で流れは決まっているのですが、潮回りによって流れが緩かったり動かなかったりすることもあります。理想は大潮の満潮を挟むような潮です。

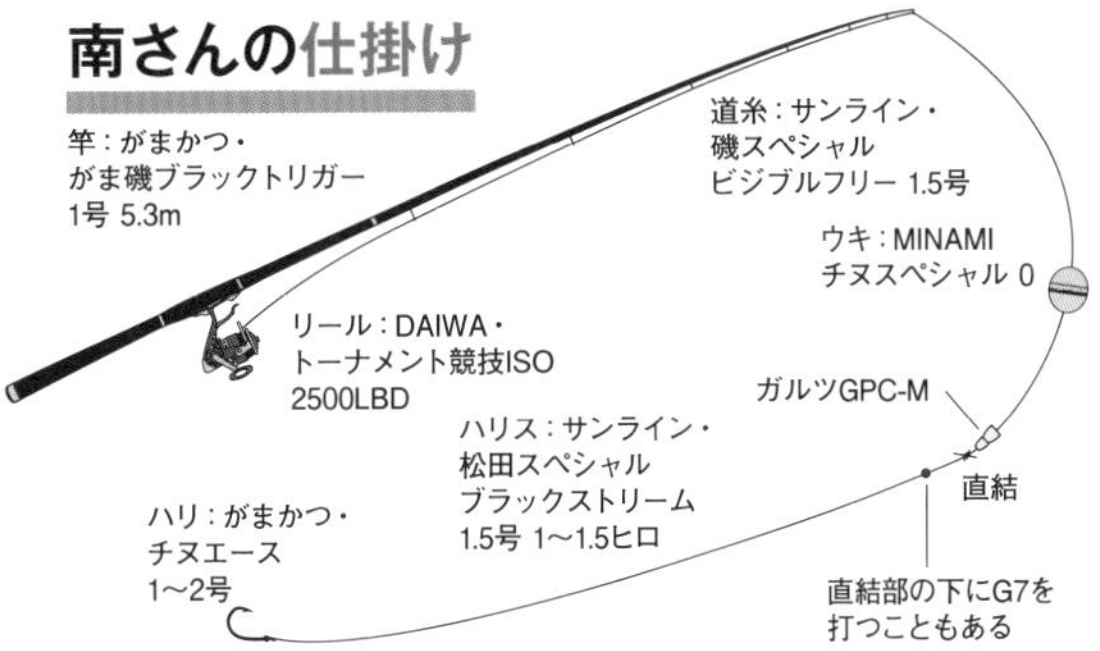

横流れの潮を探す

魚の活性にもよりますが、中途半端に潮が低い時間帯は遠投して藻の沖を釣ります。完全な乗っ込み期に入ると魚が動くようになるので、できるだけ離した方が取り込みは楽になります。逆に活性の低いときは藻の際を狙いますが、取り込みは難しくなります。

沖で釣る場合は普通の遠投釣法ですが、際を釣る場合は、理想は藻の際に沿って仕掛けを流すことです。そのため、できるだけ横流れの潮がある場所を探しながらうろうろします。また、完全に潮が動かない方が釣りやすいこともあるので狙い目です。

潮が満ちてくると藻の上を釣ることもあります。いくらか潮が動くなら藻の上を流して釣ったり、藻穴を狙ったりもします。それに満潮になると手前の藻と釣り座との間に少しだけスペースが空くことがあります。

ここは潮が引くと干上がる場所で歩いていたようなところです。そのため藻がなく、場所によっては5～10メートルくらいありますが、乗っ込みが絡むと意外とこの近距離で釣れます。これは典型的な下津井のパターンといえます。

知らない人は潮が高くなっても藻の沖を釣ってたりしますが、魚を掛けると藻に入られてバラしたりするケースも多いようです。

急潮が生む独特な釣りは下津井ならではのテクニックが必要とされる。藻場の攻略においても同様だ

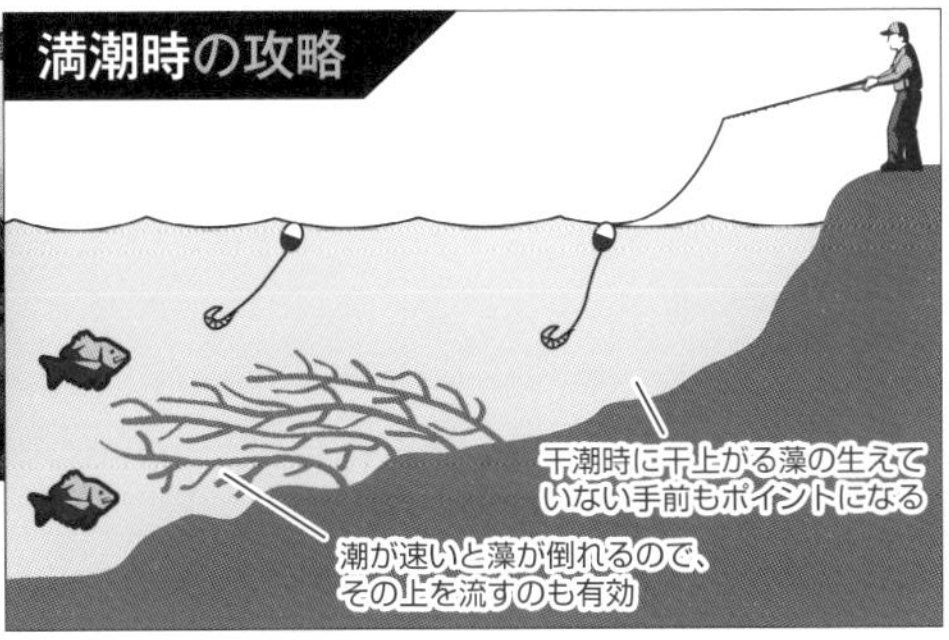

大型ウキを利用する

下津井は水深が浅いので1～1ヒロ半を中心に2ヒロまでのタナで食ってくることがほとんど。それが藻際の水深でもあります。

仕掛けで重要なことは、まず藻に絡みにくいようにフロート系のラインを使うこと。そしてウキを先行させてサシエを転がすのが理想です。

サシエが藻に引っ掛かっても大型のウキが外してくれます。だから軽い仕掛けがキモです。特に藻の上を流して釣るときは、仕掛けが藻から外れた瞬間にリアクションで食ってくることも少なくありません。

マキエは釣りやすいところがあれば集中させてそこを狙いますが、着水したらバラけるようなものにしています。底に溜めてしまうと狙いにくく、取り込みにくくなるため、魚に動いてもらうイメージが大切です。

芸予 geiyo

エリア別海藻地帯攻略

なるべく軽い半遊動仕掛けで藻の切れ目付近をじっくりと狙う

lecture by **内海通人**

芸《げい》予諸島《よしょとう》で藻が生えるのは3～4月、6月には切れてしまいますがゴールデンウィークには藻がいっぱいという感じになります。ただ、ここ数年は藻が少なくなっているような気もしますので、以前ほど釣りづらいことはないかもしれません。

藻の種類としてはガラモがほとんど。磯際やシモリ周りに生えるのですが、潮が引いたら海面ビッシリということもあります。海藻ではありませんがワカメが混在する場所もあります。

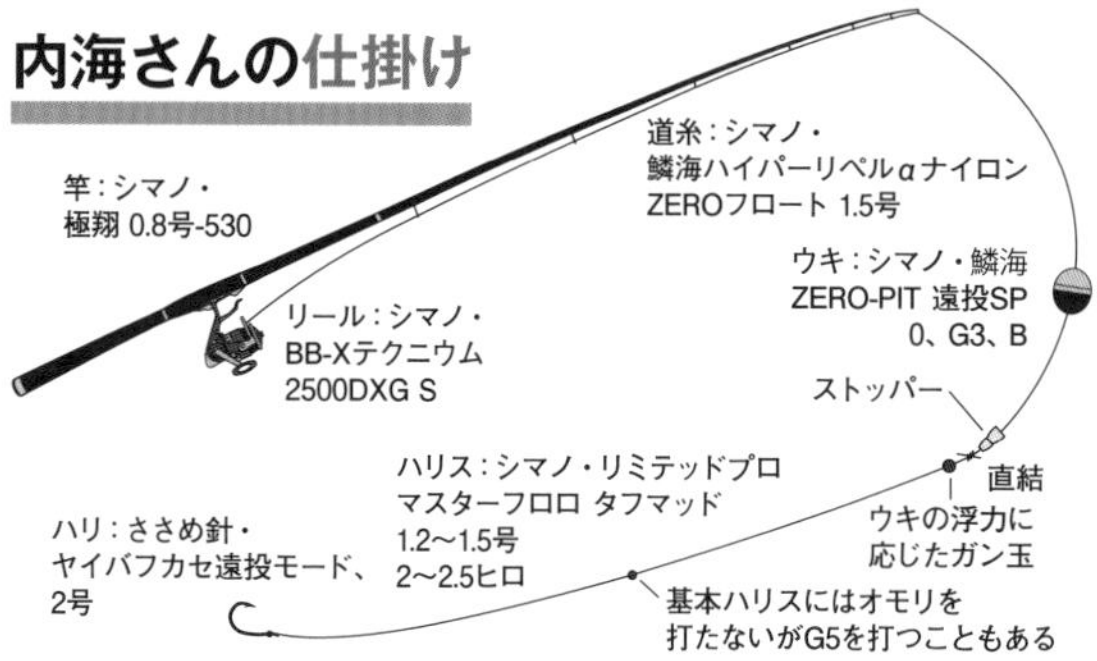

ガラモが生えるのはだいたい浅いところなので、攻めるのは、かけ上がりが落ちる（沖で藻が切れた）あたり。藻の中を釣ることはないのですが、藻がぽつりぽつりと分散しているようなときは、その間を狙うことがあります。砂地にシモリが点在しているようなところでは、シモリ周りに生えた藻と藻の間に砂地がぽっかり空いているようなケースがありますが、そこに仕掛けを入れます。

沖流れは張って釣る

魚の活性が高ければ普通に遠投釣法で藻の沖を狙いますが、エサ取りがいなければいないほど、狙いは藻の際になります。そしてこの場合、基本的にタナを取って釣ります。半遊動仕掛けの方が根掛かりも防げます。

なるべく浅く釣る、そして根掛かりを防ぐためにも半遊動仕掛けを使う

芸予の場合、水深が浅く藻が生えているのは竿1本までの深さが多いので、ウキ下は2ヒロ半から竿1本ちょっとまでで、軽い仕掛けで狙うのが基本ですが、潮が速かったり風に道糸が取られたり、その他状況に応じてオモリを使うことはあります。

マキエは固めて打たずバラけるようにします。浅ダナで釣れればそれに越したことはないからです。ただ、活性が低いときはどうしても藻の根際で食ってきますが…。

まだ水温の低い時期なのでサシエはオキアミがメインですが、フグなどが多いこともあるのでマルキユーのくわせ丸えびイエローやネリエも用意しています。

芸予は潮の流れるポイントが多いですが、藻の生えている場所もその影響を受けます。横流れならば藻の際に沿ってトレースできますが、沖へ流れるときは重めの落としナマリを打って、磯際を狙うときのように張って釣ります。オモリが重すぎても根掛かるので、微妙に調整してください。

ただ、当て潮のときはどうしても藻の中に仕掛けが入ってしまうので、沖へ仕掛けを入れて手前でなじむ分を計算しますが、かなり難しいので「ごめんなさい！」というのが正直なところです。

道糸はまっすぐに

あと注意点としては、道糸はフロート系を使用し、海面上に藻が出ているところでは、できるだけまっすぐ道糸を置くように心がけます。S字状になっていたりするとトラブルの元になります。

距離が近ければ道糸が藻に引っ掛かったときに少し持ち上げて外し、落としていくこともできますが、距離があって藻がビッシリのときは、仕掛けを操作するほど手前に寄ってきてしまいますので、なるべく余計なことをしないようにします。遊動部分を少なくするのもコツです。

活性が低いときほど藻の根際で食ってくる。それをどうやって攻めるかが課題だ

なるほど
攻略のカギ
5

CHINU-FUKASE-ZURI
The fifth key
for the capture

活性が高いヤツを誘い出せ

ベストシーズンのマキエワークはこれだ

makie recipe
makiework

5人のバリエーションの違いは攻略の違いとなって表れた

中層で釣るのか、底で釣るのか、近投なのか遠投なのか、はたまた全遊動か半遊動か…。同じウキを使ったフカセ釣りでも、チヌ狙いではとんでもなくバリエーションが広い。そして、それだけの釣りの幅があるということは、マキエワークを中心とする攻略にも大きな違いがあるということだ。攻略のカギ5では、スタイルの異なる5人のエキスパートに、それぞれ得意とする釣り方やマキエレシピを踏まえた上での戦術と戦略を解説してもらった。

レシピ

なるべく内容物に粒類が多いもの ある程度粘りがあって 比重が大きすぎないものを

lecture by **鯱澤拓也**

釣り時間を6時間として、生のオキアミ6㌔にチヌパワーダッシュ、瀬戸内チヌ、チヌパワーV10白チヌ、チヌパワームギスペシャル、ニュー活さなぎミンチ激荒、ムギコーンを各1袋ずつ混ぜます。なるべく内容物に粒類が多いもの、ある程度粘りがあって比重が大きすぎないものを選び、さらにサナギミンチやムギコーンなどの粒が多いものを追加します。これにより、もちろんエサ取り対策になりますし、チヌへの視覚にもアピールすることができます。作り方としては少し水を少なめにして練ることで遠投性が高まるとともに、ライナー投入での着水時にほどよくバラけて水中での浮遊時間が長くなりチヌを浮かせやすくなります。

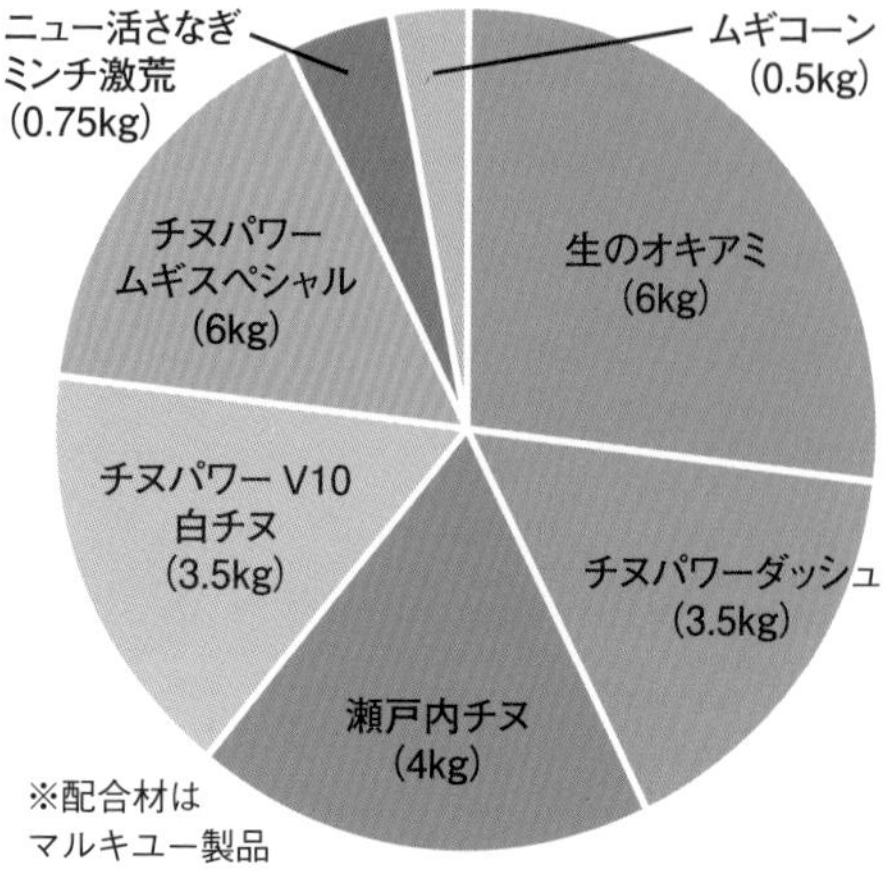

※配合材は マルキユー製品

遠投はしたいがホームグラウンドの兵庫県家島ではチヌが浮く季節なので、あまり比重が大きすぎない仕上がりになるよう気を付けている

レシピ

キーワードは魚のうま味成分と遠投性 そしてチヌへのアピールと 濁りで狂わせる

lecture by **木村真也**

秋チヌ狙いで使用するマキエは、生のオキアミ6㌔に銀狼アミノXチヌ激旨、銀狼アミノXチヌど遠投、銀狼アミノXチヌ名人ブレンド遠投SPを2袋ずつ配合します。基本的にはオキアミ3㌔に対して配合材を3袋とします。秋はチヌが小魚を食べることもあり、カツオのうま味成分がたっぷり入った激旨をベースに、遠投性とアピール性を高めるムギ、そして濁りで狂わせるイメージの配合に仕上げています。マキエを作る際に注意することですが、まず先に3種類の配合材のみをしっかり混ぜ合わせて1つのブレンド集魚材にしてしまうこと。そこにオキアミを加えてよく混ぜ合わせるようにします。最後は水を加えてよく練り込めば完成です。複数の配合材を使用する場合、まんべんなく混ぜることは大変難しいので、先に混ぜておくとムラなく仕上げることができます。

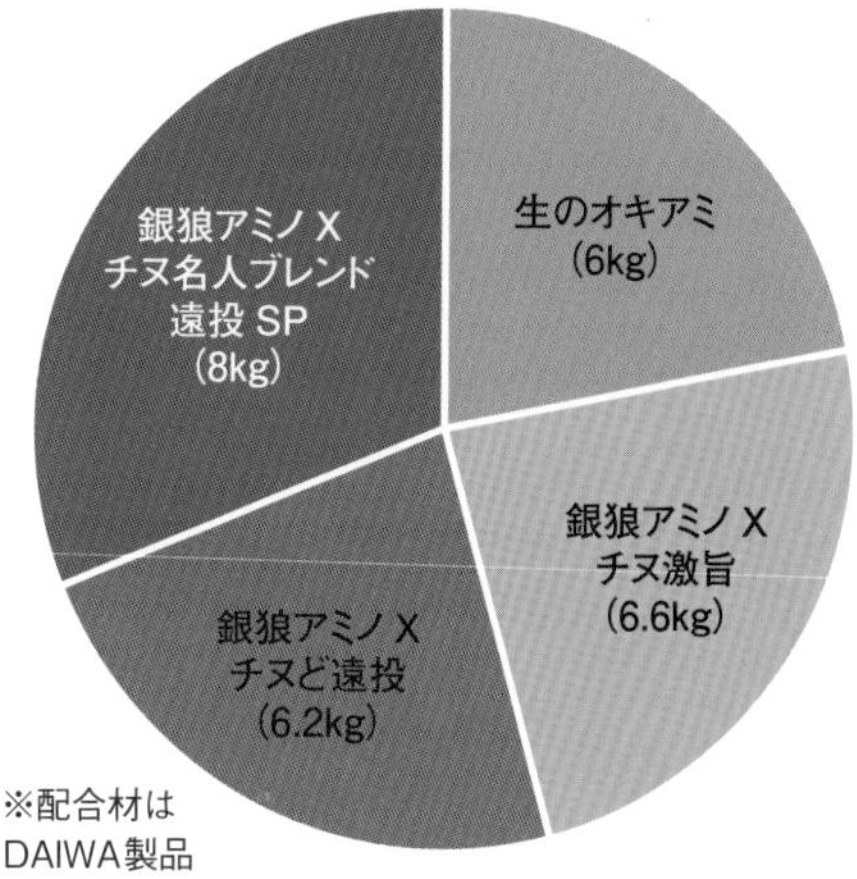

※配合材は DAIWA製品

小魚を意識するチヌをオキアミで狙うには、魚の成分が入った配合材が欠かせない。濁りもチヌを狂わせる要素だ

レシピ

オキアミ1枚+配合材2袋と少なめで勝負 基本は釣り場に着いてから 状況に合わせ混ぜる

lecture by **鶴原 修**

4〜6時間の釣りとして近場の場合にはオキアミ3㌔に銀狼アミノXチヌ激旨、銀狼アミノXチヌど遠投を各1袋を配合します。マキエ作りのコツとしては、私は大会などを除き、釣り場に着いてから状況に合わせたマキエを作るようにしています。また、オキアミの水分を配合材が奪い取り、次第にオキアミが乾いて水面に浮きカモメのエサにならないように気を付けています。オキアミにまず海水を吸わせ、ベースとなる配合材の持つ濁りや集魚の効果を最大限に引き出すために、再度海水を多めに入れてベチャベチャにします。その後、余分な水分を取る意味とマキエをコントロールよく扱えるように、ど遠投を入れてよくかき混ぜ完成させます。

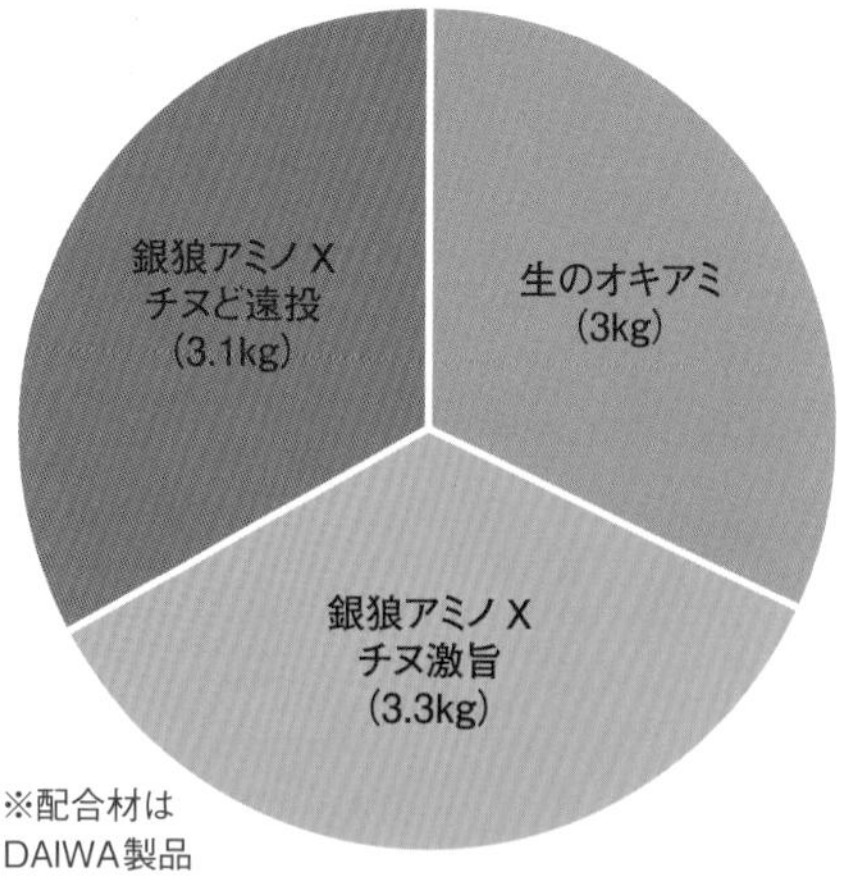

※配合材は DAIWA製品

底オンリーで狙う釣り場や厳寒期、エサ取りが多い時期には押しムギを1㌔入れることも(ムギはあらかじめ前日の夜に水に浸けてふやかしておく)。プチ遠征や潮の流れる釣り場へ行く場合には、オキアミを6㌔にする

まずは マキエのレシピを… 攻略法は そこから見える!

makie recipe of five expert anglers

すべては底で釣るための内容と作り方 1時間あたりの量は 1.5〜1.7キロを基準に考える

林 賢治

4時間分としてチヌパワー激重を半袋、チヌパワー1袋、チヌパワースペシャルMPを半袋、生のオキアミ1キロ、ニュー活きサナギミンチ激荒1袋、ムギコーン1袋。これに海水を2〜2.5リットル混ぜます。作り方の一連の流れとしては… ❶バッカンに半解凍したニュー活さなぎミンチ激荒とムギコーンを各1袋入れ、海水を2リットル入れてニュー活さなぎミンチ激荒を崩してなじませ、その汁をムギやコーンに浸透させる。❷比重のあるチヌパワー激重を半袋入れてしっかりと混ぜ合わせ、ムギやコーン、サナギの破片をチヌパワー激重でコーティングする。その後さらに残りを入れて混ぜる。❸半解凍の生オキアミを原型が残るように手でほぐしマキエの全面に敷き詰める。❹生オキアミの上にチヌパワースペシャルMPを半袋、軽く混ぜ合わせた後よく混ぜ合わせる。水分量が少ないようなら0.5リットルまでの間で水を追加してやる。❺しっかりと空気を抜いて完成。

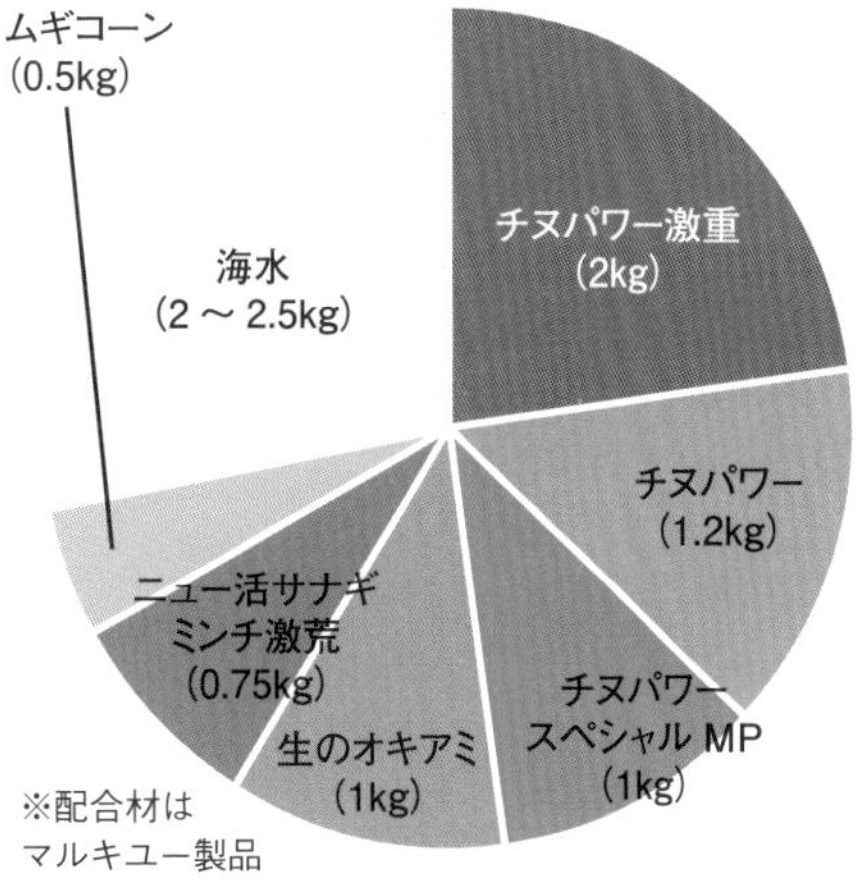

※配合材は
マルキュー製品

注意点としては3と4は水分量が多いのでミキサーで混ぜ合わせる。4は仕上げで、オキアミの原型を崩さないように手で混ぜ合わせる

透明度の高いエリアでは 濁りがキーポイント オキアミ1角に対して配合材2袋がベース

百合野崇

オキアミと配合材のバランスは1：2です。1角に対して2袋がベース。一日釣る場合は2角に4袋混ぜることが多いです。九十九島（長崎県）は非常に透明度が高いエリアですので、濁りがキーポイントになると思います。濁りにより仕掛けをカモフラージュしたり、チヌを視覚的に興奮させマキエの煙幕に突っ込ませたり、擬似的なストラクチャーを作ることもできます。このエリアでの濁りはかなり効果的です。配合材は一年を通して濁りと拡散性の強いチヌパワーV10白チヌとBチヌ遠投はレギュラーで固定し、集魚力（チヌパワームギor爆寄せチヌ）と遠投（チヌパワーダッシュor同激重）のために、それぞれ各1袋の合計４袋であることが多いです。

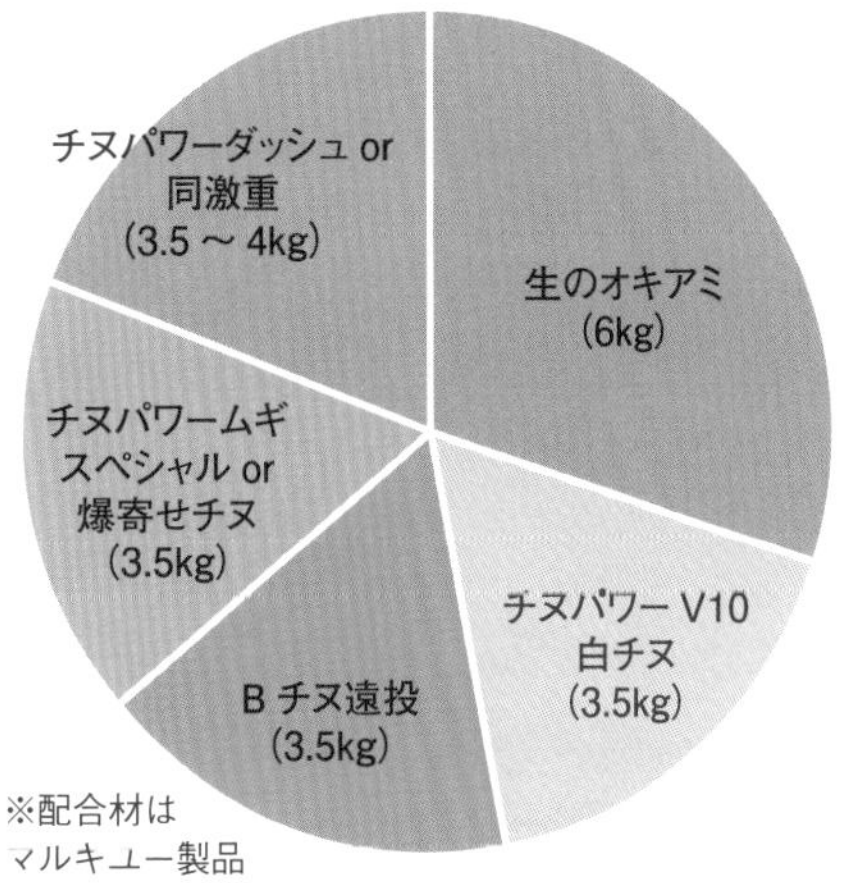

※配合材は
マルキュー製品

マキエは前日に混ぜるが、暑さでマキエに混ぜているオキアミが溶けやすいので水分を少し少なめにして混ぜている

浮いてくるチヌに照準を合わせてライナーで投入しマキエをバラけさせる

鰰澤拓也

チヌの浮くことが少ない家島諸島だが、この時期は表層で魚が釣れる貴重なシーズン

鰰澤さんの仕掛け

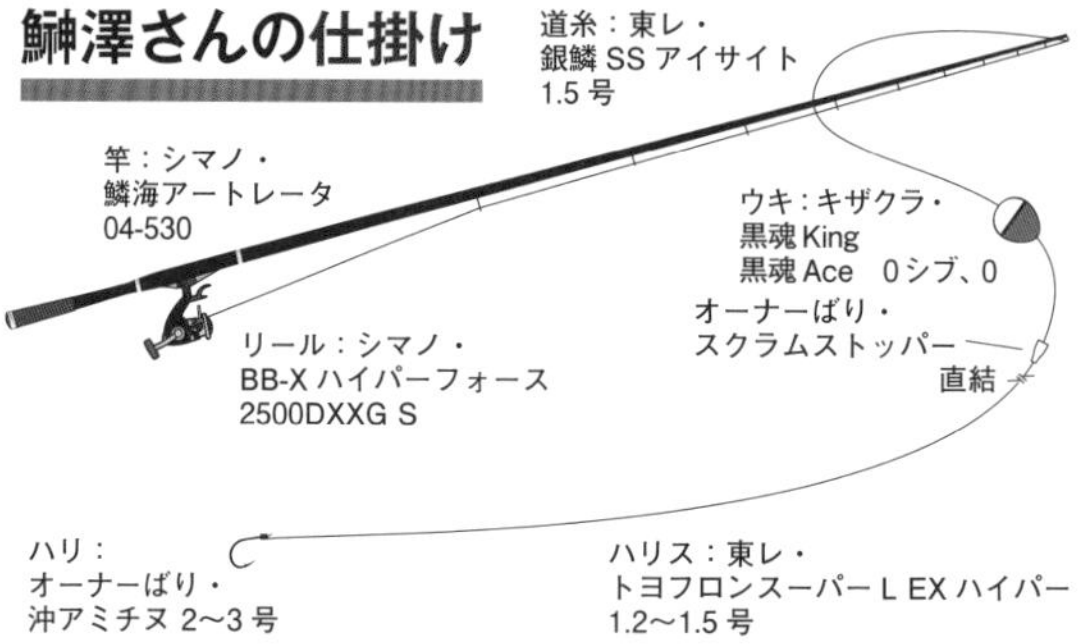

私のホームグラウンド兵庫県の家島諸島《いえしましょとう》では、チヌが浮いてきて入れ食いになるということは一年を通してなかなかありませんが、8月後半から10月にかけては仕掛けを投入してマキエを撒いている途中に竿引きのアタリが出るほど浮いてくることがあります。

この時期は逆に仕掛けが入りすぎるとベラやフグなどのエサ取りが多く、チヌはその上層でエサを捕食していることがよくあります。そのため、普段は底付近でエサを捕食することを想定したマキエワークや配合材の種類などが、必然的に中層から表層に対応しやすいものに変わってきます。

まずはマキエを打つときの弾道ですが、浮いてくるチヌを前提に撒くので、普段よりもライナーで投入して着水時にマキエがバラけるように撒きます。

ここで注意したいのが、あくまで着水するまでは塊で着水後にバラけることを意識して撒くことです。始めからバラけた状態で撒いているとチヌの捕食する位置がバラバラでポイントがボケて作りにくくなってしまいます。

マキエはライナーで打つ

エサ取りの分離は不可能

マキエを打つ回数やタイミングですが、これらは潮の流れやサシエによって変わってきます。

私の場合、撒く量（回数）が年間を通して一番多いのがこの時期です。理由はとにかくエサ取りの量、種類が多いこと。同時にチヌの活性も非常に高いからです。

ですからこの時期はエサ取り用を足元に撒いて本命用を沖に撒くという基本的なマキエワークはしません。なぜならエサ取りとチヌを分離するのは無理だと思っているからです。よしんばできるとしても、ただでさえ多く必要となるマキエの量や投入回数などが大変なことになります。

したがって、私の場合は遠投気味のワンポイントに多く撒き、沖にポイントを設定してエサ取りもチヌも一緒に集めてしまいます。そうすることでチヌの警戒心も薄れて浮きやすくなり、チヌが表層でエサを拾い、それらのチヌに警戒したエサ取りがその下でエサを拾うという状況が生まれます。こうなることでエサ取り対策にもなるし数釣りにも期待が持てます。

撒き方は先打ち3杯、後打ち7杯の割合が基本ですが、潮の速いときは先打ちすると仕掛けとの同調が難しくなるので後打ちを多くして合わせる方が効率的です。

あと気を付けたいのが中層から表層に漂っているマキエに同調させるための仕掛けコントロールです。私は棒ウキや負荷のあるウキなども使用しますが、この時期は00や0シブといった浮力の小さいものを多用します。理由は中層から表層のチヌにアピールするために仕掛けが入りすぎないようにしなければならないし、時には矢引きのタナまで浮いてくるチヌにも対応しなければなりませんが、ラインの張り加減である程度仕掛けの入り具合をコントロールしやすいからです。

私は秋のチヌが一番活性が高いと感じています。春先や冬のようにエサを多く撒くことで食いが落ちるということはめったにありませんので、チヌが浮いてくるようにガンガン撒くことをおすすめします。

周囲の魚をすべて集めるつもりで1投30杯
集中した10杯×3でアピール度をキープする

lecture by
木村真也

高水温の続く夏場から初秋になると水温も低くなり始め、チヌの活性も上がります。

捕食するエサもカニ、それに小魚などのベイトフィッシュも食べるようになり、特に荒食いが始まるように感じます。

この時期に私が行くチヌ釣り場は、大分の坂ノ市一文字《さかのいちいちもんじ》の沖堤防群です。チヌの魚影も濃く、年中釣れるのですが、特に秋は面白い釣りができます。

最大の特徴はチヌが浮いてきて釣れるというところです。そして、チヌが手前から沖、超遠投まで釣れるので数釣りも可能です。しかし、釣り方を間違えるとまったく釣れない場合もあります。

たとえばグレを狙う場合は、マキエワークが重要とたびたび耳にします。しかしチヌの場合はそこまでマキエワークが重要だとは聞かないように思います。

しかし実は、チヌもマキエワーク次第で釣果がまったく変わってきます。特に、秋のようにチヌが多い場合は差が大きく出ます。

フレッシュなマキエを好む

では、具体的なマキエワークはどうするのか。以下、チヌがかなりの数でフィールドにいるものと仮定して解説します。

まず、周りにいるチヌをすべてマキエに集め、マキエに狂わせることが大事です。

狙い方としては、まず狙うポイントにマキエを先打ちで10杯ほど撒きます。次にサシエを刺して仕掛け投入前にまた10杯撒きます。そして仕掛け投入後に10杯の計30杯を私は一投のサイクルとしています。

ここで大事なのはマキエを打つリズム。10杯のマキエをいかにリズムよく素早く撒けるかです。

理想としてはマキエシャク10杯分（10個の塊）が一気に海中へ入るイメージです。要は一投のサイクルの中で10個の塊が3回海中を通過するイメージです。

では、リズム悪く撒いてしまうとどうなるのか？ チヌの習性からするとフレッシュなマキエが入ると必ずそちらを先に食べてしまいます。

これは水槽で飼っている魚を観察していると、よく同様のことが起きています。なので、一投で30杯をダラダラ撒くとマキエがぼやけてしまい、チヌへのアピールが薄くなってしまうのです。

木村さんの仕掛け

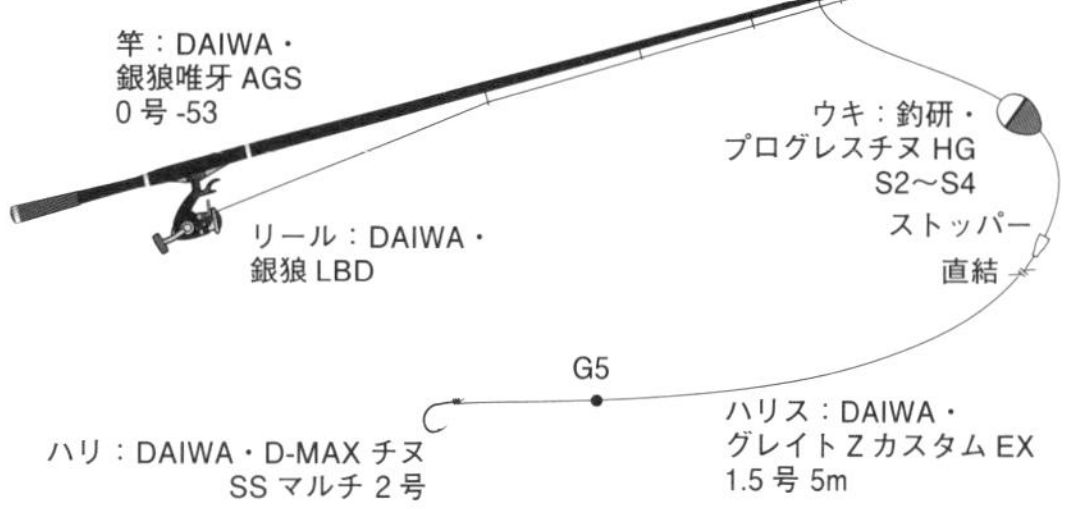
道糸：DAIWA・銀狼ライン 1.5号

マキエワーク次第で釣果がまったく変わると木村さん。魚影の濃い釣り場で木村さんが用いるマキエワークはかなりの力業だが、その効果は実績が証明している

マキエは集中して撒く

集中的に撒くことでチヌへのアピールが高まる

エサ取りが多い時期だから潮下の魚へマキエのにおいを届かせて寄せる

lecture by **鶴原 修**

初秋のチヌ釣りといえば、活性の高いチヌを相手にします。ですが、同時にエサ取りも活発にエサを食ってきます。

私がよく釣行する福岡県遠賀《おんが》郡《ぐん》を流れる遠賀川《おんががわ》の河口付近でも、この時期はチヌの活性は高く、いざハリ掛かりすると水深が浅いこともあり、沖に突っ走ったり、瀬と瀬の間や上を重量感たっぷりの引きでほんろうし、釣り人を楽しませてくれます。

水深は深い場所で3メートル程度しかなく、ハリスを1ヒロ半～2ヒロ半取った遊動部分なしの軽い仕掛けで少し浮いたチヌを狙うか、ハリス2ヒロ、遊動部分1ヒロの若干重めの仕掛けで底付近を中心に探り、河口特有の2枚潮を攻略するか、大まかに2種類の釣り方で狙います。

このときのマキエワークですが、水深が浅い場合は基本、仕掛けとの同調を考えて仕掛けの投入点近くにマキエを5杯程度打つような釣り方が多いのですが、この時期はエサ取りが活発なのでサシエが持ちません。

また、エサ取りにマキエをすべて食べ尽くされてはチヌも集まってきません。

なので、マキエに配合したオキアミや配合材のにおいをいち早くチヌのいる潮下の沖まで流してチヌを寄せてくるマキエワークが必要と考えています。

まずは潮下、潮上とエサ取りを動かしながら狙うか、沖や手前にマキエを打ち分けます。

内容物を考えた同調

そして、それに加えてマキエの内容物を意識した考え方も必要で、オキアミに同調させるのか？ ムギやコーンなど海底に素早く溜まる内容物に同調させるのか？ 大まかに2種類の選択をしますが、この時期でも基本はマキエを海底に溜めて釣るスタイルで釣ります。

サシエをフワフワさせて流して狙う場合にはマキエに配合したオキアミに合わせ、ムギ系の底に溜まるエサに合わせる場合には、ハリ近くにオモリを打ってサシエを止める要領で狙います。

また、基本は先打ちマキエにサシエを合わせる釣り方をするのですが、この時期は捨てマキエも必要で、エサ取りを潮下に集め、潮上を後打ちマキエのみで合わせる方法や、マキエからどのくらい離すか？ など少しでも長い時間、サシエがエサ取りに取られずに残るような打ち方をします。

それでもエサ取りしかヒットしない場合には、マキエのはるか潮下をオキアミのサシエ1つで流す方法もやってみます。

この時期、チヌがマキエに突っ込んでこないときもあるので、たまにやると効果があります。

鶴原さんの仕掛け

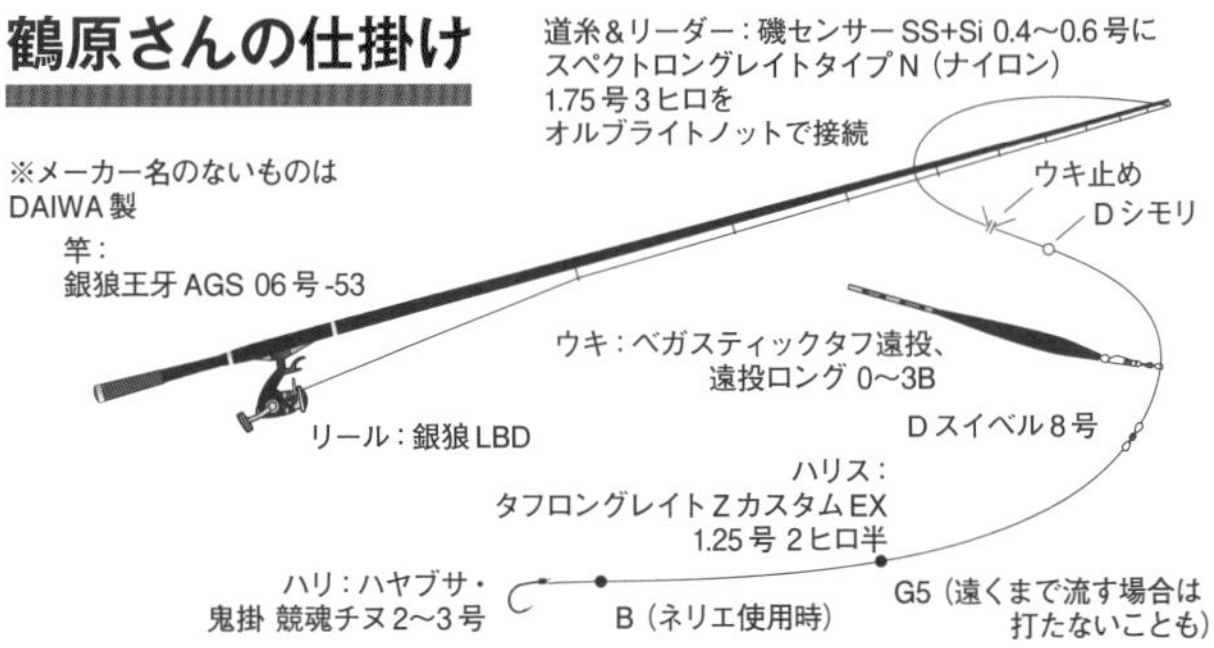

仕掛けの投入点にマキエを打ったのでは、この時期は釣りにならないことが多い。結果を出すには潮下を意識すること

潮下のチヌを意識する

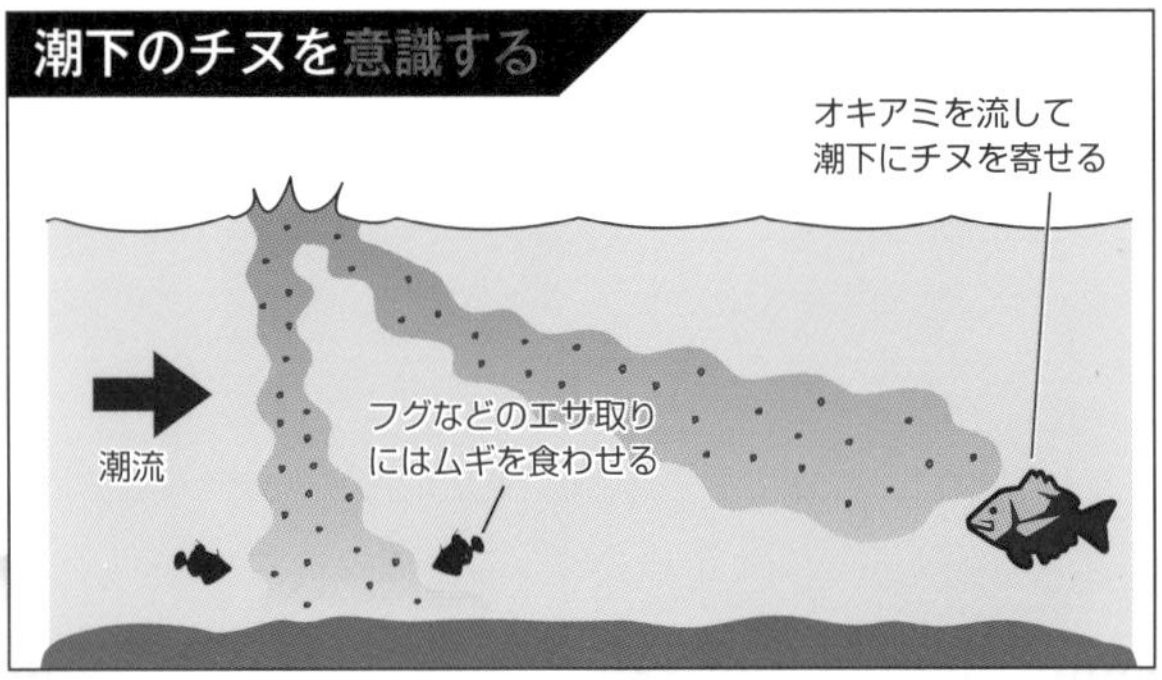

2枚潮の攻略も絡んでくるので、リバーエリアの釣りはより水中のイメージが重要になってくる

潮がぶつかるかけ上がりの底を狙い
マキエを1点集中させてチヌを寄せる

林 賢治

かけ上がりを探し、潮を読み、底にポイントを"作る"のが林さんの釣りのコンセプト。マキエワークはそれをふまえたものになる

林さんの仕掛け

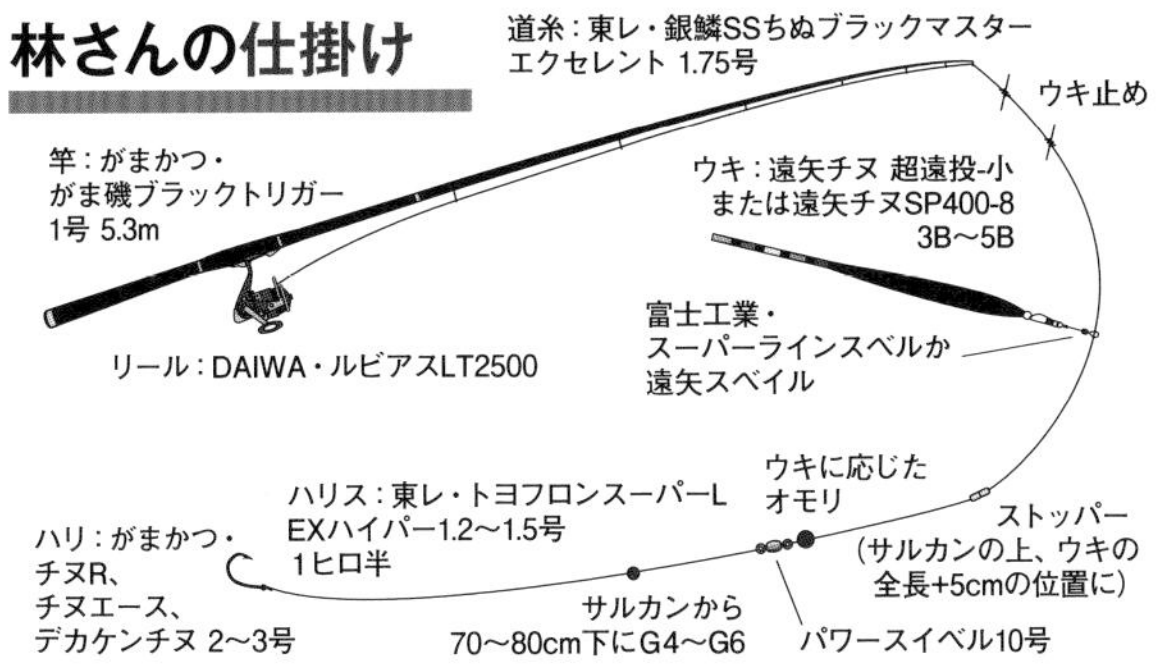

かけ上がりの攻略

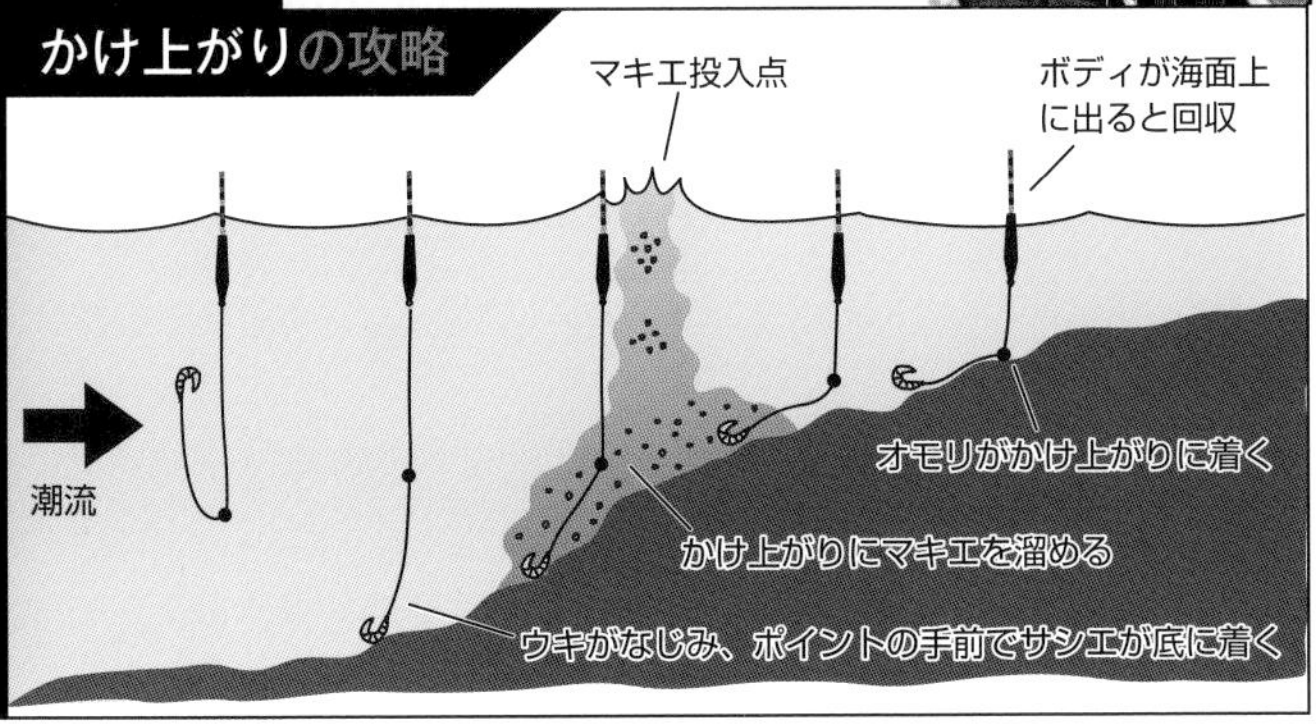

この2年ほど8月、9月によく釣行している場所は静岡県の浜名湖《はまなこ》。その中でもこの時期は奥《おく》浜名湖と呼ばれる奥の部分だ。

冬場によく行く表《おもて》浜名湖との違いは塩分濃度で、奥部は表に比べて低く、アイゴやフグ、小メジナ、サバといったエサ取りが少なく、いても厄介なのはウグイ程度なのでエサ取り対策が容易というのが気に入って通っている。

奥浜名湖の中でもよく行くのは瀬戸水道《せとすいどう》周辺。最奥部に位置する猪鼻湖《いのはなこ》と浜名湖をつなぐ水道で、竿下こそ浅いものの竿の先から急に落ち込む地形となっている。

20メートルほど投げれば10メートル以上の水深があり、最深部は15メートルくらいある。しかし、今までの経験ではこの時期10メートル以上の深場で掛かることはまれで、ほとんどが水深4～7メートルのかけ上がりの中腹を釣るような感じとなる。

"チヌ牧場"を作る

まず釣り座に着いたらポイント周辺の水深を計り、地形どのようになっているのか把握し、深い方へ仕掛けが流れてしまうときは望み薄なので、かけ上がりに潮がぶつかる場所に釣り座を構えるようにする。

釣り始める前にかけ上がり部分（ポイント）へミカン大くらいのマキエの塊を10個程度投入してから釣りを開始する。その後のマキエの投入位置は最初にみかん大のマキエを入れたところ。マキエのリズムは仕掛けを投入する前にシャクで2、3杯。

マキエを投入したかけ上がりの1～2メートル手前で仕掛けがなじむように潮上に投入して、なじんだころに再びポイントに2、3杯打つ。潮流により仕掛けはポイントからどんどん離れてしまうが、30秒～2分程度はポイントの潮下を流して様子をみる。

1分以上流すなら追い打ちをするが、マキエを打つ位置はウキにかぶせるのではなく、ポイントへ2、3杯撒く。

この一連の動作を続けることにより、マキエはポイント1点にしか入れないためチヌが1カ所に集まるようになり、海底に"チヌ牧場"が形成される。

海底はカキ殻や小石などが散乱しているようで、仕掛けをはわせすぎると根掛かりが連発したり、チヌが掛かった瞬間にハリスを切られることもしばしばある。そのためマキエを入れるポイントで底トントンになるようウキ下を調整しておく。

ポイントを見切る目安

釣り始めはウグイやセイゴが釣れることもしばしばあるが、チヌが寄ってくるとこれらのエサ取りは自然と姿を消してしまう。逆にチヌが連発していたのにウグイやセイゴが釣れてくるようなら、集まったチヌを釣り切ったとも考えられる。そんなときはポイントを移動するか少し休憩を入れて仕切り直しをするとよい。

セイゴはコーンやサナギ、ウグイは硬いエサを嫌う傾向があるので、くわせ丸エビイエローを殻の付いたまま使うとある程度かわすことができる。

表に比べて奥浜名湖は水温が下がるのも早いので、例年9月くらいから落ちの行動が見られ、11月中旬までは釣果が聞かれるが、突然釣れなくなるのが特徴だ。

チヌの目線がなるべく上へ向くように
マキエは塊で打たないようにする

百合野崇

百合野さんの仕掛け

※メーカー名のないものはシマノ製

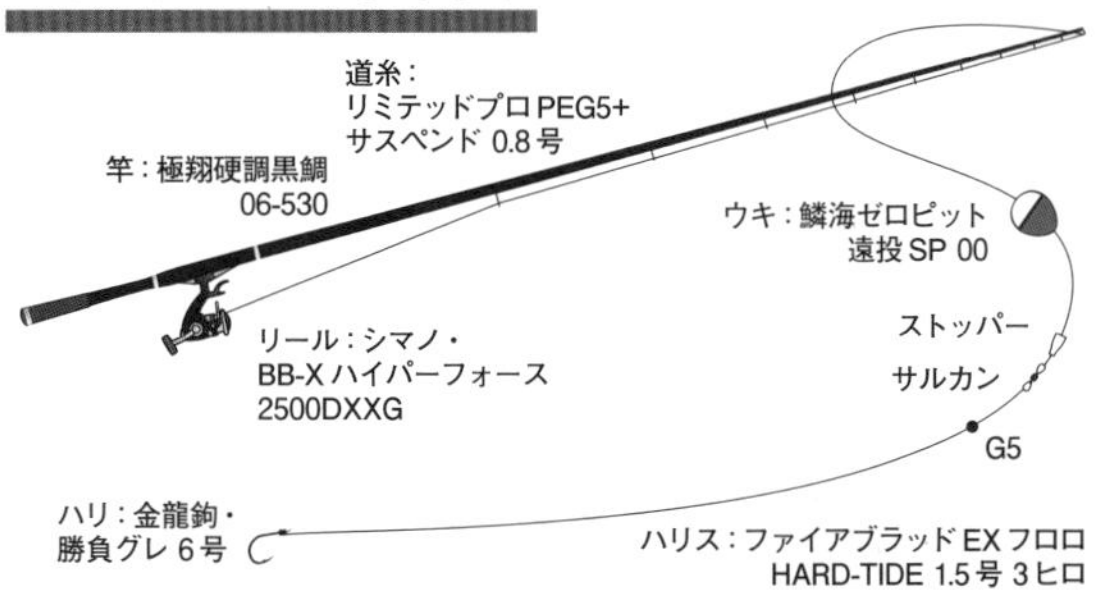

夏から秋にかけては長崎の九十九島《くじゅうくしま》に行くことが多くなります。理由は何といってもチヌの魚影です。50㌢クラスの良型が高確率で連発し、瀬戸内ではなかなか見られなくなった、水面に背ビレまで出すほどのチヌの高活性に遭遇することができます。

たまに見かける60㌢あるのではと思うようなチヌが足元を平然と泳ぎ、ふとした瞬間に仕掛けを切っていく強烈な力強さなど、理由を挙げきれないほどの楽しさを与えてくれます。

魚影の濃い九十九島では、チヌのすみかを狙うというよりも、マキエで魚をコントロールする釣りが主体

国立指定公園であるこの一帯は、対馬海流《つしまかいりゅう》の影響でかなりの透明度があります。また200を越す島々は数え切れないほどのポイントを有し、その場所ごとに攻略を組み立てる必要があります。

この時期の要点は大まかに分けると2つ。

まずは一見どこでも釣れそうな雰囲気ですのでポイント選びがブレそうですが、カキや養殖業が盛んにおこなわれています。そのためカキ棚やイケス周りはいちばん分かりやすいポイントです。

もうひとつは島々とリアス式海岸で入り組んだ湾は、流れがほとんどないぐらい非常に穏やかなので、逆に島と島の間を抜けるようなハッキリした潮はチヌが多いのです。

捕食音でも魚は寄る

カキ棚やイケス周り、たとえ目の前になくても100㍍ぐらい潮下にある場合はチヌが浮きやすい状況ですので、マキエは4杯先打ち、3杯後打ち、2杯は仕掛け回収前に打つことが多いです。

冬や春先ほどタイトに狙う必要はなく、マキエの着水音や魚が捕食するときの音などに反応して出てくるようです。

また、マキエの塊を割ってくれるボラがわかない限りは、塊で打つよりも着水の衝撃で割るか、遠投時に2つ、3つに割れるくらいで撒くようにしています。チヌの目線を上に持っていき、浮かせるようにするのがコツです。

かなり離れた位置にあるカキ棚や養殖イカダでも、周辺はチヌが浮きやすい条件になる

今の時期は活性も高く、チヌも早い反応を見せてくれますが、一方で本当に大物を狙う場合は底狙いに徹した方がいいような感じがします。

潮が流れるときは底

潮を釣る場合は2杯先打ち、5杯後打ち、2杯は回収前のペースで撒くことが多いです。しっかり底にマキエを溜めて潮に乗ってくるチヌを止めるイメージです。

島と島の間の水道はもちろんですが、とにかく流れる場所を探してマキエを溜めればチヌは寄ってくると思います。また、数尾釣れたら少し時間が空き、またバタバタと釣れるという繰り返しが多いようです。潮に乗った群れが次から次へと入れ替わる感じです。

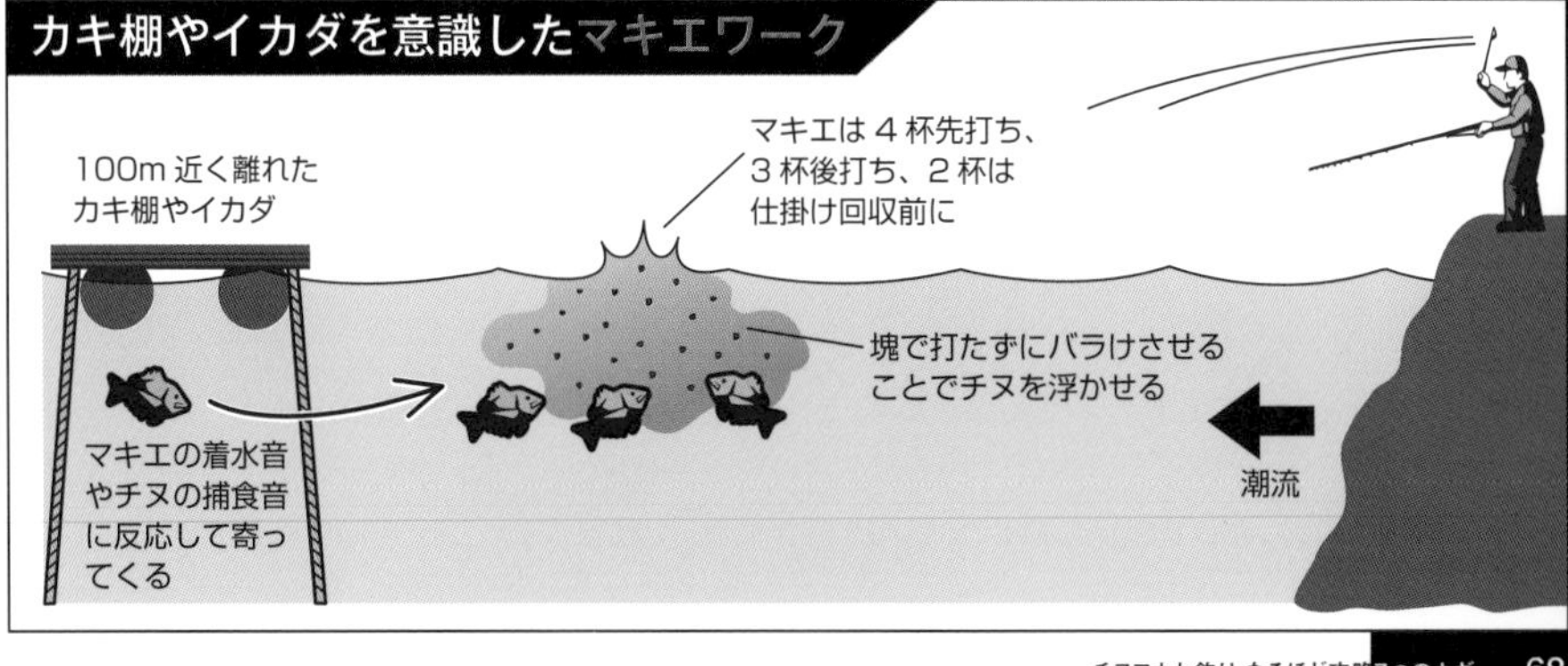

マキエワークを変更する要素は何か?

What is the element that they change malie work?

ストラクチャー狙いは撒く量を抑え底のスポットに溜めるように

lecture by

木村真也

ストラクチャーに居着いているチヌは1つのストラクチャーに何十尾もいるのではなく、少数でいます。チヌが極端に少ない場合はマキエを撒き過ぎると早く満足してしまい、本命にエサに食わせることが難しくなります。なので、ストラクチャー狙いの場合は底にマキエを溜めて狙います。先打ち、後打ち関係なく、一投につき3～5杯までに抑えて撒きます。ストラクチャーをしっかり見極めて少量のマキエをスポットに溜めることがコツです。

異なるサシエやストラクチャー狙いでも底ベースならマキエワークは変わらない

lecture by

林賢治

私の場合、サシエの違いでマキエワークを変えることはありません。基本、海底にポイントを作るようにマキエを打つため、ストラクチャーの有無でもマキエワークが変わることはないのです。

lecture by

百合野崇

かけ上がり狙いならパラパラ撒きだが…この時期はあくまで最終手段

海底の地形変化を狙う場合は、かけ上がりにはわせる釣り方になりますが、2杯程度をリズムよくパラパラと撒きます。ただし、夏から冬までの間にこの釣り方をすることはほぼありません。ストラクチャーがなく、潮も流れない場所でもマキエさえ効けば釣れることが多いので、最終手段として頭の隅に入れてもらえればと思います。

lecture by

鰰澤拓也

チヌの視覚に訴えるときは先打ちを多く低活性なら撒き過ぎずに障害物周りを

私はこの時期、サシエにオキアミ、ネリエ、コーンを使います。チヌの視覚にアピールして食わせたい場合は大きめのネリエを付けたりコーンの4粒刺しで目立つようにします。基本的にマキエは先打ちで3杯、仕掛け投入後に7杯の割合で打ちますが、このようなときは先打ち7杯に後打ち3杯と逆になります。これは先にマキエでチヌを寄せて浮かせ、そこに目立つサシエを通して食わせるためです。経験上これで釣れるチヌは圧倒的に大型が多いです。

また、この時期に関してはよほどのことがない限り障害物周辺を狙う必要はないと思います。活性が高い時期なので、あえて障害物から遠い沖にチヌを誘い出した方が大胆に浮きやすくなり釣果に結び付くと思います。ただ、台風後などに起こる水温変化や海中に明らかな異変があり、魚の活性が低い場合はエサを撒きすぎないようにしながら障害物周辺をこまめに探ります。

オキアミは流しネリエは底を釣るサシエごとにマキエの効かせ方は変える

lecture by

鶴原 修

軽いエサの代名詞であるオキアミや、この時期のエサ取り対策として使われるボイルのオキアミは沖まで流すことを意識したマキエワークで、マキエは着水と同時に潮に乗るような打ち方をします。逆にネリエを使う場合にはムギ系のエサをどこに溜めるか？ を決めて比較的海底まで素早くマキエが届き、溜まるような打ち方をします。打つ場所も、水深や狙うタナによって潮筋のどのくらい潮上に、あるいは潮下に…など、マキエの内容物、ウキの動き、仕掛け回収時のハリスやサシエの抵抗を考慮して、サシエが落ち着く場所にマキエが効くように打ちます。

また、釣り場に沈み根やかけ上がりがあるようなら迷わずそのストラクチャー付近にマキエが効くように打ちます。ただその中で潮の流れを読み、マキエの内容物の沈み方を意識した打ち方を工夫します。たとえばストラクチャーが点在していて、1つの根に狙いを定めダイレクトに狙う場合には、塊のマキエを根の周辺に効くように打ち込みます。その場合の仕掛けは、サシエを根周辺に溜めるために、ハリ上半ヒロ～1ヒロにG2やBのオモリを打ち潮上に仕掛けを投入、なじませてポイントにサシエを送ります。逆にどのストラクチャーを狙うのか定まらない場合には、ハリ近くにはオモリを打たずに軽く流れていくイメージで沖まで流します。

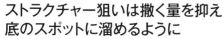

基本をしっかり実践すれば

THE BASICS IS IMPORTANT

CONTENTS

なるほど攻略のカギ 6

CHINU FUKASE-ZURI
The sixth key for the capture

ベーシックをとことん身につけよう

基本がしっかりして入いれば、ステップアップするワザの習得は的確に実践できる。これはいかなる世界にも言えることだろう。フカセ釣りの基本は「魚の食い気をマキエであおり、そのマキエにサシエを巧く潜り込ませて食わせる」である。このことを脳裏にしっかり刻み込み、仕掛けをつくり、マキエを打ち、サシエを流し込み、アタリをキャッチしよう。そうすれば上達は早い。さあ、目の覚めるウキが消し込むシーンを味わい、好敵手のパワーを存分に体感しよう。ベーシックこそ最大の武器なのだ。

釣果アップは間違いない

基本中の基である半遊動仕掛けをつくる

基本1 #hanyudo #tackle #rig

一足早く春の乗っ込みシーズンを迎えたフカセ釣りで、チヌの捕食レンジへ的確にサシエを送り届けるために身に付けたいのが半遊動仕掛け。まずは基本的な仕掛けからスタートしよう。

CHINU FUKASE-ZURI　THE BASICS IS IMPORTANT

ウキ下を決めて深ダナを正確に狙えアタリも鮮明

フカセ釣りの仕掛けは、ウキを固定しハリからウキまでのウキ下を一定に保つ「固定ウキ仕掛け」、道糸にウキ止めを付け、道糸とハリスの結節部に通したストッパーからウキ止めまでの間をウキが動く「半遊動仕掛け」、ウキ止めは付けずにストッパーから上はウキが自在に動く「全遊動仕掛け」に大別できる。

海底や中層など、竿の長さよりも深いタナを狙うことが多いチヌ釣りで、まずマスターしたいのが「半遊動仕掛け」だ。狙いたいタナに合わせてウキ止め糸をずらすことで、仕掛け投入後にウキが道糸をスライドし、ウキ止めに達したところでストップ。仕掛け回収時や魚を掛けたときは、ストッパーまでウキが落ちるので、問題なく打ち返したり取り込むことができるのだ。

きっちりウキ下を決めて釣ることで、同じタナを正確に続けて狙うことができるし、エサが残れば深く、取られれば浅くするといったウキ下調整の基本も判断しやすい。また、ウキ止めでウキが止まるのでアタリが明確に出るのも大きなメリットだ。

ウキ止めを付けずに自在にタナを探っていける全遊動仕掛けは、半遊動仕掛けを使いこなして海中の様子をしっかり頭の中でイメージできるようになってから、チャレンジすると効果的だ。

基本的な半遊動仕掛け

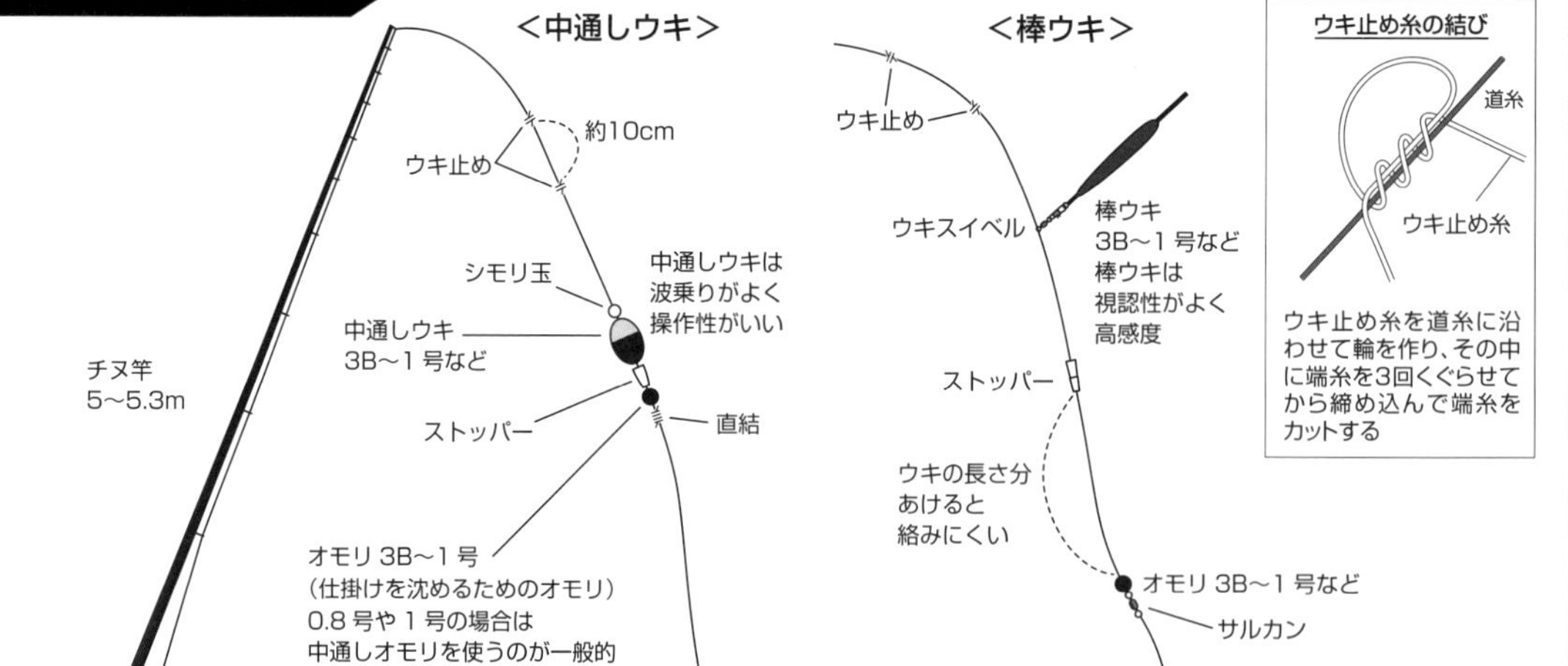
LBスピニングリールや
小型スピニングリール
※道糸とハリスの接続は
直結でもサルカンでもOK
チヌバリ
仕掛けのなじみ具合
を見てオモリを打つ
こともある
ハリスの長さは2～3ヒロ
慣れないうちは2ヒロぐらい
にした方があつかいやすい
チヌバリ

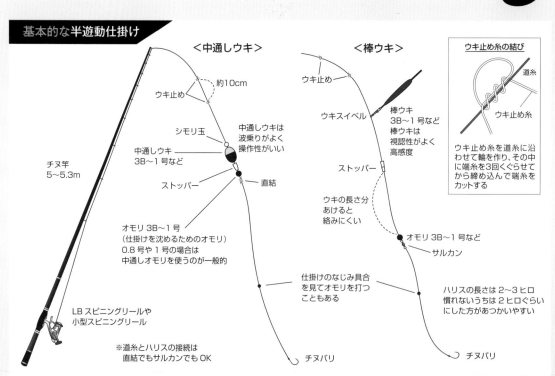

仕掛けの特徴

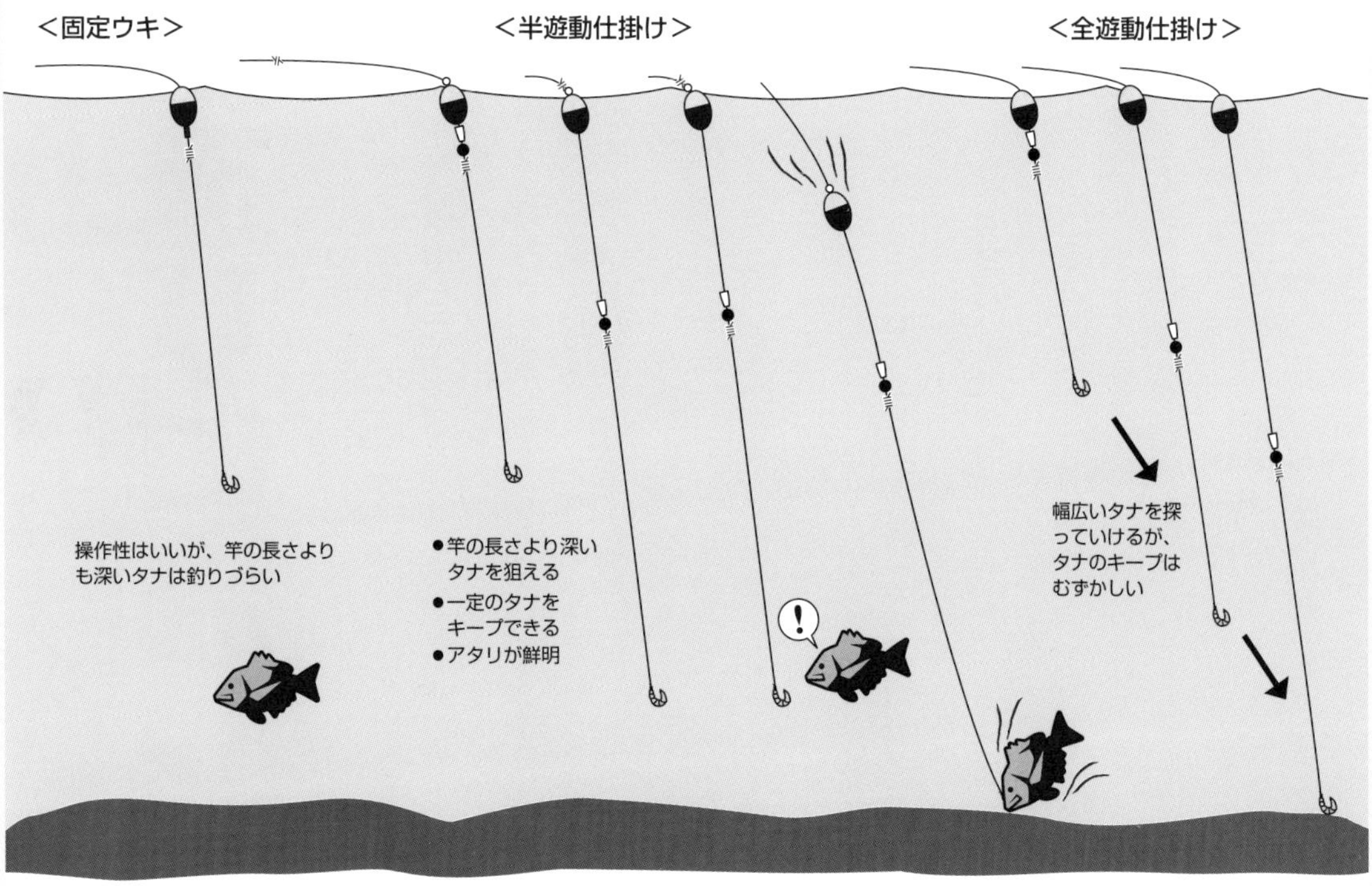

＜固定ウキ＞
＜半遊動仕掛け＞
＜全遊動仕掛け＞
操作性はいいが、竿の長さよりも深いタナは釣りづらい
●竿の長さより深いタナを狙える
●一定のタナをキープできる
●アタリが鮮明
!
幅広いタナを探っていけるが、タナのキープはむずかしい

THE BASICS POINT

ウキ止めの動きとウキの安定に注目

仕掛けを投入し着水したあとは仕掛けがタナまで入るようウキ止めの動きとウキの落ち着き具合に注意しよう。ウキ止めがウキに達すると、それまで左右に揺れていたりぷかぷかしていたウキが落ち着く。その後、サシエが沈んで仕掛け全体が張るとウキがどしっと安定する。こうした変化が分かるようになれば、半遊動仕掛けを使いこなせるようになるのだ。

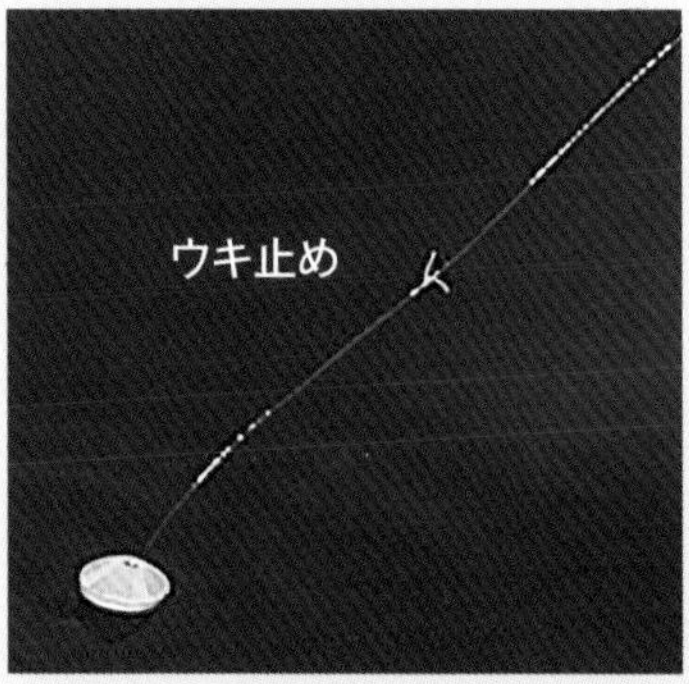

ウキ止め

視認性のいいウキ止め糸を使えば分かりやすい

THE BASICS POINT

専用のウキ止め糸で2個付け

一昔前はハリスや道糸の端糸を使う人も多かったが、ウキ止めは適度な締まり具合と滑り具合で使いやすい専用のウキ止め糸の使用をおすすめする。ピンクやオレンジなどいろいろな色があるので自分の見やすいカラーを選ぼう。慣れないうちは10㌢ほど間隔をあけて2個付けしておくと、ズレたのが分かるしズレたところで確実に止まってくれる。

2個付けていればズレたのが一目瞭然

THE BASICS POINT

しっかりタナまで入るオモリを使う

「軽いオモリの方が違和感がなく食い込みがいい」といわれるが、それはチヌの口元へきっちりサシエを届けられてこそ。慣れないうちは軽めを意識するのではなく、狙いのタナまでしっかり仕掛けを入れられる重さのオモリを使うこと。タナが深いほどオモリは大きく、風があるときも道糸が抵抗を受けて沈みにくくなるのでオモリは大きめを使おう。

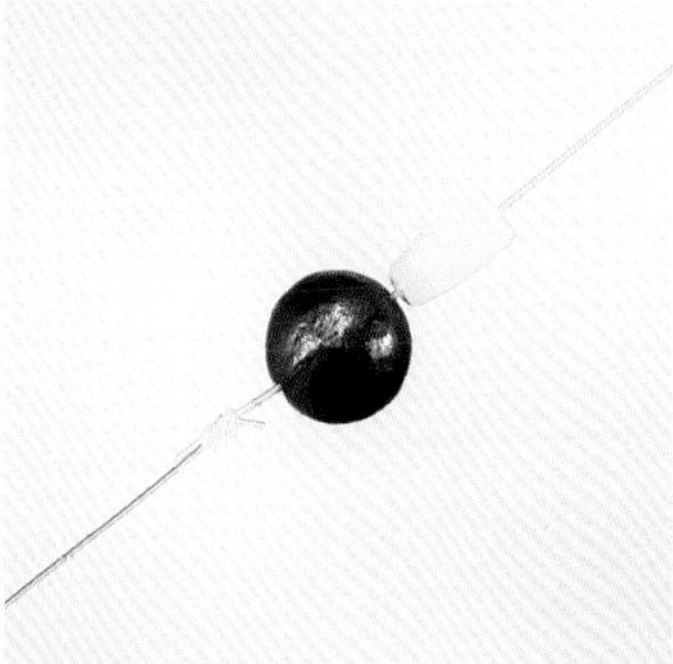

5Bや1号といった重めのオモリでしっかりタナに入れよう

海中の仕掛けを操作し 思い通りに流し込む

基本2
#hanyudo
#technique

狙ったタナへきっちりサシエを届けることができるのが半遊動仕掛けのメリット。チヌの口元へ確実にサシエを運ぶためにはどうすればいいのだろうか。基本的操作方法をみていこう。

投入直後に仕掛けを張り ハリスを沈めてから道糸を送る サシエ先行のイメージが大切

半遊動仕掛けの操作で大事なのは、まずは仕掛けをなじませること。なじむとは、設定したタナまでサシエが入り、サシエ先行で仕掛け全体が張れて落ち着いた状態のこと。魚がエサをくわえるとウキにアタリがはっきり出る。

それではどのように操作すればいいのか一連の流れを解説しよう。

仕掛けを振り込んだら着水前に道糸が出るのを止めてウキの向こうにハリス、サシエが直線上になるよう着水させる。そして穂先を海面近くに下げて引き、ウキから穂先までの道糸を張る。着水時にウキからハリまでが張れなかったときは、このときにリールを巻いて張ってやればいい。

THE BASICS IS IMPORTANT

投入直後に一度全体を張ることで、仕掛けのなじみをジャマをする風や波の影響を抑えてやるのだ。

続いて道糸を張ったままハリスを沈め、それから道糸を送っていく。このときも無闇に道糸を出すのではなく、サシエが先頭になって設定したタナまで仕掛けが入っていくようイメージしながら送っていこう。仕掛け着水後、ハリスが沈む前に道糸をどんどん送ると、道糸とハリスの結節部に打ったオモリを支点にVの字になったり、ウキが先に流れていってうまくなじまないので注意しよう。

ウキ止めがウキに達し、仕掛け全体が落ち着くとポコポコしていたウキがどっしりと落ち着く。これがなじんだ状態。ここからはサシエが先に流れウキがあとからついていく形をイメージしながら、道糸を送り潮に乗せて流していく。

仕掛けのなじませ方

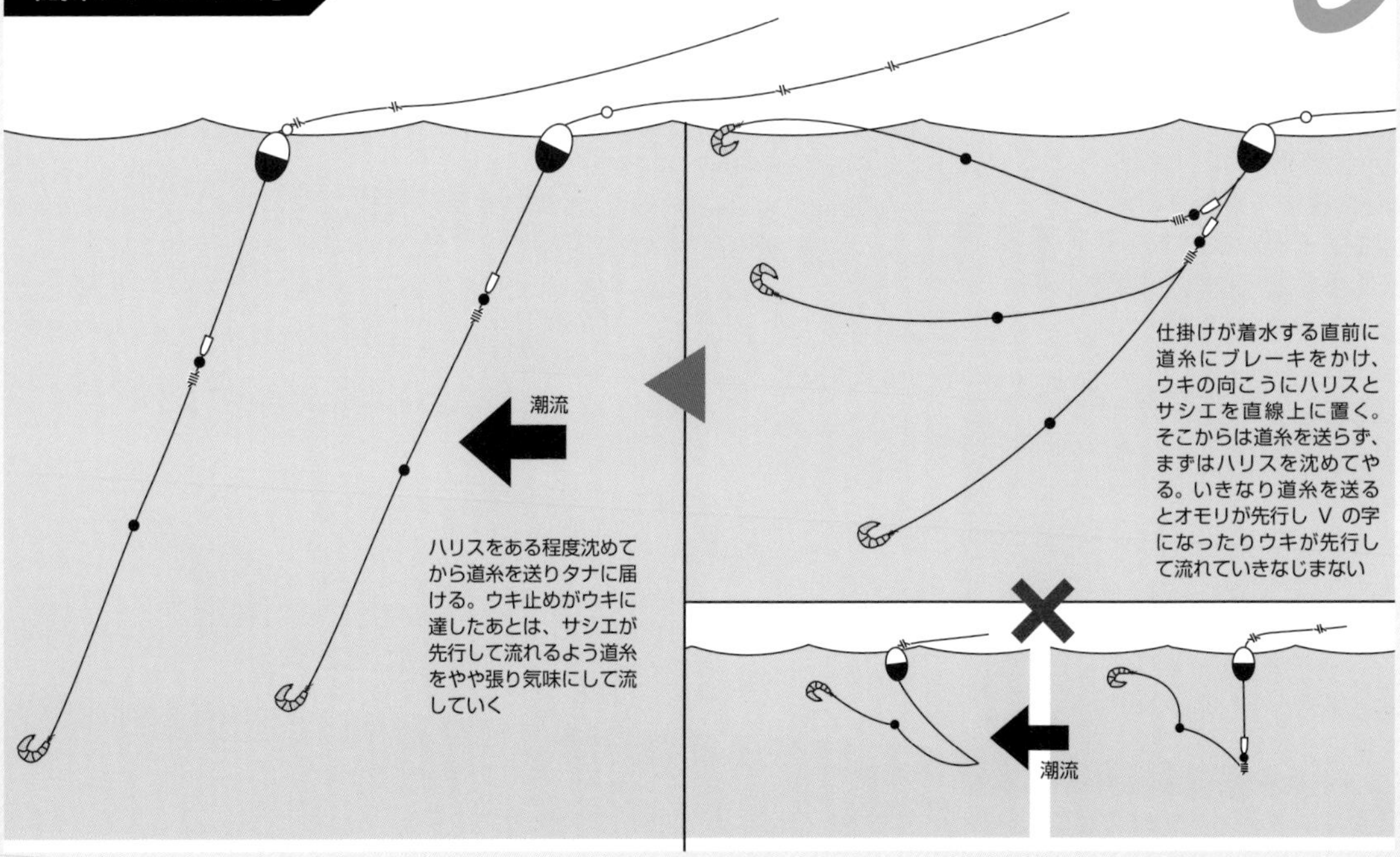
潮流
ハリスをある程度沈めてから道糸を送りタナに届ける。ウキ止めがウキに達したあとは、サシエが先行して流れるよう道糸をやや張り気味にして流していく
仕掛けが着水する直前に道糸にブレーキをかけ、ウキの向こうにハリスとサシエを直線上に置く。そこからは道糸を送らず、まずはハリスを沈めてやる。いきなり道糸を送るとオモリが先行し V の字になったりウキが先行して流れていきなじまない
潮流

道糸は風上に置き直す

仕掛けをなじませるうえで厄介なのが風。特に横風は道糸を引っ張るために、本来流れるべき筋とはズレて仕掛けが流れてしまう。すなわち、マキエの流れる筋やマキエが効いた場所とは離れてしまうためアタリが出ない。

そこで、風があるときは、仕掛け投入後や流していくときに、竿で海面の道糸を持ち上げてから風上へと置き直すラインメンディングが欠かせない。この操作を繰り返すことで風の影響を相殺し、本来の筋をキープできるのだ。

さて、仕掛けを流していくときに、竿を潮上に引いて戻す操作も有効だ。知らない間にウキが先行していても、この操作で仕掛け全体が張れてサシエ先行になるし、サシエがふわりと持ち上がって落ちていくのがチヌへの誘いとなるからだ。

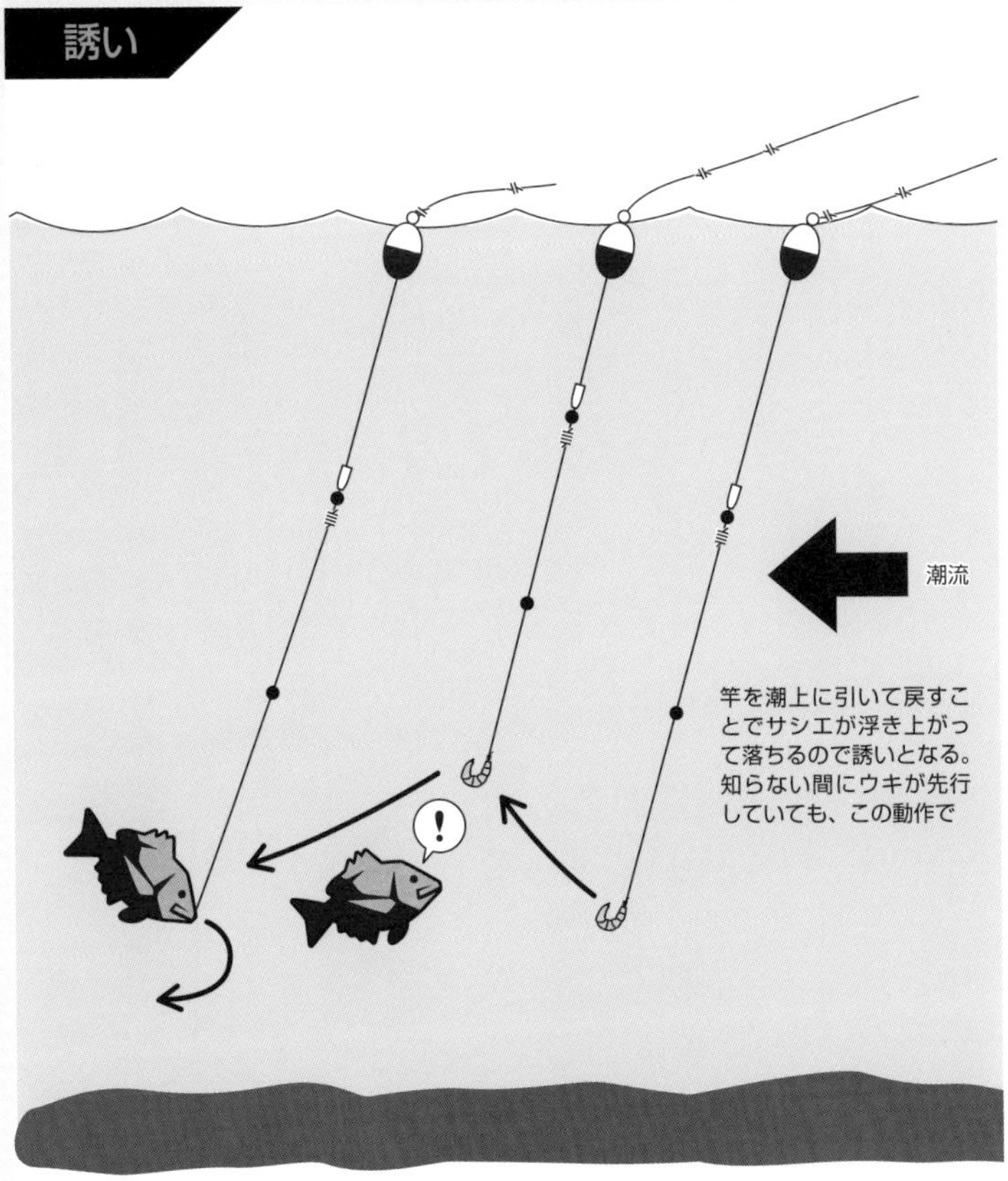
誘い
潮流
竿を潮上に引いて戻すことでサシエが浮き上がって落ちるので誘いとなる。知らない間にウキが先行していても、この動作で
!

THE BASICS POINT

海面ちょうどにウキがくるように

ゴム管にハリを刺して投入したらオモリが底に着くまで道糸を送る。ここでウキが沈んでしまえば水深よりウキ下が浅く、ウキ止めがウキに達する前に止まってしまえばウキ下が深い。海面ちょうどになるようにウキ止めを動かそう。水深が分かれば、ウキ止めを動かして底スレスレを狙ったり、少し上を狙ったりとタナの把握が可能になる。また、釣り座前の何カ所かをチェックすると海底の変化も分かる。

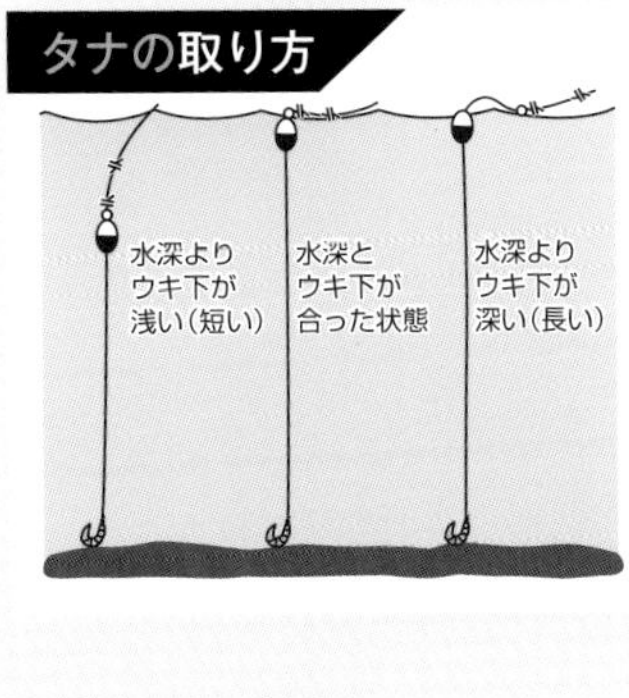
タナの取り方
水深よりウキ下が浅い(短い)
水深とウキ下が合った状態
水深よりウキ下が深い(長い)

THE BASICS POINT

底取りに欠かせないゴム管オモリ

マキエにつられて浮くこともあるが、基本的にチヌは底近くでエサを拾っていることが多い。地形の変化が乏しい堤防ではなおさらだ。底近くを狙うときに欠かせないのが底取りオモリ。専用品を探さなくてもゴム管の通った中通しオモリで十分。2～3号を用意しておけばOKだ。仕掛けをセットしたあとハリをこのゴム管に刺して使う。具体的なやり方は左を見てほしい。

ゴム管にハリを刺して使う。底取りすることで確実に底近くを狙うことができる

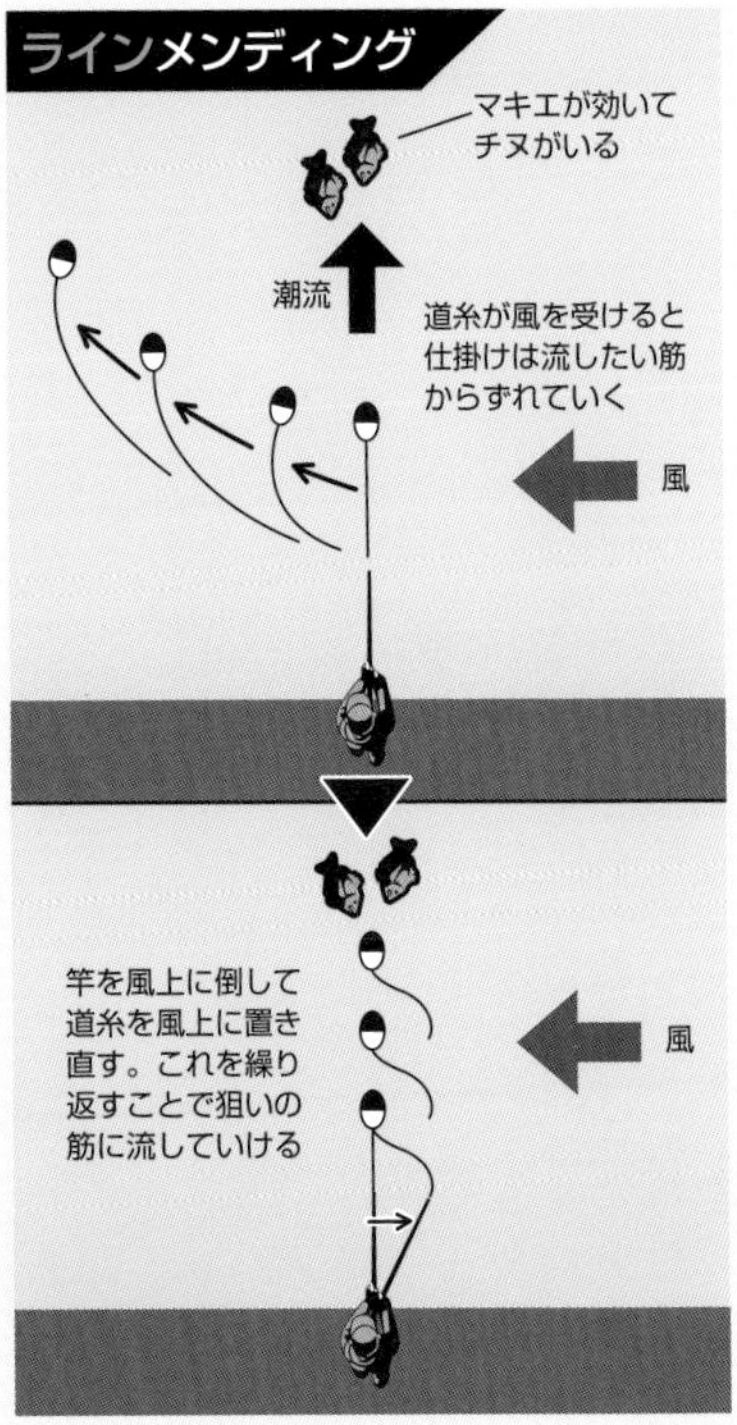
ラインメンディング
マキエが効いてチヌがいる
潮流
道糸が風を受けると仕掛けは流したい筋からずれていく
風
竿を風上に倒して道糸を風上に置き直す。これを繰り返すことで狙いの筋に流していける
風

状況に合った誘い出すマキエの打ち方

基本3

#bait
#makie
#makiework

フカセ釣りにおいてマキエはその集魚効果でポイントを作り、チヌを集める大切なファクター。いえばこの釣りの要であるが、これはどのように使いこなすのが正解か? 浅場を釣る場合、深場を釣る場合など、状況に合わせた基本的なマキエの打ち方をマスターしよう。

上層は低比重、深ダナは高比重 マキエと仕掛けは ズレることを前提に投入する

チヌを狙ったフカセ釣りでは、状況によってさまざまなポイントを攻めることになる。たとえば高水温期にチヌの魚影が濃いエリアで竿を出すような場合は、1ヒロや2ヒロといった浅ダナで活発にアタリが出ることがある。逆に冬場の低水温期などは底層狙いが基本となるだろう。また、手前は海藻が多く茂っていたり、エサ取りがわいていたりといった状況では、遠投で沖を狙うのが有効となることも多い。

　このように好釣果をあげるにはチヌの活性や釣り場のコンディションなど、その場の状況にマッチしたポイントを選んで釣りこなすことが大切だ。そして、さらにマキエもそれぞれのポイントにマッチしたものを使うことが大切だ。上層を狙いたいのに一気に底まで落下するような重いマキエはチヌを浅ダナに寄せることができず、逆に底を狙いたいのに上層でバラけて散ってし

マキエはその投入点をしっかり見定め、サシエと同調するように流していくことが大切になる

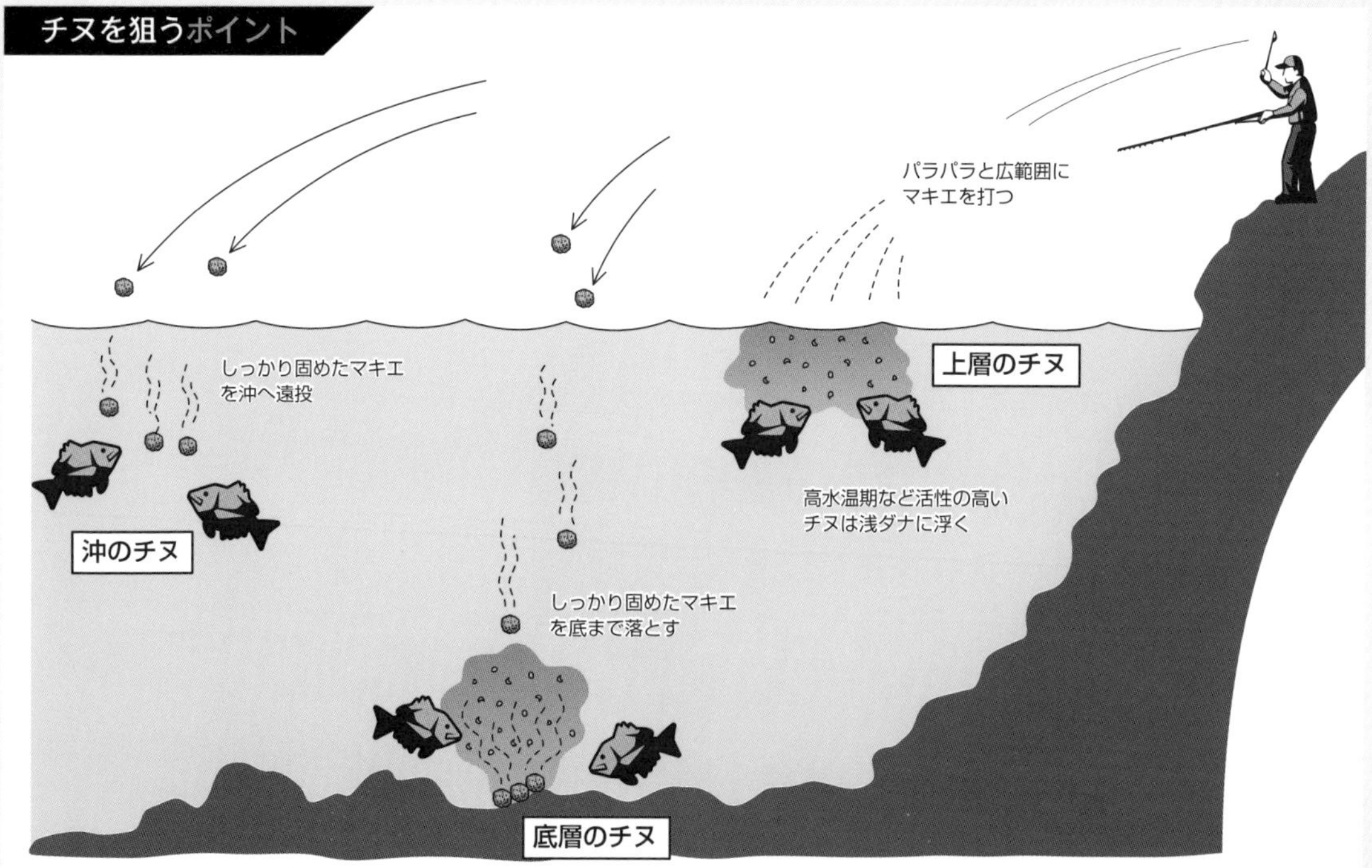

チヌを狙うポイント
パラパラと広範囲にマキエを打つ
上層のチヌ
しっかり固めたマキエを沖へ遠投
高水温期など活性の高いチヌは浅ダナに浮く
沖のチヌ
しっかり固めたマキエを底まで落とす
底層のチヌ

まうようでは、深場にポイントを作ることができないからだ。また粘りのないバラけやすいマキエで遠投は難しい。つまり、適材適所な使い分けが納得のいく釣果に欠かせないというわけだ。

そして、マキエはサシエと同調させて流さなければアタリは出ない。このとき注意しなければいけないのが、それぞれの投入点だ。というのも、マキエは海中に入れば素直に潮に乗って流れていくが、道糸やウキ、オモリがついている仕掛けはそれらが抵抗となってマキエとは違った流れ方となる。つまり、マキエとサシエはただ普通に釣りをしているだけでズレてしまうものなのだ。

そこで、あらかじめそのズレを計算して投入ポイントを決める。たとえば潮が流れているとき仕掛け投入点の潮上側にマキエを入れよう。すると、道糸などの抵抗がかかる仕掛けはマキエに比べて流れる速度が遅く、最初は開いていた2つの間隔が徐々に縮まっていく。そして、その2つが狙ったポイント（魚のつくシモリ際など）でタイミングよく同調すれば、チヌがサシエを口にする確率はグンッとアップするというわけだ。それを頭に入れてそれぞれの投入点をコントロールする。または初めにマキエを入れ、次に仕掛けを入れてから、最後にもう一度マキエを打ってサンドするといった方法も同調には効果的といえるだろう。

CHINU FUKASE-ZURI　THE BASICS IS IMPORTANT

THE BASICS POINT

ムラなくきれいにまぜ合わせる

フカセ釣りに使うマキエは市販の配合材にオキアミやアミエビをまぜ合わせ、それに海水をくわえて仕上げる。配合材はさまざまな釣り方や釣り場の状況にマッチするようにバラエティーに富んだ商品がラインナップされているので、その中から好みのものを選べばよい。基本的には比重が高いか低いか、バラけやすく濁りが強いかまとまりがよく遠投性が高いか、それににおいやコーン、ムギなどの配合物の種類といったところが判断材料になる。また、数種類の配合材をブレンドする際は、ムラがないようにきれいにまぜ合わせること。そうでないとシャクですくった部分によって粘ったりバラけたり、濁ったり濁らなかったりでは釣りの精度が落ちる。海水の分量は配合材のパッケージに表記されているものを参考にすればいいが、多いと軟らかく、少ないと硬く仕上がる。オキアミやアミエビから出る水分も考えて調整したい。

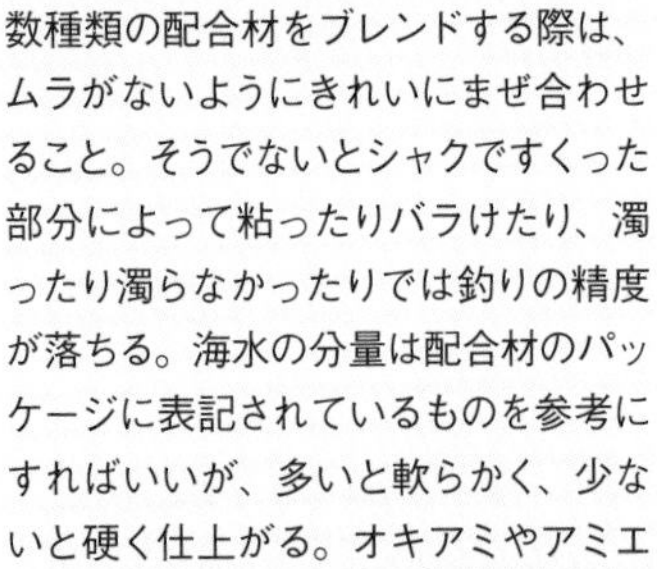

オキアミは粒を残すと拡散性がよく、つぶして配合材をまぜるとまとまりがよくなる。このことを頭に入れてマキエをつくろう

THE BASICS POINT

浅いタナを狙うときは拡散性が高いマキエの濁りで寄せる

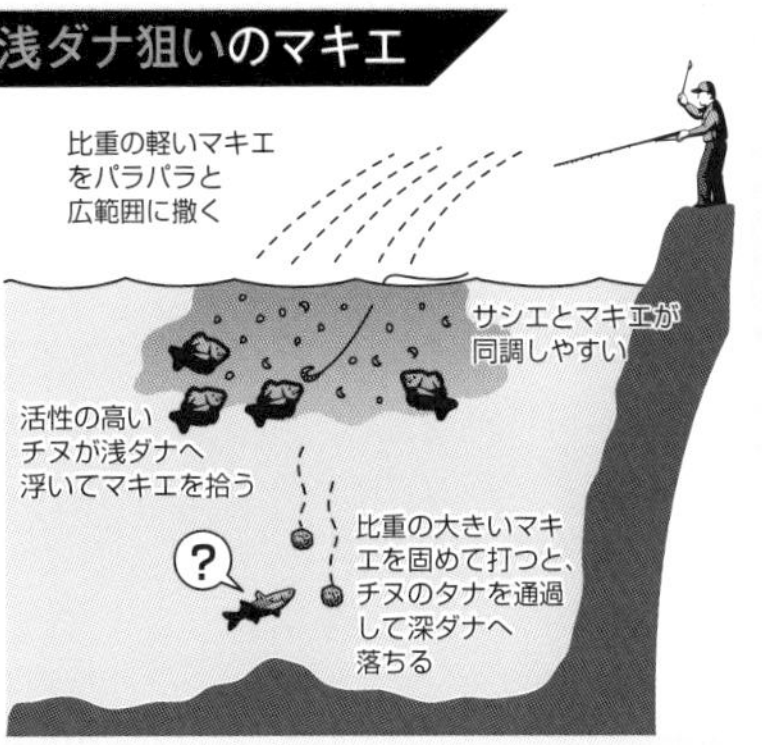
浅ダナ狙いのマキエ
比重の軽いマキエをパラパラと広範囲に撒く
サシエとマキエが同調しやすい
活性の高いチヌが浅ダナへ浮いてマキエを拾う
?
比重の大きいマキエを固めて打つと、チヌのタナを通過して深ダナへ落ちる

どちらかといえば深ダナを釣ることが多いチヌ用の配合材は、比重の大きいものが多い。その中で比較的上層を狙いたい場合は、低比重のものや拡散性が高いものがおすすめ。配合材の成分や効果を示した表などを確認し、それに見合ったものを選べばうまく仕上がるだろう。浅ダナではマキエとサシエのズレ幅が少ないため、比較的2つを同調させやすい。ポイントが足元近くならシャクを切るように振ればマキエがバラけて広範囲に散らばるので、より同調しやすくなる。ポイントが遠い場合は、マキエでサシエをサンドイッチする方法がいいだろう。

THE BASICS POINT

しっかり練り込み一点集中で打ち込むのが深場狙いのセオリー

底層や沖を狙う場合は、比重が高く粘りがある配合材を選ぶが、まぜ方にも注意したい。というのも、このマキエは練り込めば練り込むほど粘りが出るという特性があり、これが大きなカギとなる。また、練り込んだマキエにビニールなどをかぶせ、その上から足でしっかり踏み込むと、マキエの中の空気が抜けてよりまとまりがでる。投入の際はマキエが落下途中や飛行中に割れて崩れないよう、バッカンのへりを使ってシャクのカップの中に硬く押し付けてまとまりをつけることも大切だ。

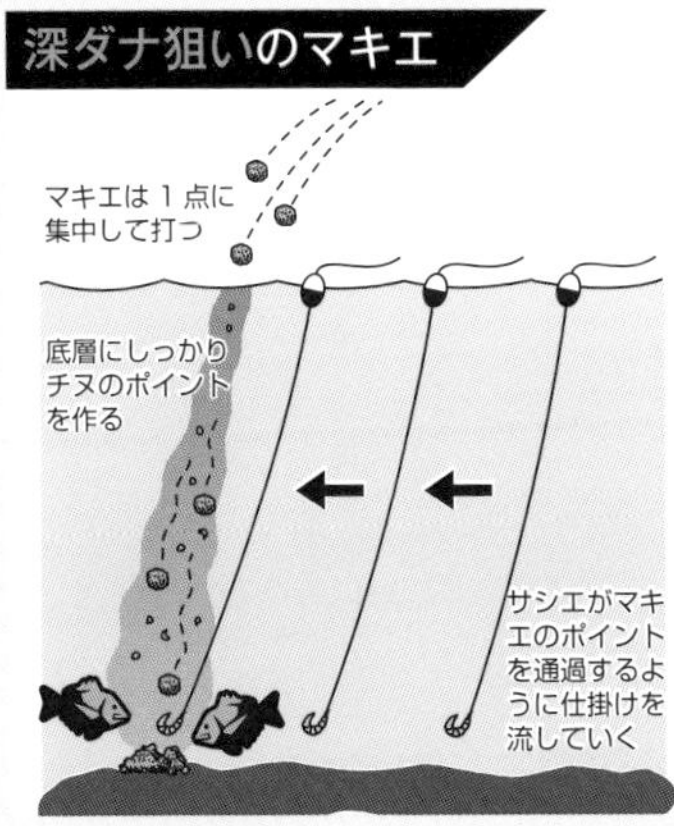
深ダナ狙いのマキエ
マキエは1点に集中して打つ
底層にしっかりチヌのポイントを作る
サシエがマキエのポイントを通過するように仕掛けを流していく

水深4～5ヒロ程度の深場で底層にきっちりポイントを作るためには、マキエをポイントの潮上に一点集中で打つこと。そして、マキエを海底の一カ所にため、まずはポイントをしっかり作り、チヌを集めることを考える。そして、サシエはそのポイントをうまく通過するように投入点を決めて流していく。このように、深場では上層から底層まで常にマキエとサシエを同調させながら沈めていくのではなく、チヌにサシエを食わせるピンスポットできっちり同調していればOKだといえる。

食い気をあおるマキエのつくり方

マキエの打ち方をマスターすれば、コントロールよくマキエを撒いてチヌを寄せるためには、使いやすいマキエを作ることが大切となる。ここでは基本的なマキエの作り方とコツをまとめてみた。基本をマスターしたら自分好みのマキエ作りに挑戦してみよう。

基本4 #bait #makie

刻んだ生オキアミに配合材を加えムラなく均一にまぜ合わせる水の入れすぎには注意しよう

チヌ釣りで使われるマキエは、オキアミ＋配合材が基本レシピだ。オキアミだけ、配合材だけ、あるいはオキアミ＋配合材にアミエビやサナギなどほかの素材を加える人もいるが、基本はオキアミ＋配合材と覚えておくといいだろう。

オキアミには生とボイルがあり、マキエに使うのは生。サイズはMでもLでもかまわない。マキエ用として安く売られているものでも全然OKだ。

1日の使用量は8時間の釣りとして、オキアミ2枚（1枚は3㌔）に配合材2袋が基本。釣り時間が短いときや、エサ取りが少ないときは量を減らせばいいし、釣り時間が長くなるときや、エサ取りが多いときは量を増やして対処する。

THE BASICS IS IMPORTANT

マキエのオキアミは釣行前日にエサ店に連絡し解凍をお願いする。このとき「全解凍」と「半解凍」を指定できるのであれば「半解凍」で予約しよう。全解凍とは完全に解けた状態、半解凍とは半分くらい解けた状態で、マキエを作る際に、刻んだり潰したりしやすいからだ。

釣行日にエサ店に到着したら、配合材をセレクトしよう。配合材にはグレ用とチヌ用があり、浅いタナに浮かせて狙うグレ用は、軽くて拡散性が高いものが主流。基本的に底付近を狙うチヌ用は粘りがあり重たいものが多い。チヌ用の中からお気に入りのものがあればそれを、分からなければお店の人に聞いて選ぼう。

配合材とオキアミの代金を支払ったら、お店にあるトレーとシャベルを借りてマキエを作ろう。マキエバッカンで直接作るよ

マキエ作りの手順

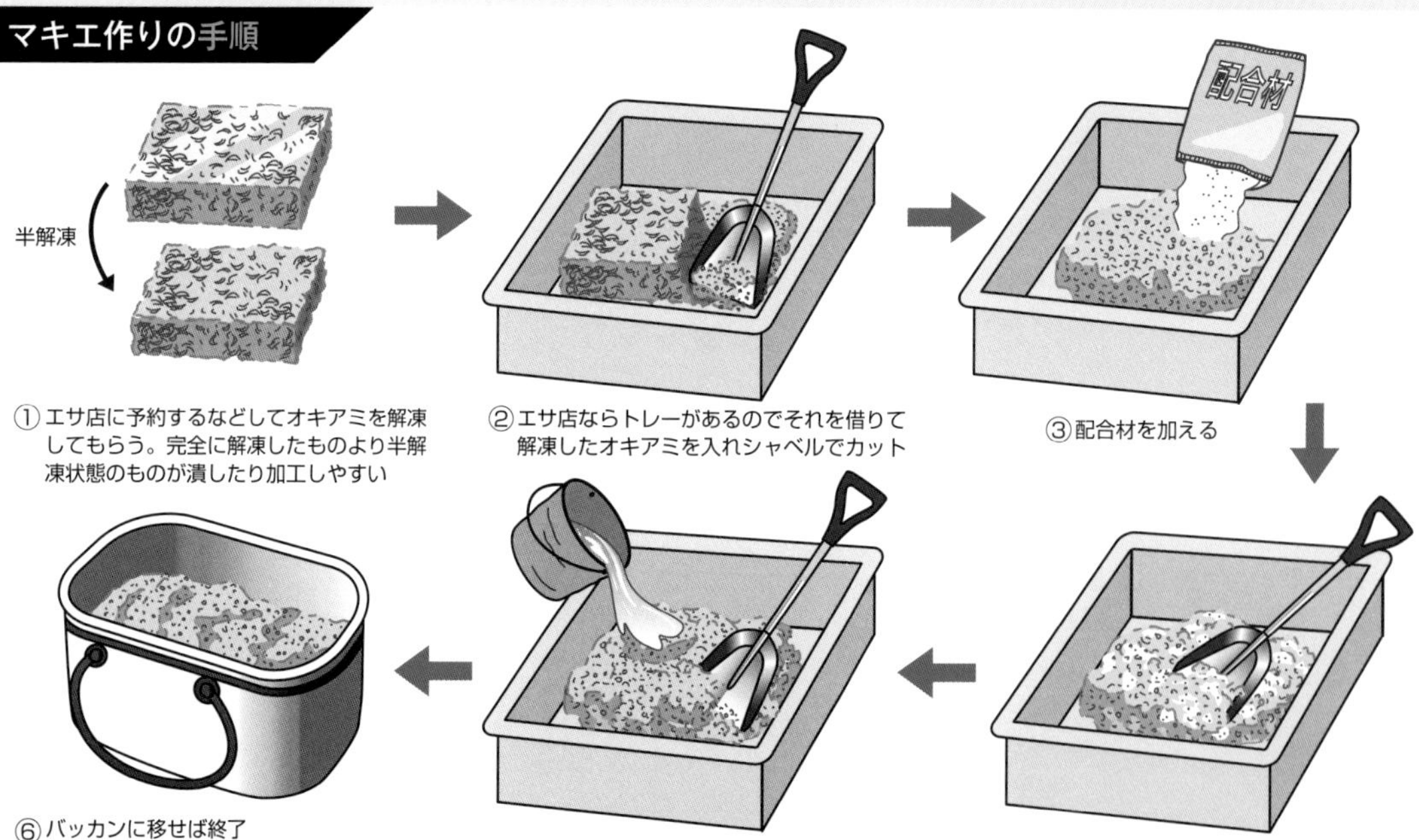

①エサ店に予約するなどしてオキアミを解凍してもらう。完全に解凍したものより半解凍状態のものが潰したり加工しやすい

②エサ店ならトレーがあるのでそれを借りて解凍したオキアミを入れシャベルでカット

③配合材を加える

④オキアミと配合材をシャベルでよくまぜ合わせる

⑤水を加えてシャベルでよくまぜる。硬さは釣り場でも調整できるので軟らかくしすぎないこと

⑥バッカンに移せば終了
※バッカンでまぜるときは一度に大量に入れるとまぜにくいので、半分ずつ作るといい。その際はマキエをまぜるマキエミキサーが必要

コントロールよく撒くためにはムラなくまぜ合わされたマキエが必須。写真は遠投釣りの鉄人、大知昭さんのマキエ。バッカンの中で両手でしっかりまぜ合わせたもの

りも圧倒的にまぜやすくムラのないマキエができるからだ。

オキアミは刻む

まずはトレーにオキアミを出して、シャベルで刻んでいく。オキアミを刻むことで配合材としっかりまざり、まとまりのよいマキエができる。

オキアミを刻み終えたら配合材を加え、しっかりまぜてから水を加えてムラがないようまぜ合わせる。このときシャベルの背で押さえてまぜて練り込んでやれば、粘りが出てよりまとまりのいいマキエになる。そうしたマキエは、遠くのポイントまでコントロールよく飛ばすことができるのだ。

マキエ作りで注意するのは、水を入れすぎないこと。時間が経つとオキアミの水分も出てくるので硬いぐらいでちょうどいい。釣りを始めるときに硬いと感じたら、海水を加えて調整すればいいだけのこと。最初から水を入れすぎてベチャベチャにしてしまうと、配合材を足すしか方法がないからだ。

できあがったマキエはバッカンに、オキアミや配合材の袋はゴミ箱に捨てれば終了。釣り場へ向けて出発だ。

さて、エサ店ではなく釣り場でマキエを作る際は、バッカンで直接まぜることになるだろう。そのときは、一度に全部作るのではなく、半分ずつ作るとまぜやすい。バッカンの四隅がまざりにくいので、マキエミキサーなどを使って、ていねいにまぜること。名手の中には両手で直接まぜる人も少なくないことを付け加えておこう。

釣り人の中には釣り場にトレーとシャベルを持ち込んでまぜる人もいる。それだけマキエの仕上がりを重視しているのだ

THE BASICS POINT

一晩寝かせれば“なじみ”がアップ

作ったマキエはもちろんそのまま使うことができるが、名手の中には釣行前夜に作って一晩寝かせてから使う人が少なからずいる。時間をおくことで水分がよりよくいきわたり、全体の”なじみ”がよくなって遠投時のコントロール性がアップするというのが大きな理由だ。熟成させるときは、動物や虫が入らないようにきっちりフタを締めておくのはいうまでもない。閉め忘れて悲惨なことにならないように。

一晩寝かせることでより使いやすいマキエになる

THE BASICS POINT

フィールドや状況に合わせた配合材

広大なサーフで気持ちよくチヌが狙える渚と、足元から水深がたっぷりある湾岸エリアの堤防、潮通しがよく波気もある磯などフィールドや状況に応じてよりよくマキエが効くように、チヌ用といっても様々な配合材が発売されている。パッケージに成分、比重、粘り、遠投性、拡散性、集魚性など何を重視しているか書かれているので、それを見ながら配合材を選ぶのもマキエ作りの楽しさのひとつだ。

数ある中から目的に合わせて配合材を選ぶのもマキエ作りの楽しさ

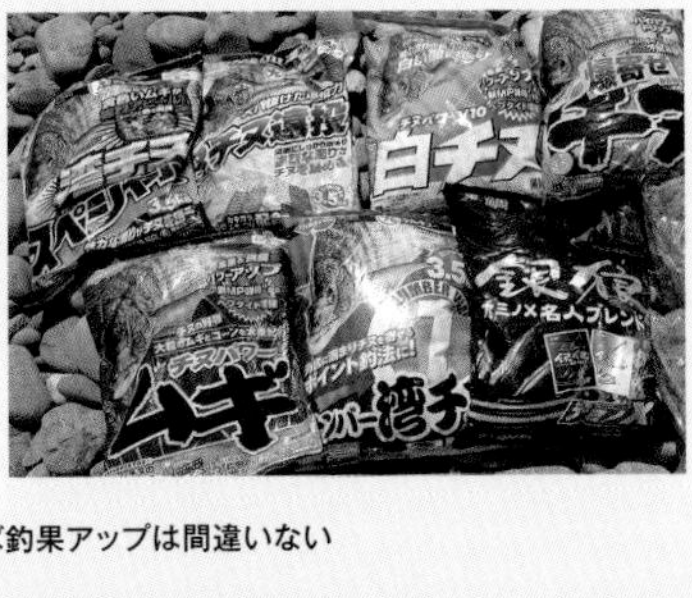

THE BASICS POINT

サシエと同じものをマキエにプラス

エサ取りが多い高水温期は、オキアミだけでなく、ネリエやサナギ、コーンなどをサシエに使う機会が増える。サシエと同じものをマキエに入れてチヌに食わせるとヒット率が上がるので、そんなときはマキエに一工夫。マキエのオキアミと配合材で、サシエのオキアミとネリエはカバーできるとして、サナギやコーンを使うときは、マキエにそれらを加える。もちろん、それらを含んだ配合材をセレクトするのもOKだ。

コーンをサシエにするときはマキエにもたっぷり加えてやると効果絶大

基本5
#bait
#sashie

サシエは何を刺すのか&刺し方

日本全国、釣り場が様々なら釣り方も豊富、そして使われるエサも多種多様。こうしたバリエーションの豊富さもまたチヌ釣りの魅力だ。そこでフカセ釣りで使われるサシエの種類とそれぞれの特徴を理解しよう。そうすれば攻略の幅が広がり釣果アップにつながるはずだ。

アミノ酸が豊富なオキアミと形もサイズも自在なネリエが双璧 サナギやコーンにも注目だ

狙ったポイントにチヌを寄せて食い気を促したり、エサ取りとチヌを分離するのがマキエなら、忍ばせたハリを食い込ませてハリ掛かりさせるのがサシエの役割。マキエとサシエをマッチさせて狙うフカセ釣りでメインのサシエは、何といってもオキアミだろう。

南氷洋で捕獲されるオキアミは高タンパクで魚の好むアミノ酸が豊富に含まれ、チヌはもちろん、あらゆる魚が好む万能エサ。手に入れやすく値段も手頃なことからフカセ釣りの主力エサになっている。

オキアミは、捕獲したあとそのまま冷凍した「生」と、加熱処理後に冷凍する「ボイル」に大別できる。どちらも解凍して使用するが、生は軟らかくてにおいも強く、食い込みがいいのが特徴。一方のボイルは、加熱によって身が締まり簡単にはちぎれないことからエサ持ちがいい。すなわち、エサ取りに強いのが大きな特徴だ。

そして、生のオキアミに魚の食い気を促進したりエサ持ちがよくなるよう加工したのが「加工オキアミ」。パック入りで使い勝手がいいことから愛用する釣り人も少なくない。

THE BASICS IS IMPORTANT

オキアミの延長上のエサとして使う人が増えてきたのがエビのムキ身だ。元々は芝エビやパナメイエビといった食用の海エビの殻をむいたあと、味の素などの化学調味料をふりかけて身を締めた釣り人の自作エサだったが、近頃では市販品も増えてきた。オキアミに比べて身が大きくて沈みが速く、エサ持ちがいいことからエサ取りに強いサシエだ。

フカセ釣りの2大サシエ

オキアミ

もっともポピュラーな生

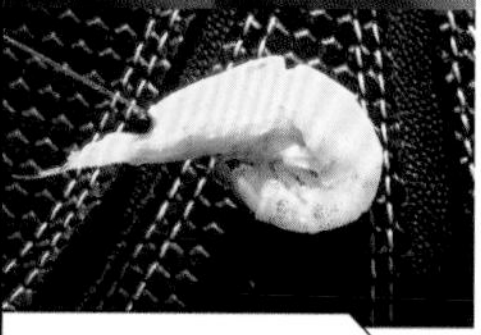

身が締まりエサ取りに強いボイル

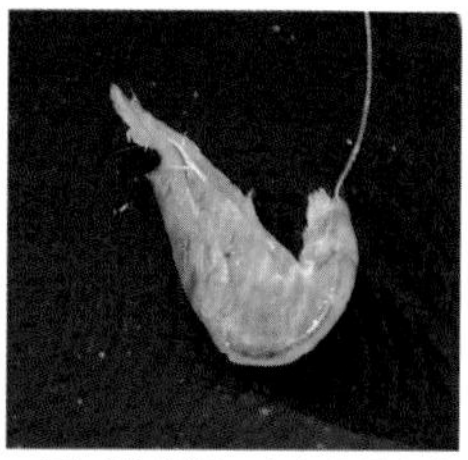

尾バネを取ったところからハリ先を入れて腹を内側にして頭で止める。オーソドックスな刺し方

尾バネを取ったところからハリ先を入れ背中を内側にして頭で止める。遠投してもズレにくい

頭を取ったところからハリ先を入れるパターン。エサズレしにくく小さいので食い込みもよい

ネリエ

ネリエには色や成分が違ういろいろなバリエーションがある

ハリいっぱいに丸く付けるオーソドックスなパターン

沈みが速く潮をよく受けサシエ先行で流しやすい涙型

角を付ければポロポロと崩れてマキエ効果が期待できる

平たく付ければヒラヒラと揺れながらフォールし誘う

チヌ釣りではオキアミと並び使われることが多いのがネリエ。状況に合わせて形や大きさを変えられるのがネリエの大きな特徴。大きく付ければアピール度がアップしエサ取りにも強くなり、小さく付ければ食い込みがよくなる。丸く付ければ沈みが速く、平たく付ければヒラヒラとゆっくり沈んでアピールする。また、三角錐のように角を付ければ角から崩れてマキエ効果が高くなるなど、使い方は自由自在。

また、食い気を促す様々な成分を含むとともにエビ色、イエロー、ホワイトなどのカラーバリエーションも豊富。イエローやホワイトでアピールしたり、色を混ぜ合わせて色を変えたり、完全には混ぜ合わせずに〝マーブル模様〟にしてコントラストで誘うといった使い方もできる。

マキエに同じものをまぜる

かかり釣りでは定番のサナギやコーンも、

近年のフカセ釣りでは注目を集めているサシエだ。チヌ以外の魚がほとんど食べないことから、エサ取りや外道が多いときの特効餌になっている。

本家のかかり釣りでも元々はエサ取り対策に使われていたが、近年はエサ取りの少ない冬場でも使う人が増え釣果が上がっていることを考えると、フカセ釣りでも周年使えるようになるかもしれない。ちなみにサナギやコーンを使うときは、マキエにもまぜておいてチヌに味を覚えさせると効果的だ。

これらのほかにも、ご当地釣法で使われるサシエがある。たとえば、日本海の能登や佐渡、関東の房総や三浦で夏から秋に盛んなスイカ釣りでは、マキエもサシエもスイカだし、先に紹介したサナギだと和歌山の南紀エリアや神奈川の湘南などではマキエもサシエもサナギオンリーといった具合だ。

チヌの活性やエサ取りの状況に合わせて、いろいろなサシエを使い分けるのもフカセ釣りの大きな楽しみだ。

注目を集めるサシエ

オキアミに比べ身が大きくしっかりしていて沈みが速い。カットして刺すこともできる

チヌ以外に食う魚が少ないサナギはエサ取りが多いときの特効餌。粒のままハリに刺す

イエローカラーでアピールするコーン。ハリの大きさに合わせて数粒刺して使う

THE BASICS POINT

サシエの鮮度に気を付けよう

フカセ釣りではサシエケースにサシエを入れる。これは使い勝手をよくするのと、サシエの乾燥を防ぐためだ。オキアミは乾いてくると身が崩れたりして使いにくいだけでなく、内部に空気が入って沈みが悪くなる。食いに影響するのはいうまでもない。ネリエもそのまま放置するとすぐに表面が乾き硬くなってくる。サシエは小出しでエサ箱に入れて鮮度をキープするように注意しよう。

サシエを取り出したらフタをしておくのはいうまでもない

THE BASICS POINT

威力絶大な複合エサにご注目

たとえばオキアミを刺したあとにコーンを一粒刺したり、サナギとコーンを刺すような、種類の異なるエサを一緒に刺したものを複合エサという。かかり釣りではポピュラーな使い方だが、フカセ釣りでも注目されつつある。アピール力は強いがエサ取りに弱いオキアミで誘いハリに残るコーンで食わせる、単体ではありえなかったにおいや色でアピールするなど複合エサを使う理由は様々だが、本誌でおなじみの"チヌ博士"こと広島大学大学院・生物圏化学研究科の海野徹也先生にうかがった話はたいへん興味深くためになるので紹介しておこう。

自然界のチヌはAというエサを好むもの、Bというエサを好むものなど、個体によって食性に偏りがあり、Aのエサを刺しているとAを好む個体が、Bのエサを刺すとBを好む個体が反応する。そしてAのエサにBを好む個体は反応しないのだそうだ。すなわちAとBのエサを一緒に刺すことでAを好む個体もBを好む個体も反応するためヒット率が上がるのではとのこと。この話を聞いて複合エサを使わない手はないはずだ。

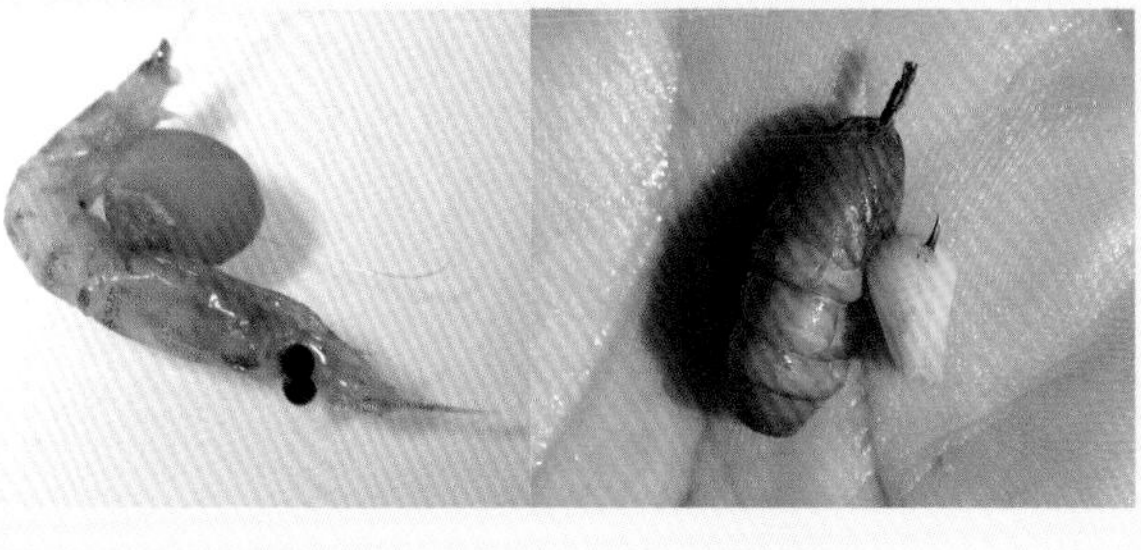

左がオキアミ+コーン、右はサナギ+コーン。複合エサのバリエーションをいろいろ試してみよう

アタリがあれば ファイトあるのみ

基本6
#awase
#fight
#finish
#technique

波間を漂うウキがシュルシュルシュルーと引き込まれると、興奮度はMAXに。アワセを入れた瞬間のズシンとくる重量感と、その後に続くチヌの引きにアドレナリンは出まくりだ。執拗な締め込みをかわし、海面に浮かび上がる銀色の魚体にタモを伸ばす。釣り人勝利の瞬間だ。最後はアタリから取り込みまでをみていこう。

アワセはウキが消えてから竿尻を魚に向けるくらいにためて最後は構えたタモに遊動する

チヌのアタリは、基本的に明確だ。ウキが海中に気持ちよく吸い込まれていくので一目瞭然。慌てることはない。完全にウキが見えなくなってからアワセを入れる〝遅アワセ〟で大丈夫。具体的には、竿の胴に魚の重みが乗るよう手元を引きつける。こうすれば魚が掛かった時点で竿の角度がいいので、やり取りも楽に展開できるのだ。

ウキがぴょこんと動くだけ、沈みかけたウキが戻ってくる…。そうしたアタリはエサ取りであることが多い。ただ、状況によってチヌであってもエサ取りのような小さく紛らわしいアタリしか出ないことがある。

THE BASICS IS IMPORTANT

原因は①低水温や苦潮などでチヌの活性が低い、②ウキ下が合っていない、③仕掛けに遊びが多く出ていることが考えられる。

①はサシエをくわえても動かない〝居食い〟状態。こんなときは、紛らわしいアタリが出たところで軽くラインを張ってやる。テンションをかけることが誘いになり、魚の重みが乗ったり走り出したりするので、そのタイミングで合わせればいい。これを〝聞きアワセ〟という。

②はチヌの補食するタナよりもウキ下が深いために、アタリがぼやけている。ウキ下を浅くすることでアタリは明確になる。

③は道糸の出し過ぎなどで、仕掛けに遊びがあるため、アタリが伝わりにくい状態。基本的にサシエから穂先までが一直線

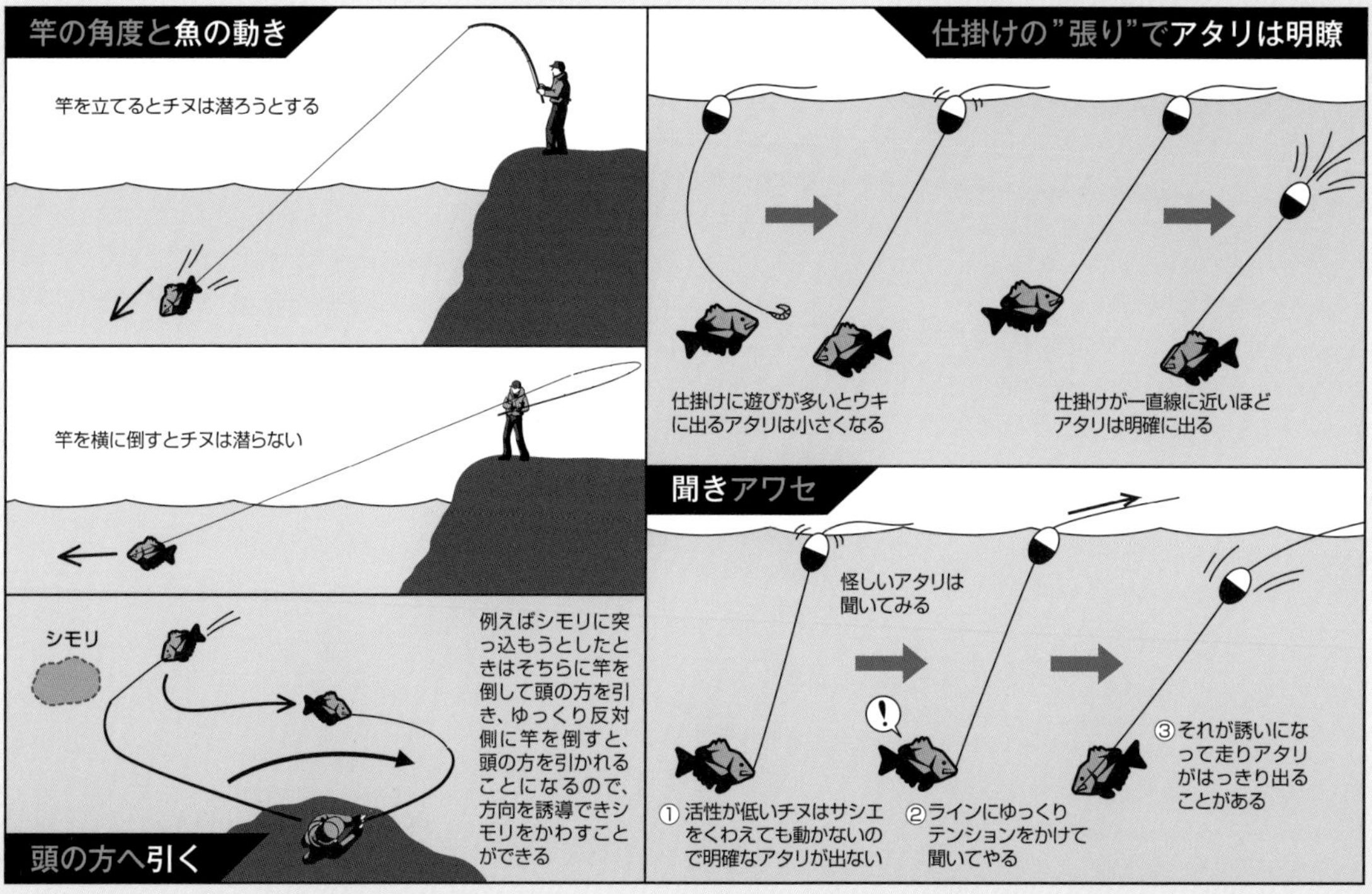
竿の角度と魚の動き
竿を立てるとチヌは潜ろうとする
竿を横に倒すとチヌは潜らない
シモリ
例えばシモリに突っ込もうとしたときはそちらに竿を倒して頭の方を引き、ゆっくり反対側に竿を倒すと、頭の方を引かれることになるので、方向を誘導できシモリをかわすことができる
頭の方へ引く
仕掛けの”張り”でアタリは明瞭
仕掛けに遊びが多いとウキに出るアタリは小さくなる
仕掛けが一直線に近いほどアタリは明確に出る
聞きアワセ
怪しいアタリは聞いてみる
① 活性が低いチヌはサシエをくわえても動かないので明確なアタリが出ない
②ラインにゆっくりテンションをかけて聞いてやる
③それが誘いになって走りアタリがはっきり出ることがある

に張れているほどアタリは明確に出るので、ラインを張り気味に仕掛けを操作しよう。

引けばためて止まれば寄せる

やり取りは竿の弾力をしっかり生かして優しく行うのがセオリー。〝竿尻を魚に向けろ〟といわれるように、竿をしっかり曲げ込むことで、竿の弾力が魚の引きを吸収する。竿がまっすぐになることを〝のされる〟という。こうなると弾力がなくなってしまうのでハリスがプツンと切れるのだ。

竿がグーンと締め込まれるのは、チヌが頭を向こうに向けて走っている状態。ここで無理矢理引っ張ると、ますますチヌは怒って走る。こんなときは竿の角度を保ったままじっと我慢。こうして竿をためていると、やがて引きが収まってくる。チヌの動きが止まったら竿が起こしてきた分の道糸を素早く巻き取る。チヌが引けばためて、止まれば寄せる。チヌの引きを楽しみながら優しく丁寧にこの繰り返しで浮かせてこよう。

やがて海面下にチヌの姿が見えてくるだろう。魚は空気を吸わせると確実に弱る。慌てず騒がず海面に顔を引き上げ、空気を吸わせてからタモ入れだ。タモ入れは、タモですくいにいくのではなく、タモを構えておいて、そこにチヌを誘導してくること。頭がタモ枠の中に入ったところで糸を緩めてやると、チヌは潜ろうとして自分で網の中に入っていく。あとはタモの柄を縮めていけば取り込み完了だ。

竿はしっかり曲げ込むことで弾力がフルに発揮される。魚の方に竿尻を向けるくらいの気持ちでためる

THE BASICS POINT

タモ枠の3分の1は海面に出す

チヌをすくうときに気をつけたいのがタモ枠すべてを海につけてしまわないこと。チヌは海面に横たわっているのに、枠をすべて海中に沈めてしまうとすくいにくいし、波や潮の影響をもろに受けて扱いにくいのだ。枠の3分の1ぐらいは海面にあるように、そして枠が海面に対して斜めになっているとすくいやすい。枠は大きくなるほど重くなる。直径40～45センチが使いやすいサイズだろう。

タモ入れはタモを構えたところに遊動する

THE BASICS POINT

LBは竿の角度を保つのに活用

フカセ釣りで使われるLB（レバーブレーキ）リールは、レバーの操作でラインを任意に出すことができる。とはいえ、ドラグ機能のように魚の引きに合わせてズルズルとラインを出すのではない。チヌの締め込みによって竿の角度が悪くなったときにブレーキを緩め、ラインを出しながら竿の角度を戻す。竿の弾力が最大限に発揮される角度をキープするために使うのだ。

さっと出してパッと止めるのがLBの使い方

THE BASICS POINT

頭の方を引いて魚を誘導

カラーページを見ていると名手が竿を横に倒してためているシーンが少なくない。これはかっこをつけているのではなく、チヌを誘導するためだ。魚は引かれるのとは逆方向に走るので、竿を立てれば底へ、倒せば底方向ではなく水平方向に走る。さらに、頭が向いた方向へ竿を倒すことで、魚の進行方向を変えることができる。すなわちシモリなどの障害物をかわすことができるのだ。

障害物をかわすときはチヌの頭を引く

バラさないためにもなるほどしっかり強く

CHINU-FUKASE-ZURI
The seventh key for the capture

攻略のカギ 7

ライン結びを再確認しよう

ハリにハリスを結ぶ、ウキを止める結び、サルカンとラインを結ぶ、道糸と道糸を連結するなど仕掛けをつくる上で結びは実に大切な部分だ。いくら食わせるテクニックをマスターしていても超基本である仕掛けをしっかりつくらなければ、痛恨のバラシにも遭遇するだろう。ここでは数々ある結び方でも名手たちが信頼している結びを厳選してレクチャーしよう。これで“年無し”がヒットしても大丈夫なのだ。

外掛けまくら結び

外掛け本結びにまくらを入れた結び方。まくらがあることによってハリスが切れにくくなる

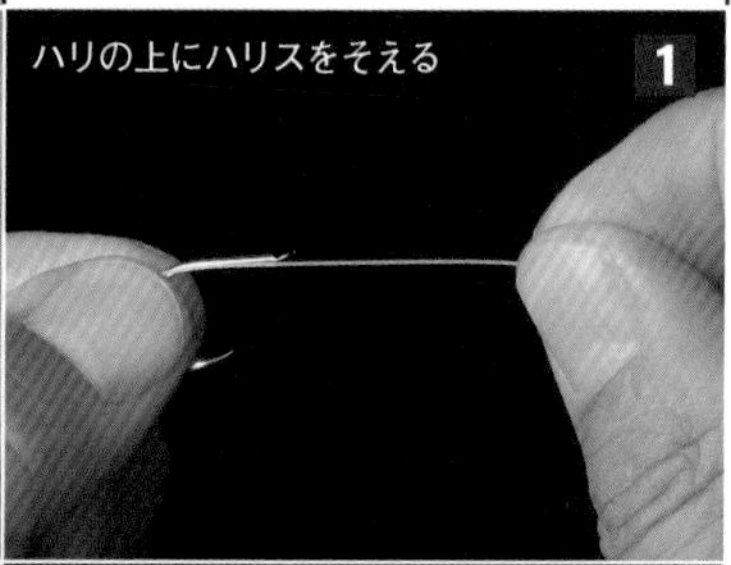

1 ハリの上にハリスをそえる

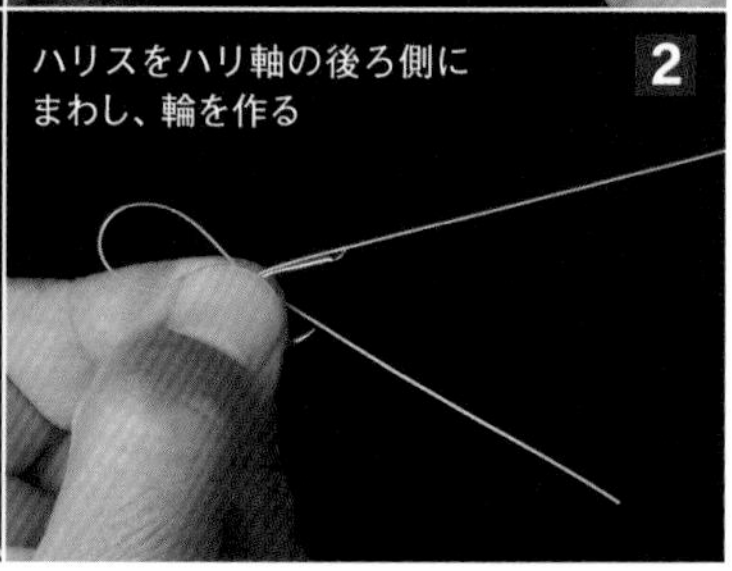

2 ハリスをハリ軸の後ろ側にまわし、輪を作る

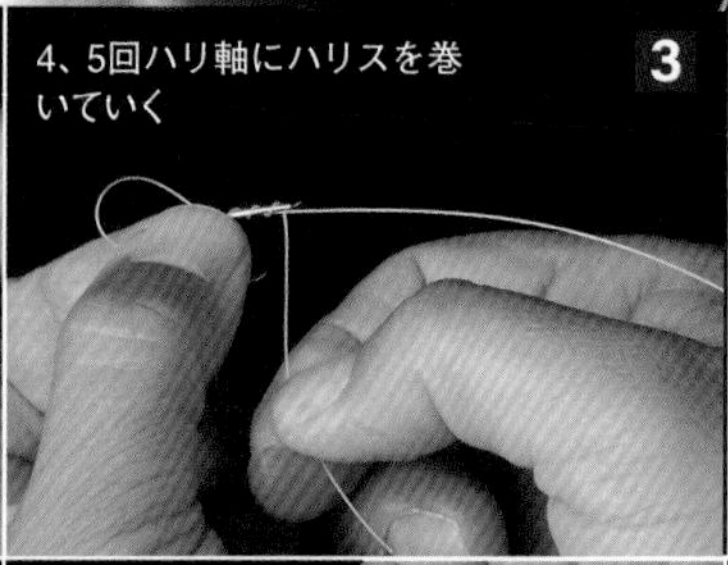

3 4、5回ハリ軸にハリスを巻いていく

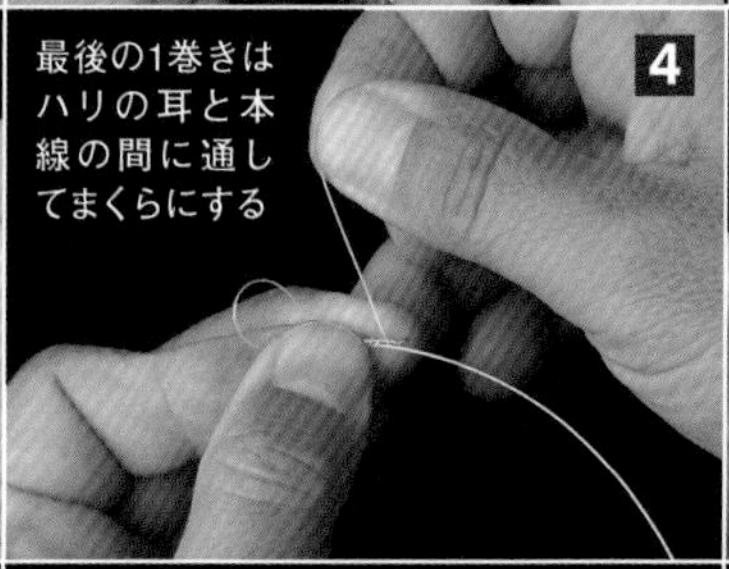

4 最後の1巻きはハリの耳と本線の間に通してまくらにする

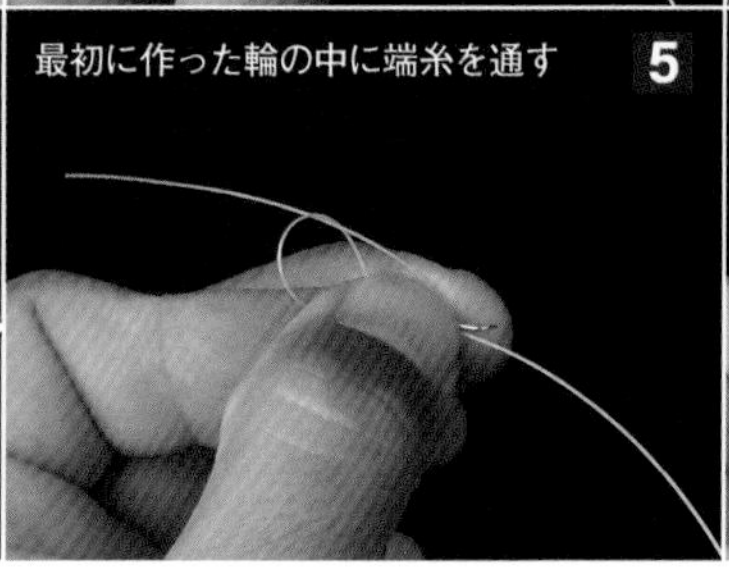

5 最初に作った輪の中に端糸を通す

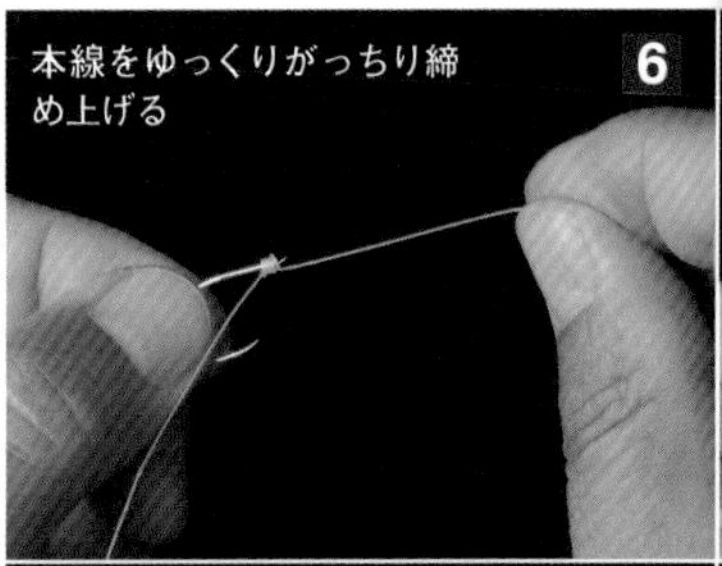

6 本線をゆっくりがっちり締め上げる

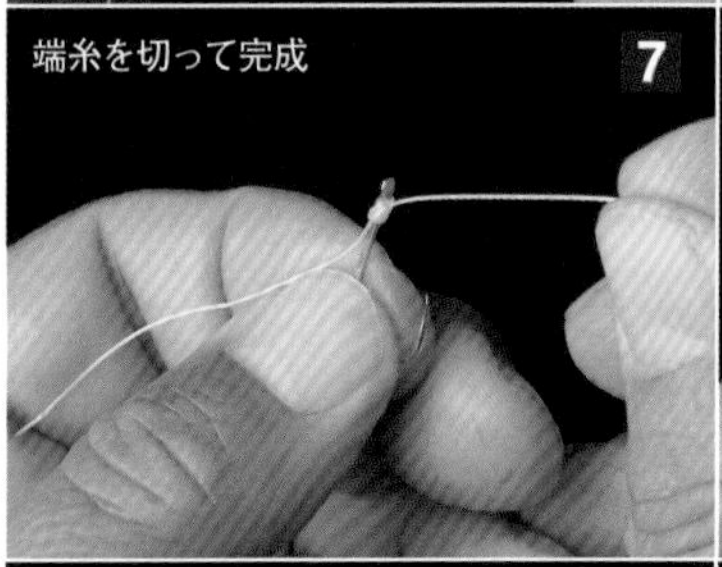

7 端糸を切って完成

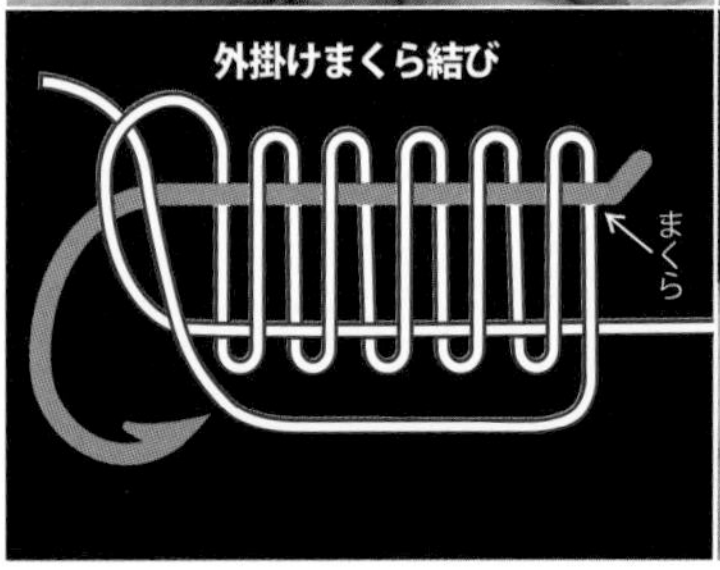

V字ウキ止め

松田稔さんが考案した結び。松田ウキの構造に合わせた結び方。遊動仕掛けでも固定ウキのような感度が出る

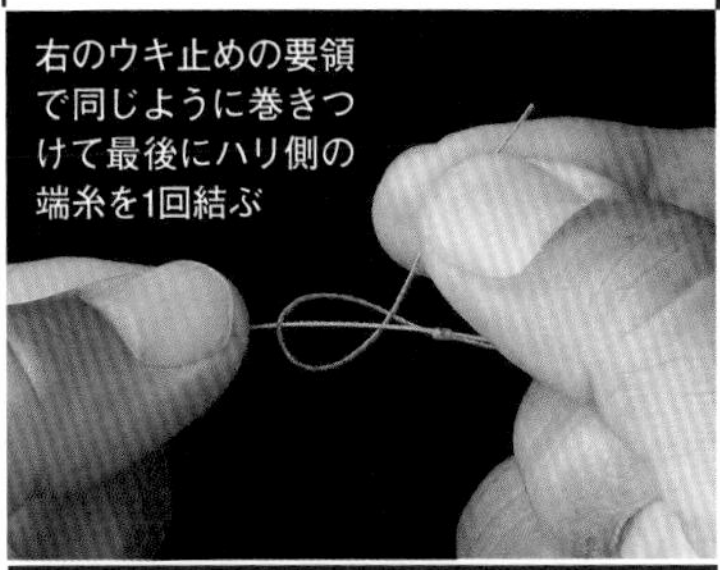

右のウキ止めの要領で同じように巻きつけて最後にハリ側の端糸を1回結ぶ

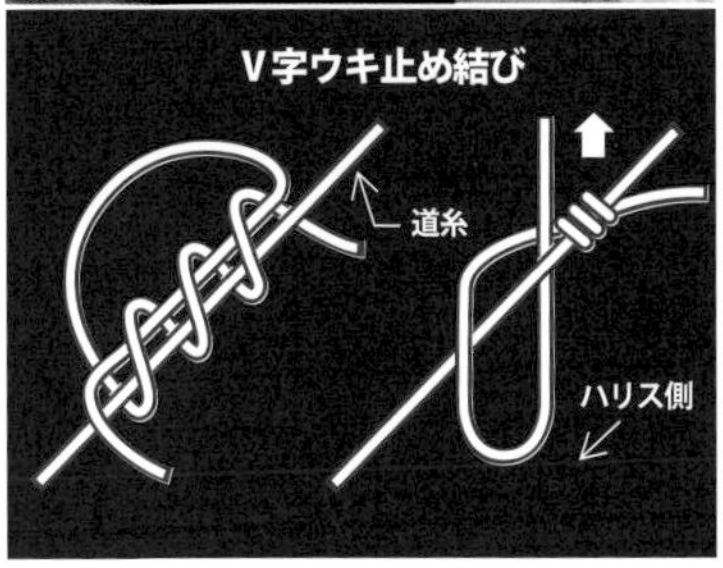

ウキ止め

ウキ止めは遊動仕掛けをするときに必須。基本的なウキ止め結び

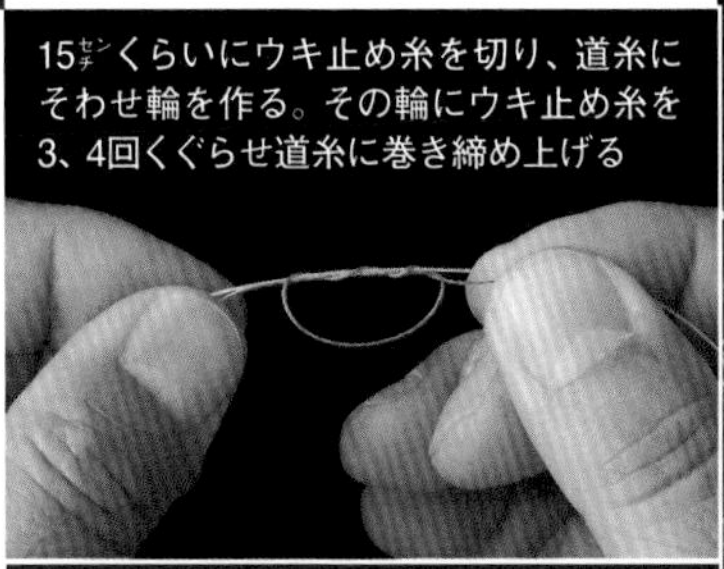

15センチくらいにウキ止め糸を切り、道糸にそわせ輪を作る。その輪にウキ止め糸を3、4回くぐらせ道糸に巻き締め上げる

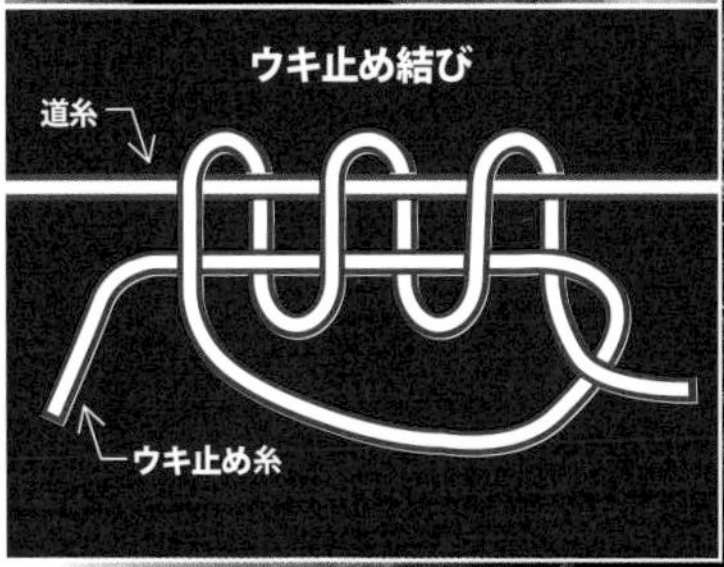

なるほどウキ止め

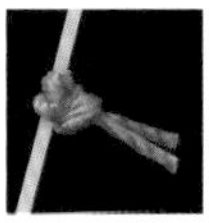

山元八郎さんが考案した結び方。端糸を5〜7センチ残し、シモリ玉がなくても使えるウキ止め結び

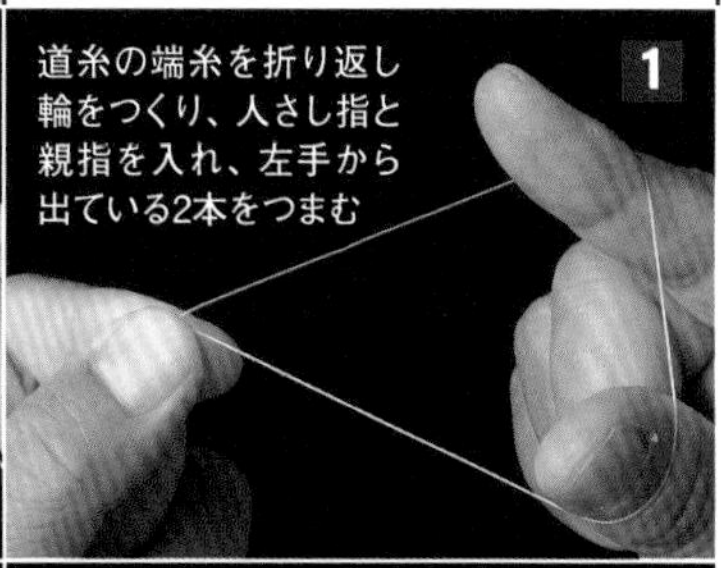

1 道糸の端糸を折り返し輪をつくり、人さし指と親指を入れ、左手から出ている2本をつまむ

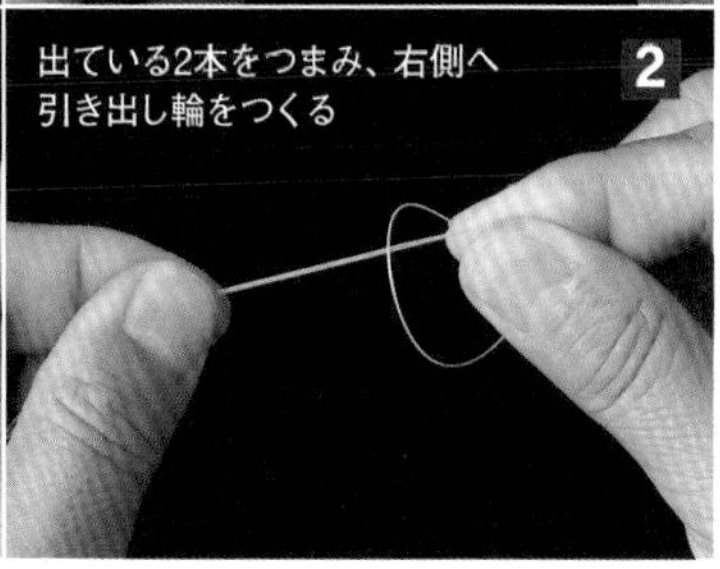

2 出ている2本をつまみ、右側へ引き出し輪をつくる

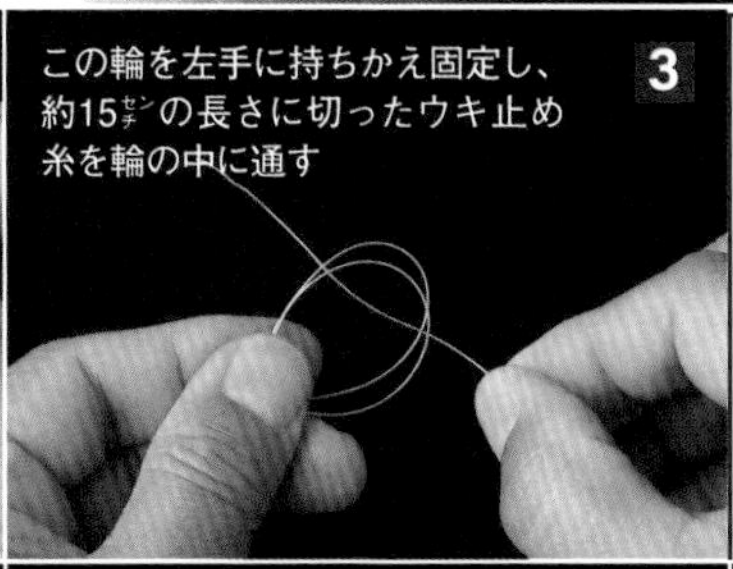

3 この輪を左手に持ちかえ固定し、約15センチの長さに切ったウキ止め糸を輪の中に通す

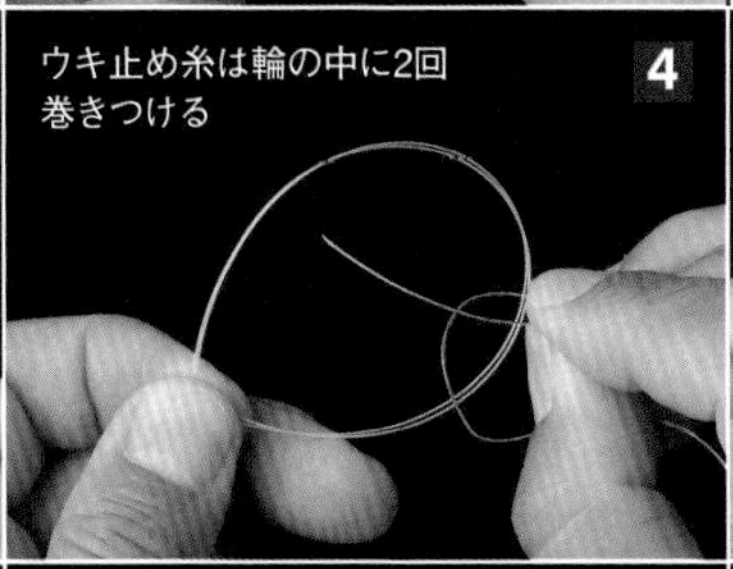

4 ウキ止め糸は輪の中に2回巻きつける

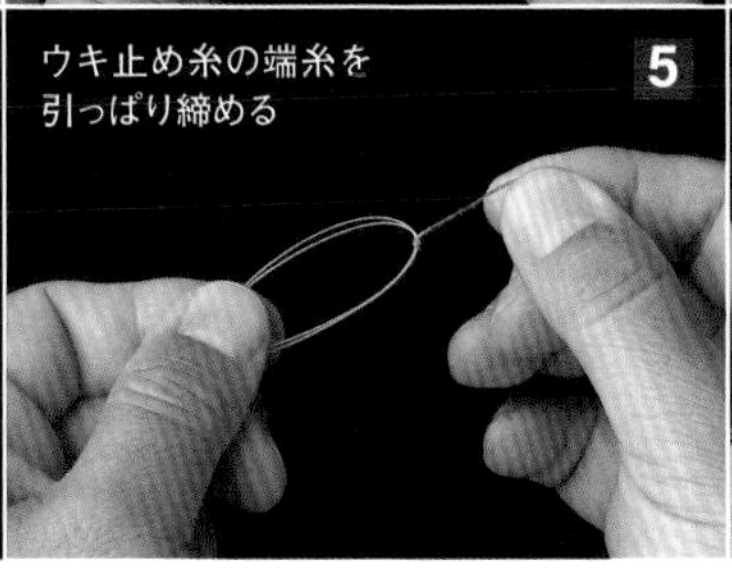

5 ウキ止め糸の端糸を引っぱり締める

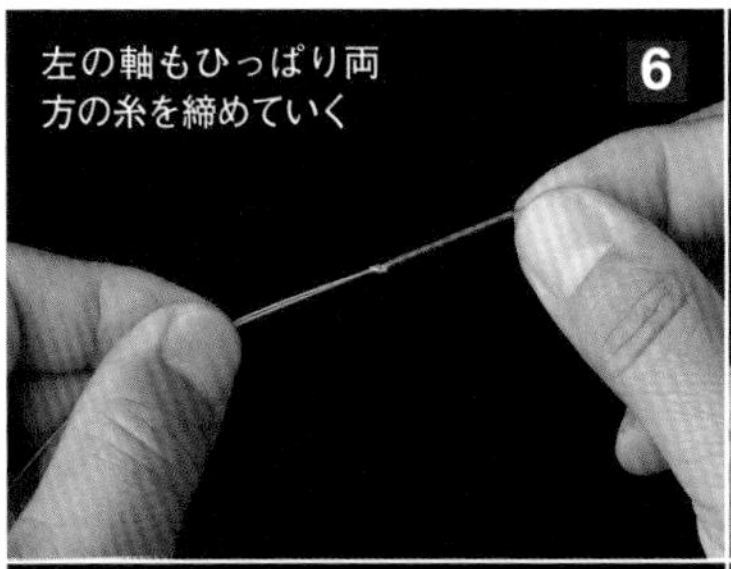

6 左の軸もひっぱり両方の糸を締めていく

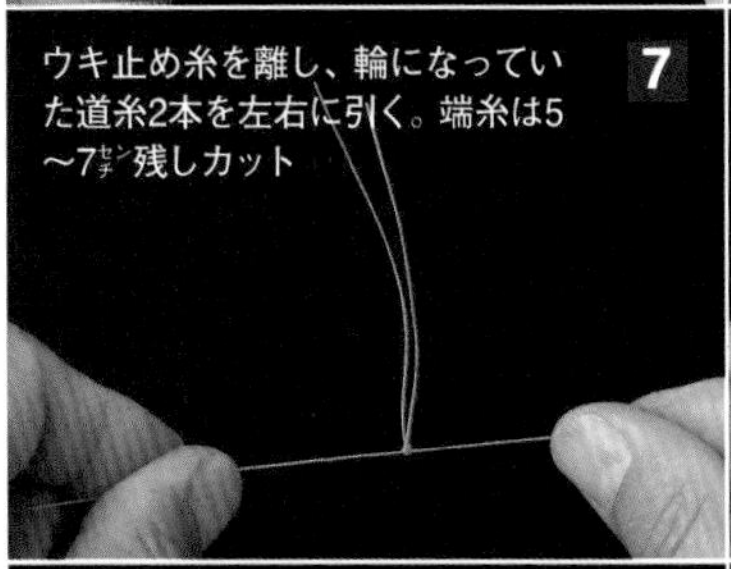

7 ウキ止め糸を離し、輪になっていた道糸2本を左右に引く。端糸は5〜7センチ残しカット

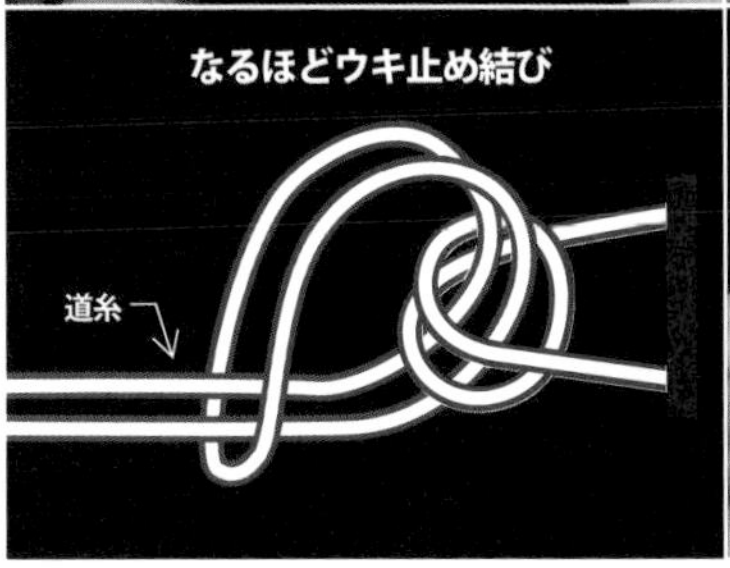

電車結び

ハリスと道糸を直結する基本的な結び。同じ力で引っぱって締めていくのがコツ

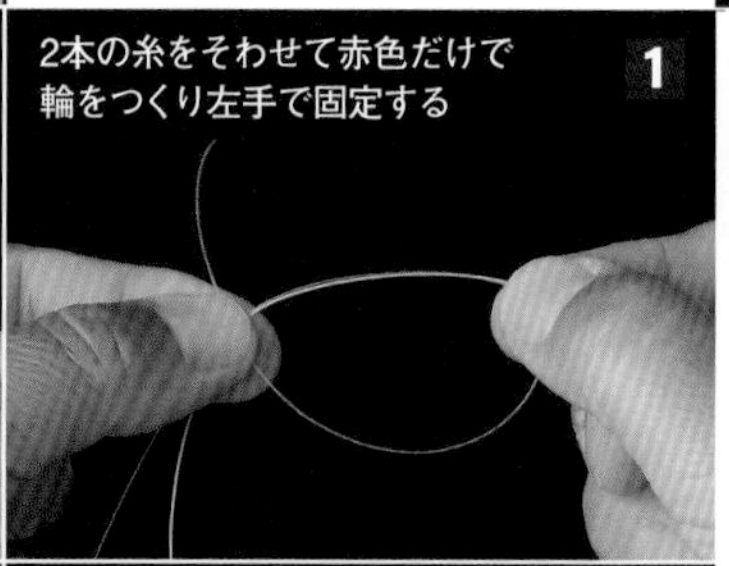

1 2本の糸をそわせて赤色だけで輪をつくり左手で固定する

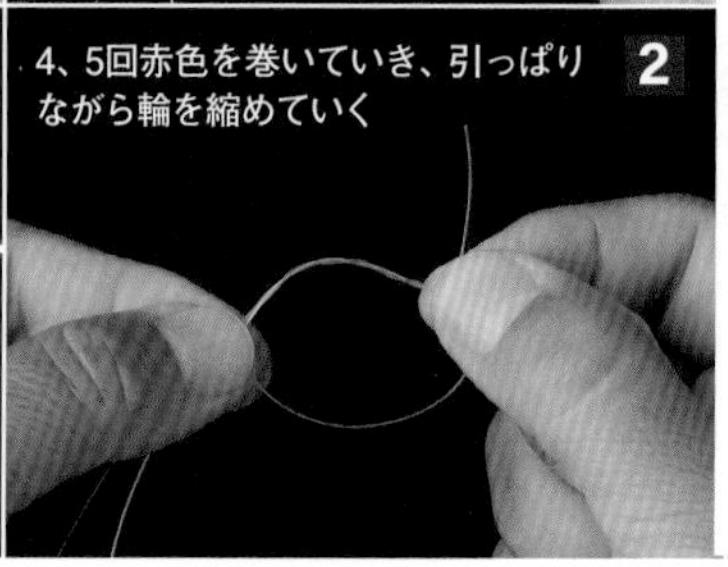

2 4、5回赤色を巻いていき、引っぱりながら輪を縮めていく

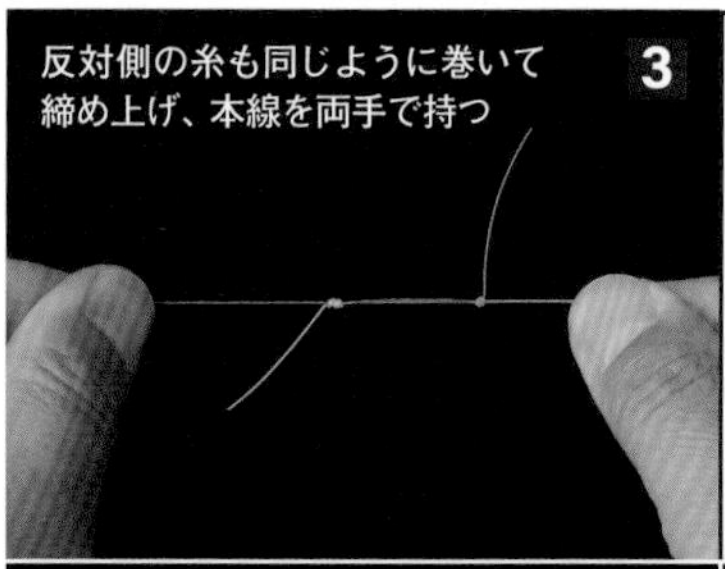

3 反対側の糸も同じように巻いて締め上げ、本線を両手で持つ

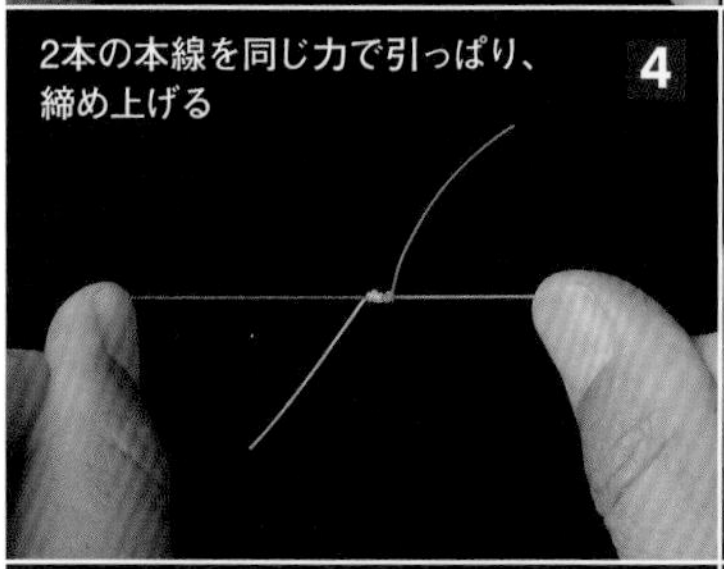

4 2本の本線を同じ力で引っぱり、締め上げる

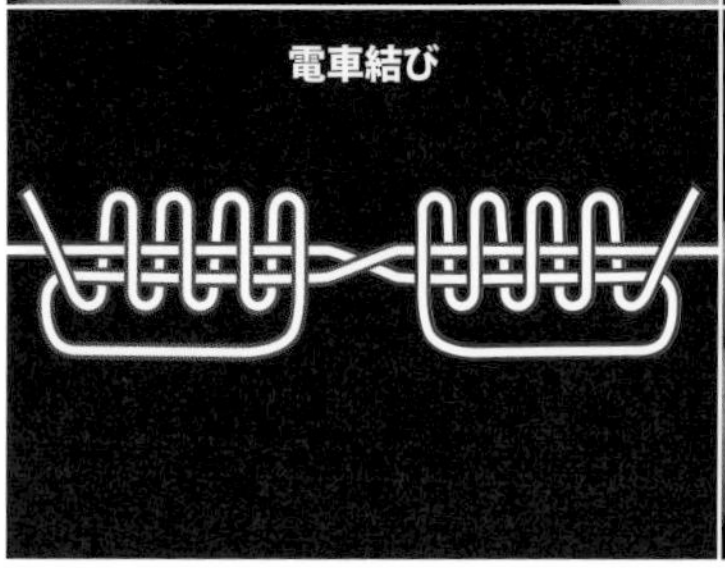

電車結び

ユニノット

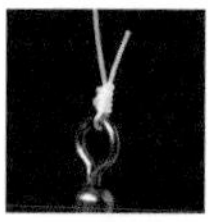

サルカンにハリスと道糸を結ぶ基本的な結び方。よく使われる結び方

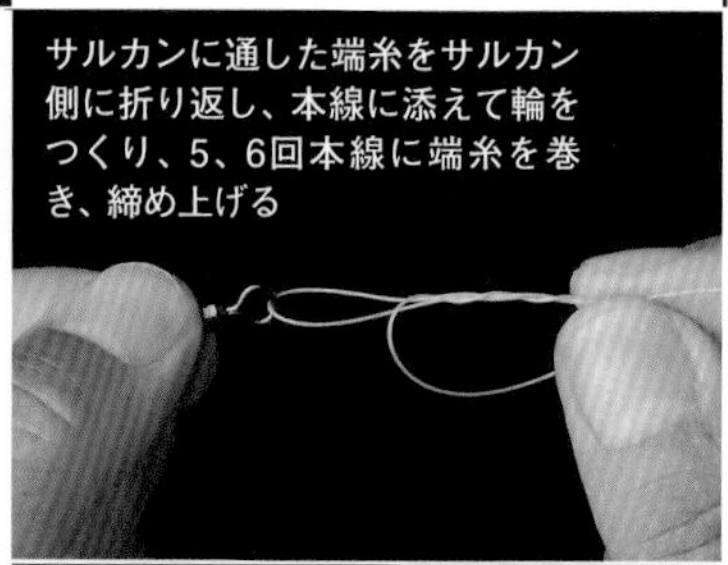

サルカンに通した端糸をサルカン側に折り返し、本線に添えて輪をつくり、5、6回本線に端糸を巻き、締め上げる

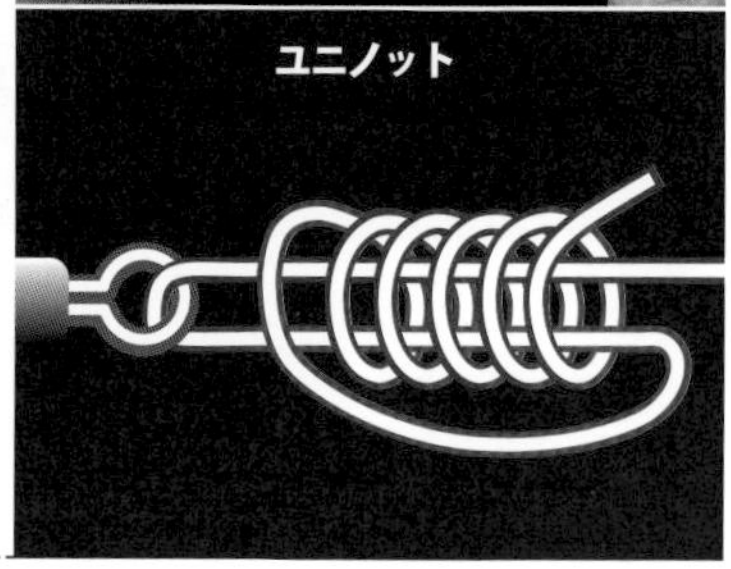

ユニノット

最速サルカン結び

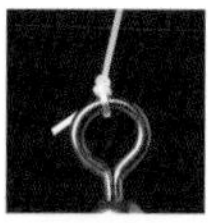

早い動きが要求されるトーナメンター御用達。簡単に素早く強く結べる結び。手がかじかむ寒い季節にも有効

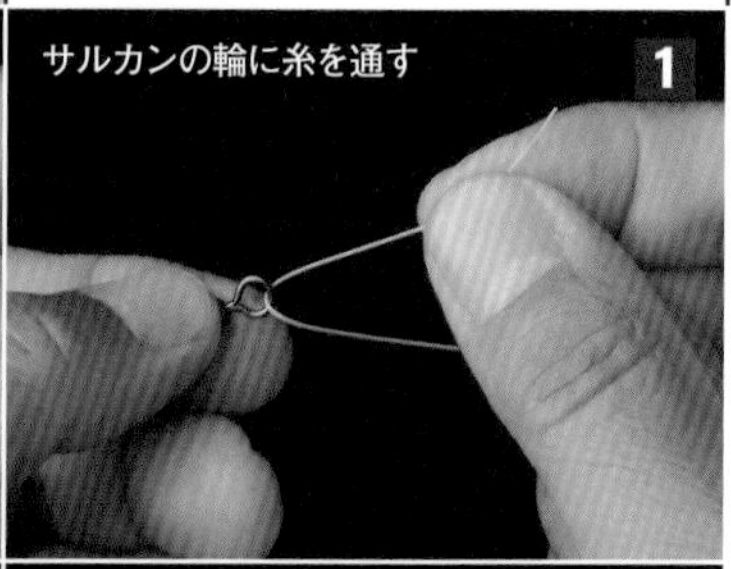

1 サルカンの輪に糸を通す

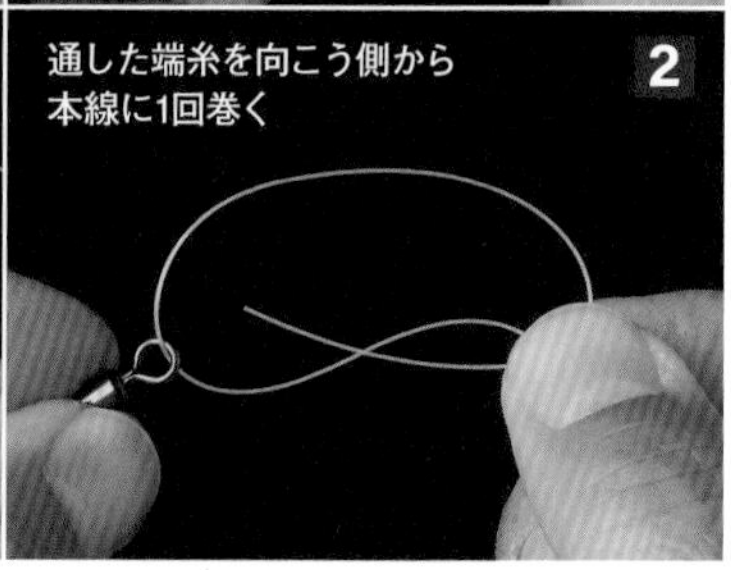

2 通した端糸を向こう側から本線に1回巻く

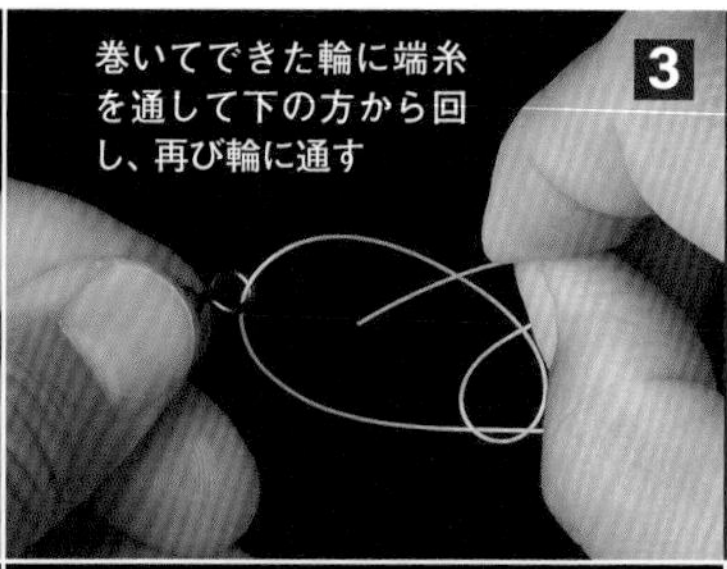

3 巻いてできた輪に端糸を通して下の方から回し、再び輪に通す

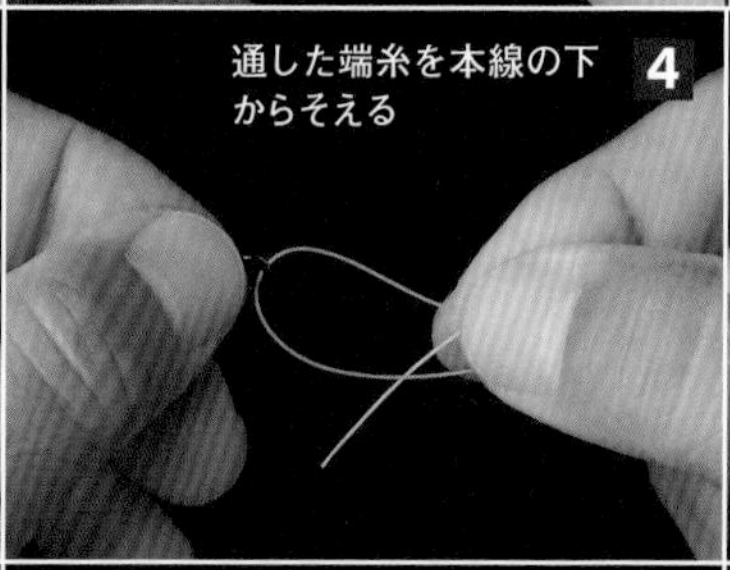

4 通した端糸を本線の下からそえる

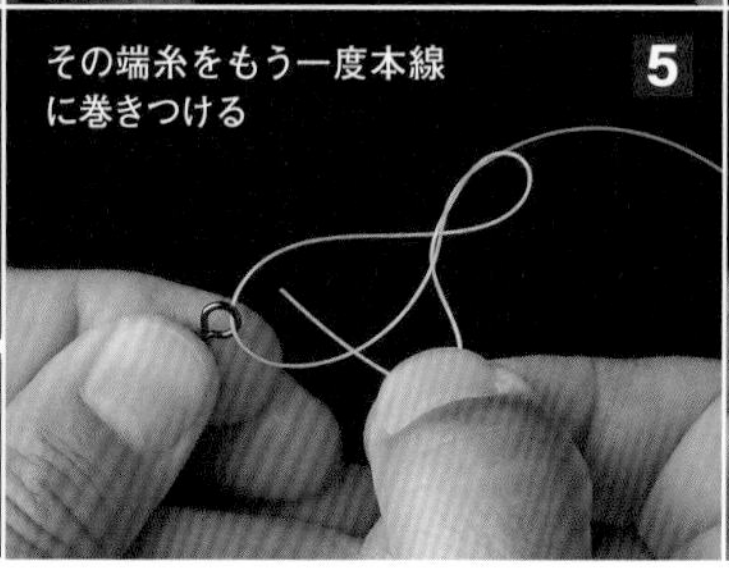

5 その端糸をもう一度本線に巻きつける

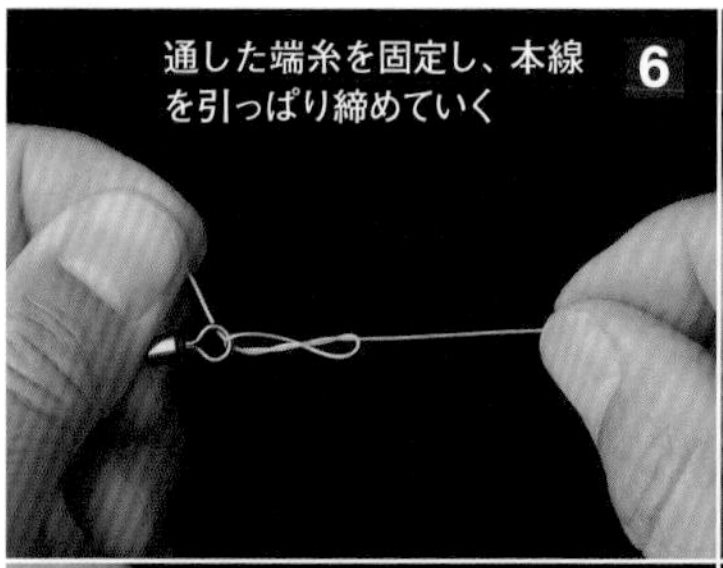

6 通した端糸を固定し、本線を引っぱり締めていく

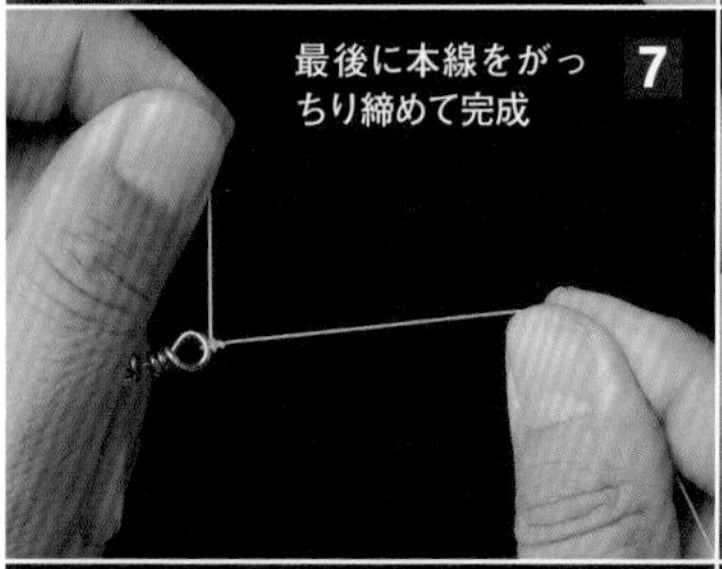

7 最後に本線をがっちり締めて完成

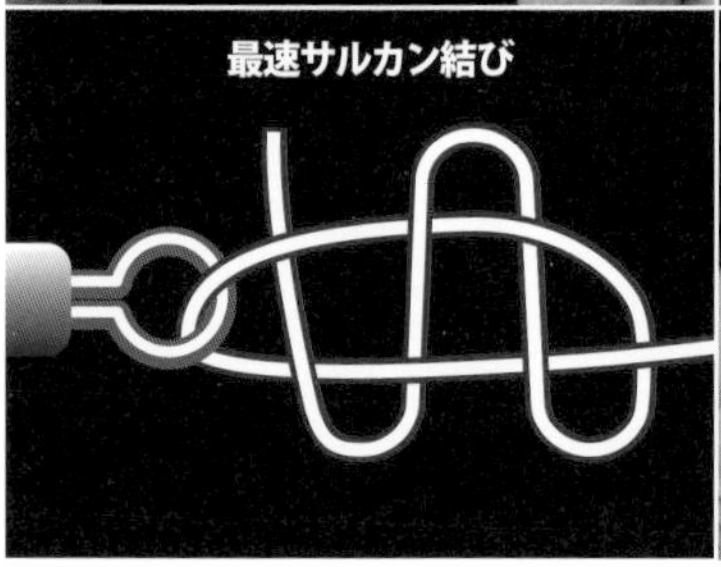

最速サルカン結び

トリプルノット

松田稔さんが常用するハリスと道糸を直結する結び方。簡単で強度がある結び

1 右手に必要な長さに切ったハリス、左手に道糸を持ってそろえる

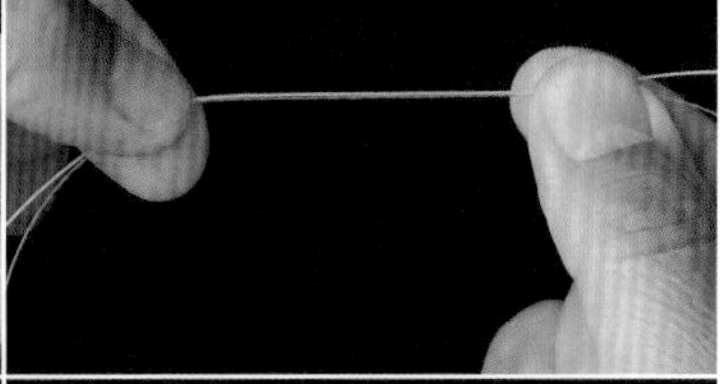

2 2本の糸をひねり輪をつくる

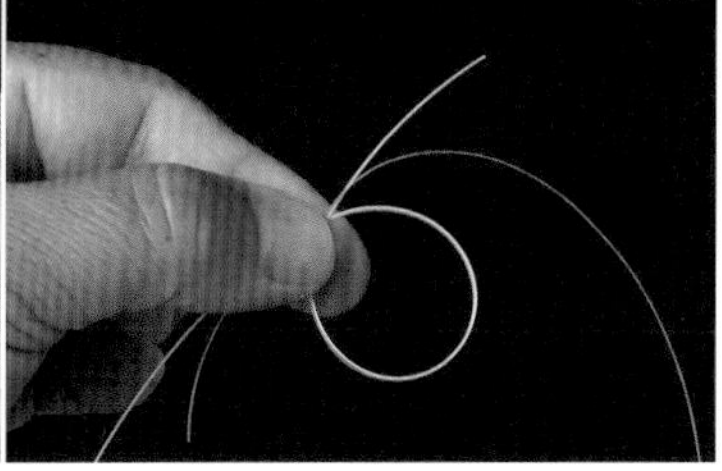

3 輪の上から2本とも輪にくぐらせて手前に抜いてくる

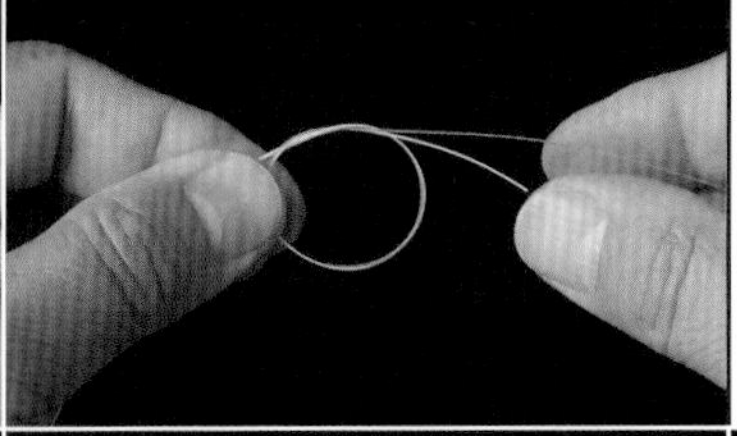

4 同じように輪の中に3回くぐらせる

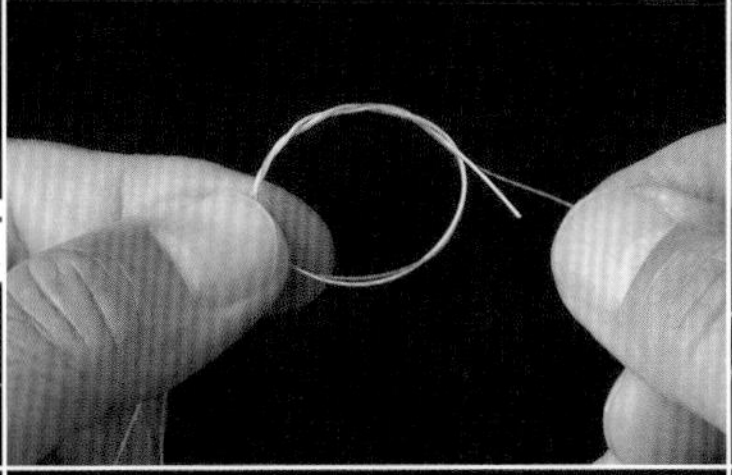

5 両手で輪を同じ強さで絞り込んでいく

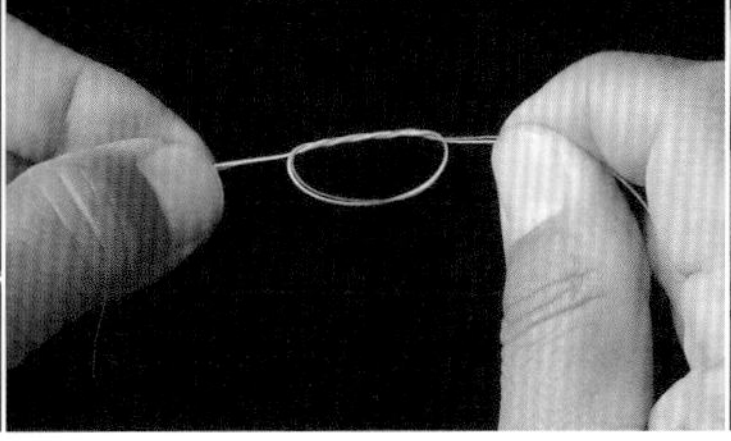

6 口で輪を湿らし、さらに小さく締め上げる

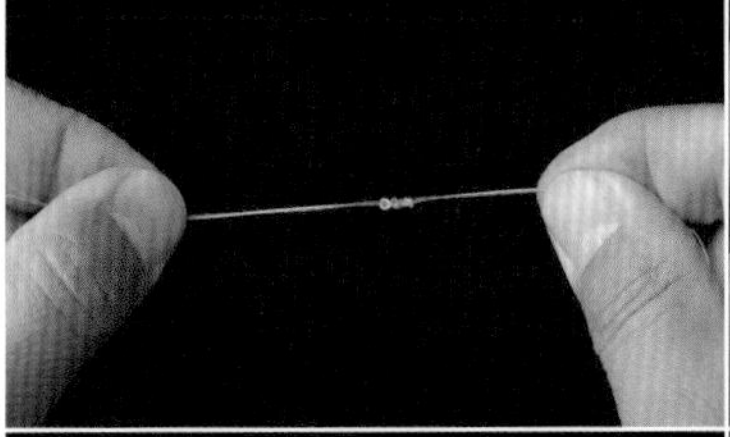

7 端糸をカットして完成

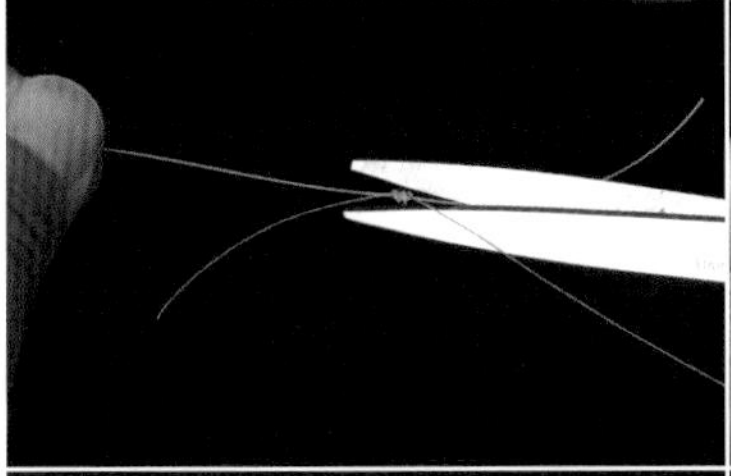

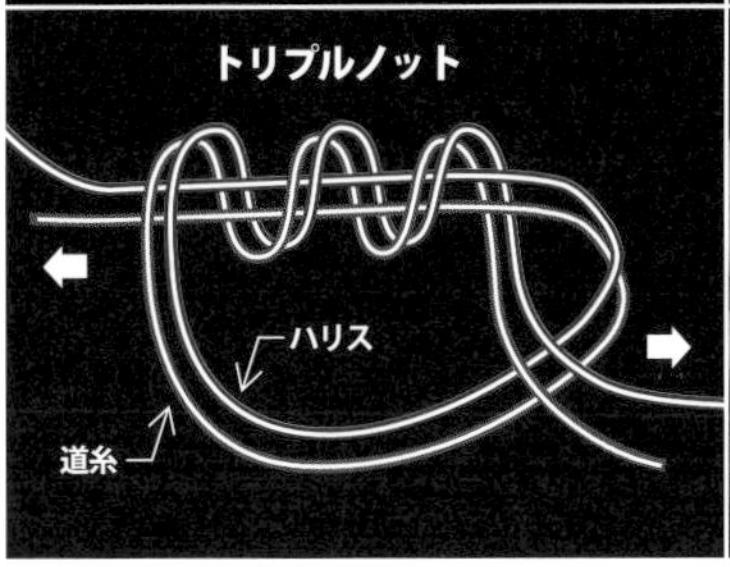

ストロングノット

ハリスと道糸を直結する。その名の通りストロングで大チヌ狙いの名手はよく使う結び

1 ハリスと道糸を交差させる。白色の道糸が上にくるようにする

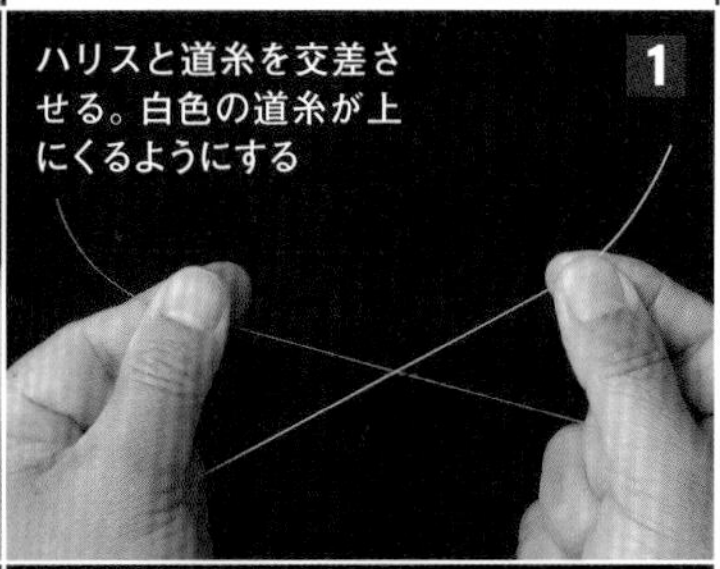

2 左手で交差している所を押さえ、道糸をハリスに巻いていく

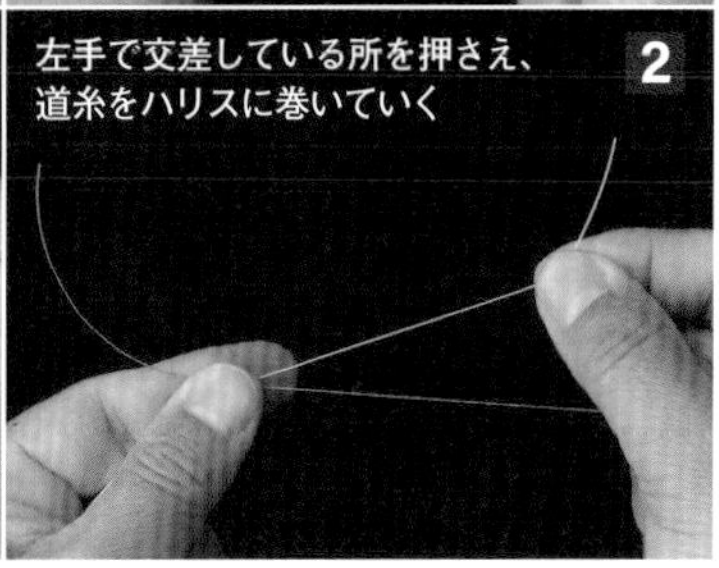

3 道糸を4、5回巻く。巻きおえたら両方の端糸をつかむ

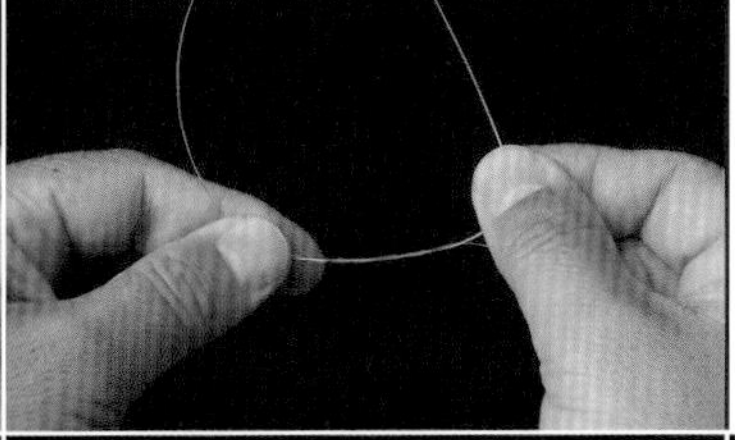

4 ハリスを上にし、端糸を交差させ、ハリスを道糸に巻いていく

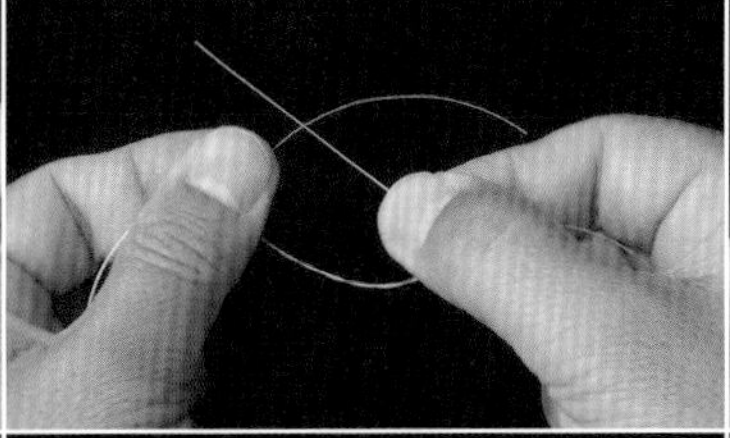

5 同じように4、5回巻きつける

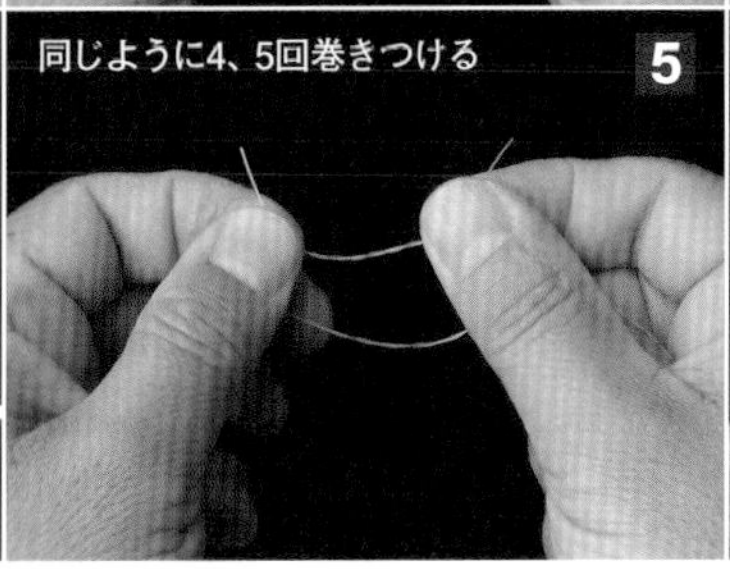

6 ハリスと道糸の本線と端糸を持ってゆっくり締めていく。その後、口で湿らし、さらに締め上げる

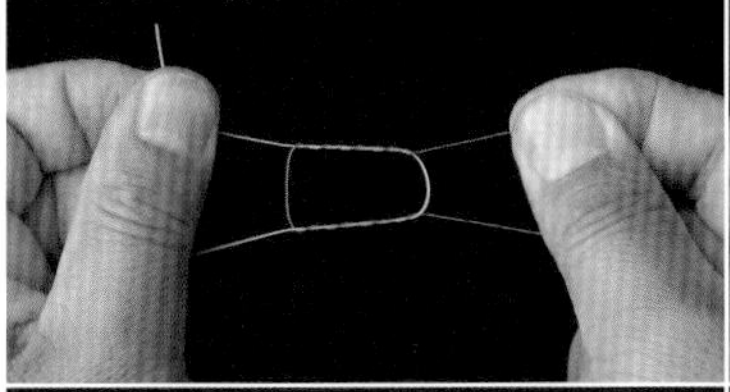

7 端糸をカットしたら完成

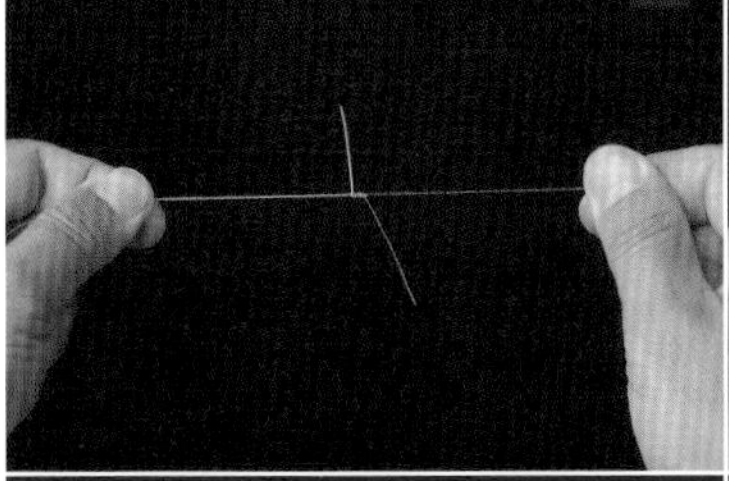

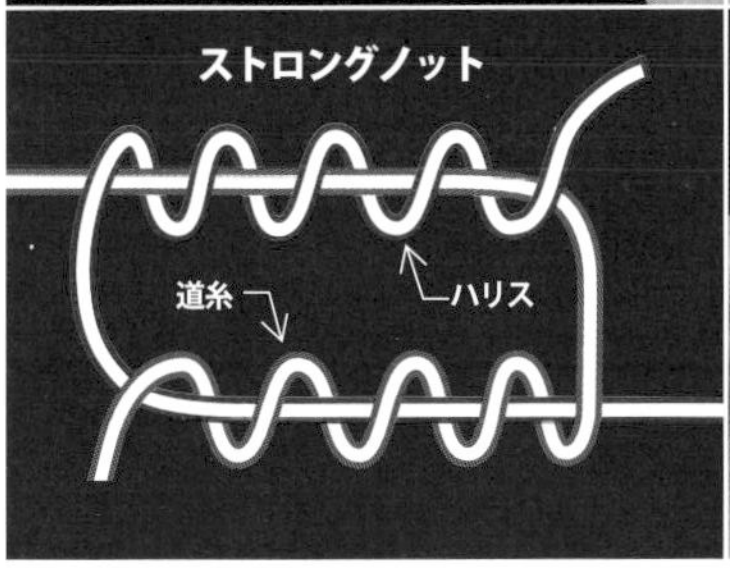

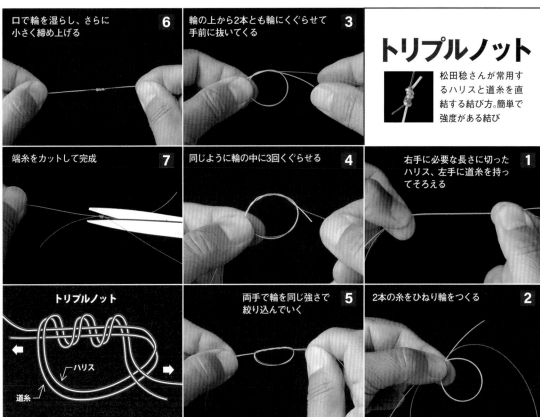

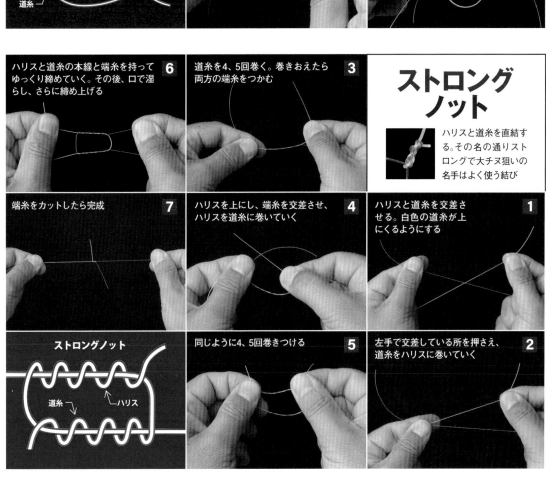

スキルアップをありがとう
【力の執筆者】PROFILE 29

山本俊介
やまもと・しゅんすけ　堤防で釣りに親しみ、28歳で本格的にフカセ釣りをスタート。磯でチヌを狙うことが多いが、近年はベイエリアの釣りにも意欲的。

高木道朗
たかぎ・みちろう　フィッシングライターの先駆け。関東の釣りに詳しいが徳島の名手や九州の名手との親交も深い。フカセ釣りを理論的に分かりやすく解説。

南 康史
みなみ・やすし　岡山県下津井や広島県一帯がホームグラウンド。大型の中通しウキを使ったゼロ釣法で席巻。ビッグトーナメントでの優勝は多い。

小島一文
こじま・かずふみ　山陰エリアを中心に活躍。環付き棒ウキの竹下ウキを武器にオリジナリティーあふれるテクニックで実績をあげる。G1トーナメントクラブ。

池永祐二
いけなが・ゆうじ　大分県下の堤防と磯をホームグラウンドにフカセ釣りを楽しむレジェンド。自ら編み出した1000釣法はいまも色あせないで受け継がれている。

江藤義紀
えとう・よりのり　大分県や長崎県がホームグラウンド。臨機応変な全遊動仕掛けで広く深く探っていくアプローチで実績を上げている。グレ釣りにも精通。

浦崎嘉晴
うらさき・よしはる　ホームグラウンドは熊本県の天草エリア。干満の差が大きな遠浅のポイントで腕を磨く。ゼロウキを駆使して深みを攻めて答えを見出す。

猿屋茂雄
さるや・しげお　遠投釣法の名手、大知昭さん率いるチームアクアに所属。広島の次世代を担う実力派アングラー。

波多江義孝
はたえ・よしたか　九州のカリスマのひとり。卓越した全層沈め探り釣りで好敵手を引き出してくるのは圧巻。長崎県や大分県で活躍。TEAM RAVALE主宰。

中西 毅
なかにし・つよし　大学進学と同時に兵庫から広島へ移り住みチヌ釣りに出合う。トーナメントで連覇するスゴ腕だが、それよりチヌそのものが好きな熱いアングラー。

宮原陽平
みやはら・ようへい　富山県や石川県で腕を磨く。様々な釣りを経てフカセ釣りの楽しさと難しさに感銘。年間100日以上の釣行が目標。TEAM KAZ。

北条公哉
ほうじょう・きみや　兵庫県家島諸島をメインに活躍。状況にあわせて半遊動仕掛けと全遊動仕掛けを操る。繊細かつ緻密な釣りを展開。ZEBRA。

内海道人
うつみ・みちと　芸予諸島をメインに瀬戸内海で年中フカセ釣りを楽しむ。棒ウキと中通しウキを使い分けて繊細にアプローチするのが信条。

百合野崇
ゆりの・たかし　大知昭さんを師とする次世代トーナメンター。ゼロウキを使った全遊動沈め釣りで実績を上げる。全国大会で優勝経験もある。1981年生まれ。

※登場順

谷脇英二郎
たにわき・えいじろう　1982年生まれ。小学校の頃から堤防での釣りに親しみ、中学時代に憧れのチヌをフカセ釣りで狙い始める。TEAM黒夢関西事務局長。

小野貴文
おの・たかふみ　1963年生まれ。神戸の湾岸エリアから淡路島、徳島県南にかけてフカセ釣りでチヌを追いかける。渚釣りの名手。磯のグレ釣りも得意。波友会。

山本雅弘
やまもと・まさひろ　広島湾一帯の磯やイカダなどあらゆるフィールドでチヌを追いかける。夏はアユ、それ以外はチヌがメイン。その他、ノマセ釣りやルアーもこなす。

中野 勝
なかの・まさる　大阪湾の堤防を中心に近畿圏の磯でも竿を出す。フカセ釣りのゲーム性をとことん楽しむという。TEAM黒夢関西。

川本雄貴
かわもと・ゆうき　静岡県の御前崎から焼津にかけてがホームグラウンド。棒ウキを駆使してのフカセ釣りが得意。堤防、渚、磯とあらゆるフィールドで楽しむ

前西喜弘
まえにし・よしひろ　約30年前に大阪湾でオキアミのフカセ釣りを始めたパイオニア的存在。年無しの実績は数え切れず。自己記録は56センチ。

東 弘幸
ひがし・ひろゆき　チヌやグレを求めて、かっこよく、強く、楽しくをモットーに活躍する三重の遊撃手。TEAM HEARTS

鶴原 修
つるはら・おさむ　九州北部の堤防や地磯や河川などで竿を出す。棒ウキにこだわり仕掛けのなじみを優先させるオモリ使いが冴える。TEAMハッスル

生駒浩史
いこま・ひろし　近畿一円をホームグラウンドにトーナメントで好成績を積み重ねる。チヌは若狭湾や大阪湾が得意。京都府釣連盟、西陣磯釣クラブ。

石村 仁
いしむら・ひとし　潮流が複雑な広島県の尾道沖、福山、笠岡で腕を磨く。トーナメントで鍛えた状況判断の早さを武器に攻め込む。チームTz。1971年生まれ。

鯲澤拓也
いなざわ・たくや　兵庫県家島諸島や香川県小豆島、岡山県牛窓で竿を出す。全国規模のトーナメントの決勝大会にも駒を進める。1971年生まれ。

木村真也
きむら・しんや　大分県下の堤防と磯がホームグラウンド。ウキを沈めて狙う全遊動釣法が得意。グレ釣りにも精通しておりトーナメントでの実績も高い

国見孝則
くにみ・たかのり　マッスルチヌで有名な高知県の宿毛湾や須崎、久礼という大型に恵まれた釣り場でパワーフィッシングを展開する。1971年生まれ。

林 賢治
はやし・けんじ　遠矢うきの使い手。東海エリアや関東方面の釣り場に精通。チヌを徹底的にマキエで寄せて釣るのが信条。一竿風月、長〜いウキ倶楽部。

木村公治
きむら・こうじ　広島や山口をメインにチヌだけを追い求めるトーナメンター。手返しの早さと的確さは半端ない。沖を狙い撃ちにする遠投釣りが得意。

パワフルなヤツは身近にいる…

ルアマガ books

チヌ黒鯛フカセ釣り なるほど攻略7つのカギ

発行日	2020年5月25日　第1刷
監　修	ちぬ倶楽部
編　集	フィッシング・ブレーン
発行者	清田名人
発行所	株式会社 内外出版社 〒110-8578 東京都台東区東上野2-1-11 ☎03-5830-0368(販売)
印刷・製本	株式会社 シナノ